위대한 리더들

THE GREATEST LEADER

위대한 리더들

최동욱 지음

태인문화사

평범한 사람도
탁월한 리더가 될 수 있을까?

조직의 구성원에서 리더의 자리에 서게 된 후, 리더십의 핵심은 '완전'이 아니라 '성장'인 것을 배웠다. 아무리 작은 모임이라도 리더가 된다는 것은 쉬운 일이 아니다. 나 역시 그 자리가 얼마나 어려운지 현장에서 한계를 절감하며 성장해왔다. 고통스러운 과정을 지나는 동안 리더십에 관한 몇 가지 질문이 생겨났다.

"인정받는 리더와 인정받지 못하는 리더의 차이점은 무엇일까?"
"현대 사회와 고대 사회의 리더십은 차이가 있을까?"
"리더의 자리는 왜 어려운 과정을 겪어야 하는 걸까?"

리더십에 관한 이러한 문제들을 풀어보고자 고대 세계의 리더들 특히, 성경의 리더들을 추적해보기로 했다. 그들도 우리처럼 실패하고 위태로우며 온통 실수투성이었다. 단 한 사람도 완벽한 리더는 없었다. 다만 모두가 성장하는 리더라는 공통점이 있다는 것을 알게 되었다.

고대 세계에 실존했던 성경 리더들의 스토리를 따라가다 보면 자연스럽게 왜 리더의 자리가 어려운지에 대한 이해가 생기고, 왜 어려운 과정을 겪어야 하는지를 알게 될 것이다. 또 각 인물들의 실제적인 지침들을 읽다 보면, 어느 곳이 리더로서 가지 말아야 할 구덩이와 함정인지 분별할 수 있게 될 것이다.

이 책은 어떤 덕목을 가져야 한다고 방향을 제시하는 나침반이 아니라, 리더가 가야할 길을 표시한 지도와 같다. 이 작은 책이 탁월한 리더가 되기를 꿈꾸며, 리더의 길에 대한 고민이 있는 사람들에게 큰 도움이 될 것으로 확신한다.

2021년 8월

최동욱

2. 열정의 리더 야곱

형 에서의 발꿈치를 잡고 나온 야곱

3. 신념의 리더 요셉

4. 사막을 통과한 리더 모세

5. 성장하는 리더 여호수아

6. 준비된 리더 다윗

7. 인정받는 리더 **다니엘**

8. 전략의 리더 느헤미야

목표가 뚜렷하면 방법이 날카로워진다

감정을 숨기지 마라

감동시켜라

불평등을 해소하라

오래 기억되는 리더로 남아라

실행력의 리더
아브라함

아브라함

아브라함은 수메르 문명이 가장 발달했던 도시 우르에서 살았던 인물이다. 우르는 수메르 문명에서도 가장 번창했던 항구 도시이고, 아브라함은 도시에서도 부유한 계층에 속하는 사람이었다. 대영 박물관 발굴팀이 흙더미 속의 우르를 발굴해 내면서 아브라함이 살았던 우르는 세상에 알려졌다. 고고학자들이 발견한 점토판을 해독함으로써 수메르 문명의 실체가 밝혀졌는데, 수메르 문명의 발달 정도가 너무나도 월등해서 아직까지 미스터리로 남아 있다. 수메르의 도시 한복판에서 부유하게 살던 아브라함은 비옥한 지역을 떠나 사막 지역으로 이주하여 가나안에 정착했는데, 그 땅이 오늘날의 '팔레스타인' 지역이다. 유대교와 이슬람교, 기독교인들 모두가 아브라함을 '믿음의 조상'으로 여기고, 이스라엘인과 아랍인들도 아브라함을 그들의 선조로 주장하고 있다. 예루살렘의 남쪽 32킬로미터에 위치한 헤브론의 '막벨라 동굴'에 지금도 아브라함의 무덤이 남아 있다.

메소포타미아(Mesopotamia) 문명

수메르 문명이라고도 한다. 메소포타미아는 고대 그리스어에서 온 말로 '메소'는 '중간', '포타미아'는 '강'을 의미한다. 지리학적으로는 유프라테스강과 티그리스강의 주변 지역(이라크)이며, 두 강이 자연적으로 가져다주는 비옥한 토지와 강의 유익들로 인해 인류 고대 문명 발상지의 하나로 발전하였다. 폐쇄적이었던 '이집트 문명'과는 달리 개방적인 지리적 요건 때문에 외부와의 교섭이 빈번했고, 이민족의 침입 또한 잦았던 지역이다.

고대 근동(Ancient Near East)

오늘날의 중동에 해당하는 지역으로 메소포타미아(오늘날의 이라크와 북동부 시리아), 고대 이집트, 고대 이란(엘람, 메디아, 파르티아, 페르시아), 아나톨리아(터키), 레반트(시리아, 레바논, 이스라엘, 요르단)를 포괄하는 지역이다.

가나안(Canaan)

가나안은 이집트와 소아시아 사이, 지중해 동쪽에 위치한 지방을 지칭한다. 구약성경에서는 요단강의 서쪽 지방을 가리키며, 아브라함과 그의 후손 '이스라엘 백성'에게 약속된 땅이다.

♟ 익숙한 것에서 떠나라

문명은 강을 끼고 발전한다. 세계 4대 문명인 이집트, 메소포타미아, 인더스, 황하 문명은 모두 큰 강을 끼고 있었으며, 강이 주는 유익들을 기반으로 찬란한 문명을 이뤄 냈다. 이들 4대 문명의 발생지들은 대부분이 기후가 온화하고 기름진 토지를 가지고 있었다. 풍부한 식량과 푸르고 울창한 숲, 강한 군주와 군사력, 윤택한 경제 생활과 풍성한 문화는 4대 문명이 가진 공통점이라 할 수 있다.

아브라함은 4대 문명 중 하나인 메소포타미아 문명권에서 살던 사람이었다. 아브라함의 나이는 75세였고, 그의 아버지는 각종 신의 형상을 만들어 팔아서 막대한 부를 축적한 사람이었다. 그의 가족이 살던 지역은 우르라는 곳으로 그 시대에 가장 번화하고 세련된 도시였다.

메소포타미아 문명권인 이 도시 우르는 진흙과 물로 벽돌을 만들어 주거지를 건설하였으며, 강의 범람을 막기 위해 관계사업도 활발하게 이루어졌다. 금과 은, 옥을 사용해 검을 만들었고, 정교한 악기들을 만들어 수준 높은 문화와 예술 활동을 펼쳤다. 주변 국가들은 물론 세계 각지와도 폭넓게 교역했으며, 30m 높이의 '지구라트'라는 신전을 건설하기도 하였다. 한마디로 모든 사람들이 살고 싶어 하는 최첨단 도시 문명의 중심에 살고 있던 아브라함에게 어느 날 변화가 찾아온다. 그 변화는 갑자기 나타난 하나님의 명령 때문에 발생한다.

> "너는 너의 고향과 친척과 아버지의 집을 떠나 내가 너에게 보여줄 땅으로 가라. 내가 너로 큰 민족을 이루고 너에게 복을 주어 너의 이름을 창대케 하리니 너는 복이 될지라. 땅에 사는 모든 민족이 너로 말미암아 복을 받을 것이다."

당신에게는 사명이 있는가?

하나님이 가라고 하는 약속의 땅은 과거에 보여준 땅도 아니고, 지금 보고 있는 땅도 아니고, 일단 떠나야만 보게 될 땅이었다. 본 적도 없는 땅으로 가라는 신의 명령에 아브라함은 고민도 하지 않고 문명의 요람인 우르 땅을 떠난다. 당시 75세의 나이는 지금 시대로 치면 40대 중반의 나이이다. 아브라함은 중년의 나이에 자신의 모든 기반을 버리고 1500km가 넘는 위험하고도 먼 여정을 시작한다.

당시의 여행 환경은 지금과는 달랐다. 도둑 떼가 습격할 수도 있고, 짐승의 공격을 받을지도 알 수 없는 위험천만한 길이었다. 그러나 그는 고민하거나 주저하거나 뒤로 미루지 않고 길을 떠났다. 자신이 누릴 수 있는 부와 명성과 관계를 과감하게 던져 버리고 전혀 알지 못하는 새로운 땅으로 길을 떠났다. 아브라함은 어떻게 그럴 수 있었을까?

세 가지의 사명이 아브라함을 움직이게 한 원동력이었다. 첫째는 '개인적인 사명'으로 큰 민족을 이루어주겠다는 사명이다. 이 사명은 자녀가 있어야 가능한데 당시 아브라함에게는 자녀가 없었다. 아이를 낳을 적령기가 한참 지난 이들 부부에게는 눈이 번쩍 뜨이는 약속이었다. 둘째는 '국가적인 사명'으로 아브라함을 통해서 한 민족을 이루라는 사명이었다. 셋째는 전 '세계적인 사명'이다. 땅에 사는 모든 민족이 아브라함과 그의 민족을 통해 복을 받게 된다는 것이었다.

실제로 아브라함이 가야 할 땅은 이집트, 아시리아, 바벨론, 페르시아, 그리스, 로마 제국과 깊은 관계를 맺게 될 땅이었다. 개인, 나라, 세계를 아우르는 탁월한 사명이 있었기에, 아브라함은 자신의 모든 기반을 정리하고 사명의 길을 떠날 수 있었다.

공동체든 개인이든 사명이 있어야 한다. 사명은 공동체가 존재하는 목적이다. 사명이 없는 공동체는 '왜 이 일을 해야 하는가?'를 알지 못한다. 마치 목적 없이 움직이는 배와 같다. 선장은 명령을 하고 선원들은 각자의 자리에서 맡은 바 책임을 다하는데 '왜 그런 명령을 하는 것인지?, 다음으로 무엇을 해야 하는지?, 이 배는 어디로 가고 있는지?' 아무도 알지 못하는 것과 같다. 사명이 없으면 표류하는 배와 다를 바 없다.

사명을 향해 떠나라

많은 사람들이 꿈을 꾼다. 그러나 대부분이 꿈만 꿀뿐. 꿈을 향해 움직이는 사람은 매우 적다. 새로운 땅에 도착하지 못하는 이유는 기존의 땅을 떠나지 않기 때문이다. 우리는 '익숙한 것'을 추구하는 경향을 가지고 있다. 지금까지 해온 익숙한 것에서 안정감을 느끼기 때문이다. 그래서 변하지 않을 수백 가지 이유를 쌓아둔다.

삶이 만족스러운 사람은 만족 때문에 변하지 못한다. 어떤 사람은 나이가 많아서 변하지 못한다. 어떤 이는 변화의 시기가 아니라서 변하지 못하고, 어떤 사람은 해야 할 일이 너무 많아서 변하지 못한다. 이유를 제거하면 할수록 또 다른 그럴듯한 이유들이 줄줄이 등장한다. "나중에 돈 벌어서 해야지.", "안정되면 해야지.", "신중하게 더 생각하고 해야지." 이렇게 말하다 보면 변화는 저만치 멀리 사라져 버린다. 게다가 변화를 시도하기에는 현재 누리고 있는 혜택들이 너무도 달콤하다. 지금 누리고 있는 혜택들을 집어삼킬 위대한 사명을 발견하지 못하면 떠날 수 없다. 사명을 발견한 자만이 비로소 어디로 가야 하는지 알게 된다.

아브라함이 지금까지도 유대인들에게 믿음의 조상으로 회자되는 이유는 그가 믿음의 조상으로 선택을 받았기 때문이기도 하지만, 믿음의 조상으로 부름을 받은 후 기존 체계에 안주하지 않고 사명의 길을 떠났기 때문이다. 기존 체계에서 누릴 수 있는 기득권을 포기하고 개척의 길을 걸어간 것이다.

아브라함이 길을 떠나는 일이 쉬웠다고 상상하지 마라. 그가 믿음의 조상이 되기까지의 과정이 순탄했을 것이라고 상상하지 마라. 그는 눈물을 머금고 자신이 지금까지 쌓아왔던 모든 것을 포기했으며, 사명의 길을 걸어가면서 숱한 역경과 고난을 만났다.

도러시아 브랜디는 그의 책 《작가수업》에서 "꿈을 현실로 바꾸려면 그저 꿈을 꾸는 데 머물러서는 안 된다. 꿈을 현실로 바꾸려면 그 꿈이 지니는 매력이 무색할 정도로 눈물겨운 노력이 뒤따라야 한다"고 말했다.

당신은 지금 사명을 가지고 있는가? 만약 가지고 있다면 그것을 이루기 위해서 지금 누리고 있는 기득권을 포기할 수 있는가? 세상에 쉬운 선택은 없다. 당신이 현실에만 만족하는 삶을 살고 있다면 절대로 익숙한 곳을 떠날 수 없다. 익숙한 곳을 떠날 수 없다면 당신은 절대로 새로운 땅을 밟아볼 수 없다.

중도에 안주하지 마라

1952년 7월 4일. 34세의 플로렌스 채드윅은 카타리나 섬에서 35km 떨어진 캘리포니아로 헤엄치기 시작했다. 그녀는 캘리포니아 해안을 횡단하는 최초의 여성이 되기 위한 도전에 나선 것이다. 뼛속 깊이 파고드는 차가운 냉기와 몰려오는 피로를 참으며 16시간을 헤엄쳐간 그녀는 목표 지점 800m를 앞두고 지독한 안개 때문에 도전을 포기한다. 코치가 해안이 얼마 남지 않았으니 좀 더 힘을 내라고 격려했지만, 결국 그녀는 해협을 건너지 못했다. 기자들이 물었다.

"거의 다 왔고 800m 남았는데 왜 포기했습니까?"

그녀가 대답했다.

"안개만 없었다면 나는 성공했을 것입니다. 내가 가야 할 방향을 분명히 볼 수만 있었다면 800m 이상도 수영할 수 있었습니다."

두 달 후에 그녀는 재도전을 했고 결국 성공을 했다. 처음에 그녀가 실패한 이유는 안개 때문에 목표를 전혀 볼 수 없었기 때문이었다.

사명의 길을 떠난 아브라함 일행도 약속의 땅까지 가지 못하고 중간 기점인 하란에서 몇 년을 머물게 된다. 지중해성 기후를 가진 하란은 무역로가 만나는 거점 도시였고, 우르만큼 비옥한 땅을 가지고 있었다. 사명의 땅으로 출발하기는 했지만 중간 기점인 하란에서 아브라함 일행은 더 이상 나아가지 못했다.

자기들이 떠나온 땅과 가장 흡사한 곳, 우르 못지않게 상인들과 무역 상인들로 북적이는 고대 도시 하란은 아브라함 일행에게 고향에 대한 향수와 정서적인 안정감을 제공했다. 쾌적하고 안락한 도시 하란은 자욱한 안개가 되어 목표를 가렸다. 게다가 몇 년 동안 하란에 머물면서 그들은 부유해졌고 비즈니스 기반도 탄탄하게 다져놓았다. 제2의 고향과도 같은 하란에 '안주'하고 싶은 생각이 서서히 그들을 잠식하고 있었다.

20여년 간 목표 달성과 동기부여에 대해 연구해온 심리학자 토리 히긴스(70) 미국 컬럼비아대 교수에 따르면 "세상에는 '이기기 위해' 게임을 하는 성취지향형Promotion Focus 인간이 있는 반면 '지지 않기 위해' 게임을 하는 안정지향형Prevention Focus의 인간이 있다"고 했다.

공동체든 조직이든 안정을 지향하는 태도는 지속적인 발전을 가로막는 벽이 된다. 지금 날씨가 좋다고 앞으로 계속 날씨가 좋으리라는 보장이 없고, 지금 상황이 좋다고 해서 앞으로 상황이 계속 좋으리라는 보장도 없다. 시시각각 변하는 날씨처럼 우리 시대 변화의 속도는 갈수록 빨라지고 있다. 언제 변할지 모르는 상황에 대한 대비책이 없다면 안정은 오히려 독이 되어 우리를 혼란스럽게 할 것이다. '안정'이 반드시 '안전'을 보장해 주지는 않는다.

매사가 잘 되어 가고 지금처럼 계속 좋을 것이라는 생각은 대단히 위험한 환상이다. 오히려 지금의 상태가 부족한 상태이고 방향전환이 필요하다고 생각하는 것이 옳은 생각이다. 특히나 사명을 아직 이루지 못한 중간 상태의 달콤함에 빠져 있다면 더욱 그렇게 생각해야 한다.

아직 가야할 길이 남았다면 아무리 좋은 환경일지라도 절대로 중도에 안주해서는 안 된다. 그렇지 않으면 중간에 만난 좋은 날씨가 폭풍으로 바뀔 때, 혹독한 대가를 치러야 할 것이다.

♟ 한 번도 실패하지 않았다면,
한 번도 도전하지 않은 것이다.

아브라함은 하란을 떠나서 사명의 땅인 가나안에 도착한다. 그가 도착한 가나안 땅의 네게브 지역은 마르고 건조한 사막이었다. 물을 찾아보기가 매우 힘들었고, 식량이 부족해지는 일이 빈번한 곳이었다. 설상가상으로 이 냉혹한 땅에 극심한 기근까지 닥쳐왔다. 안정적이고 편안한 도시 생활을 버리고 유목민이 된 아브라함에게 기근은 치명적인 경제 불황을 의미했다.

당시 유목민들은 기근이 닥치면 발 빠르게 이집트로 내려가곤 했다. 이집트는 나일강 유역의 비옥한 곡창지대를 중심으로 형성된 국가여서 곡식이 풍부했기 때문이다. 천신만고 끝에 도착한 사명의 땅이 자신들이 떠나온 땅보다 열악하다는 것을 깨달은 아브라함의 식솔들은 원망섞인 눈으로 아브라함을 바라보았다. 아브라함은 흔들리고 있었다.

"사명의 땅에 머물 것인가? 아니면 기근을 피해 이집트로 갈 것인가?"

고향에서 함께 떠나온 조카 롯은 "살아남으려면 이집트로 가야 한다"고 강력하게 주장했고, 다른 식솔들도 롯의 의견에 동조했다. 아브라함의 리더십은 위기를 맞이하고 있었다.

위기 앞에 선 리더

기근이 더욱 심해지자, 아브라함의 시야는 좁아졌다. 거시적인 안목으로 상황을 살필 수 없었고, 모든 신경은 눈앞의 문제를 해결하는 것에 집중됐다. 그가 데리고 나온 식솔들의 생사가 자기에게 달려 있기에 중압감은 커졌다.

결국 아브라함은 사명의 땅을 떠나 기근을 피해 이집트로 내려가기로 결정했다. 덕분에 식량 문제는 손쉽게 해결되었지만 대신 아브라함에게 는 새로운 걱정거리가 생겼다. 자신의 아름다운 아내 사라 때문에 자신이 죽임을 당할지도 모른다는 걱정이었다.

그들이 도착했던 약속의 땅인 가나안은 척박한 땅이긴 했지만 목숨을 걱정해야 할 땅은 아니었다. 그러나 이집트는 달랐다. 이집트에 가까이 오자 멀리서 보기에도 어마어마한 삼각형의 건축물들이 보였다. 각종 신들의 형상과 동물의 모습을 한 석상들이 즐비했다. 한눈에 보기에도 강한 권력을 가진 전제군주가 통치하는 나라임을 알 수 있었다.

당시 왕들은 자기가 마음에 드는 여자가 있다면 어떤 여인이라도 첩으로 들일 수 있었다. 아름다운 여인을 가지기 위해 왕이 여인의 남편을 몰래 죽이는 일도 빈번했다. 아브라함의 아내 사라는 출중한 미모를 지니고 있었기에 아브라함은 자신의 목숨이 위태로움을 깨달았다. 여우를 피하려다 호랑이를 만난 격이었다. 곰곰이 생각하던 아브라함은 사라를 자신의 아내가 아니라 누이라고 거짓말하기로 결정한다.

방어기제

누구나 어려운 일을 만나고 곤란한 일을 맞닥뜨린다. 10대는 입시 때문에 치열하고, 20대는 취업과 생존경쟁의 전쟁터에서 싸워야 한다. 30대는 결혼과 자녀 문제로, 40대는 실의와 무력감으로 어려운 삶을 산다. 모든 사람은 각자의 상황에서 어려움에 직면한다. 그 누구도 쉬운 인생을 살아가는 사람은 없다.

어려움이 오면 사람마다 전형적으로 반응하는 각자의 방식이 있다. 이는 자신을 보호하기 위해서 반사적으로 나타나는 대응체계이다. 위기의 상황에서 극도의 스트레스를 받을 때 나타나는 고유의 반응들은 그 사람이 어떤 방어기제를 가지고 있는지를 보여준다. 어떤 사람은 그럴듯한 말로 자기를 위장하고, 어떤 이는 연락을 끊고 스트레스의 수면 밑으로 가라앉아 버린다.

그런 반응을 보이는 이유는 두려움 때문이다. 아브라함의 경우 두려움에 대한 위기모면 방법은 거짓말이었다. 거짓말은 책임과 위기를 모면하는데 있어서, 단시간에 탁월한 효과를 낸다. 그러나 장기적인 관점에서 거짓말은 시간을 낭비하게 만들고, 상황을 더 악화시킨다.

리더가 거짓말을 일삼으면 구성원들에게도 고스란히 영향을 미친다. 리더의 말에는 진정성이 있어야 하고 무게감이 있어야 한다. 사람들이 리더에게 원하는 것은 완전함이 아니라 정직함이다. 아브라함은 자신의 방어기제를 고쳐야만 했다. 그것이 고쳐지지 않는 한 아브라함의 리더십은 위기 때마다 흔들릴 것이기 때문이다.

스트레스가 오면 대부분 방어기제가 먼저 작동한다. 그러나 그것은 배움의 기회를 날려 버리는 일이다. 사람이 가져야 할 긍정적인 덕목들은 대부분 위기상황에서만 배울 수 있다. 용서를 배우려면 용서치 못할 상황을 겪어야 하고, 인내를 배우려면 도저히 참을 수 없는 한계상황까지 가야 한다. 순종을 배우려면 이를 악물고 자신을 쳐서 복종시킴부터 배워야 한다.

위기상황에서 방어기제가 작동하는 이유는 상황을 컨트롤해보기 위함이다. 그러나 그 어떤 방어기제로도 상황은 컨트롤되지 않는다. 오히려 상황을 악화시킬 뿐이다. 리더가 위기상황을 만났을 때 먼저 해야 할 일은 '자신을 컨트롤 하는 일'이다. 내 방어기제가 나보다 먼저 상황에 덤벼들지 않도록 자신을 컨트롤 하는 일이 가장 중요한 일이다.

당신은 위기상황에서 어떻게 반응하는가? 어떤 방어기제가 작동하는

가? 그것은 긍정적인가? 아니면 부정적인가? 만약 부정적인 방어기제가 작동한다면 당신의 리더십은 결국 신뢰를 잃고 흔들리게 될 것이다. 그러나 배우기로 다짐하고 자신을 컨트롤한다면 한 단계 더 성장한 자신을 보게 될 것이다.

해야 할 일과 해서는 안 될 일

사라의 빼어난 미모는 이집트에 오자마자 이슈가 되어 사방으로 퍼졌다. 파라오는 사라를 자신의 궁으로 불러들였다. 아브라함이 아내를 누이라고 속이는 바람에 남편이 있는 여자가 파라오의 후궁이 될 위기에 처한 것이다.

사라는 누구도 접근할 수 없는 낯선 곳에서 불확실한 미래를 두려워하고 있었다. 믿었던 남편에 대한 신뢰는 급속도로 무너져 내렸다. 어떤 상황에서도 자신을 지켜주어야 할 남편 아브라함은 이집트의 고위 관료들과 어울리고 있었고, 아내인 사라는 지옥같은 시간을 보내고 있었다.

이 모든 일들은 아브라함이 고향에 머물러 있었다면 일어나지 않았을 실패였다. 그러나 이 실패를 통해서 아브라함은 귀중한 가르침을 얻게 되었다. 자신이 여기까지 내몰린 이유가 핵심가치인 '사명의 땅'에 집중하지 못하고, 눈앞의 문제인 기근에 집중했기 때문이라는 것을 깨달은 것이다. 이를 악물고 사명의 땅에서 버텼더라면 아내를 빼앗기는 일은 없었을 것이다.

무엇을 해야 하는가도 중요하지만, 무엇을 하지 말아야 하는가도 중요하다. 아브라함은 실패를 통해 해야 할 것과, 하지 말아야 할 일에 대해서 깨달았다. 또한 위기상황에 작동하는 자신의 방어기제 때문에 자신과 가까운 누군가가 심각한 영향을 받을 수 있다는 것도 깨달았다. 비록 첫 번

째의 위기로 인해 실패를 맛보게 됐지만, 이 실패는 아브라함에게 잊을 수 없는 가르침을 남겼다.

실패라는 학습 도구

사명을 이루려는 사람은 누구나 실패라는 과정을 거쳐야 한다. 마이클 조던은 농구 생활을 통틀어 9,000개 이상의 슛에 실패했고, 3,000게임에서 패배했다. 그 가운데 26번은 다 이긴 게임에서 마지막 슛의 실패로 졌다. 그러나 조던은 자신이 농구선수로서 성공할 수 있었던 정확한 이유를 '끊임없이 실패했기 때문'이라고 말했다.

실패가 중요한 것이 아니라 무엇을 배우느냐가 중요한 것이다. 실패하지 않으면 배울 수 있는 기회가 사라진다. 그래서 실패는 우리의 학습 도구인 셈이다.

성공은 실패를 해야만 얻을 수 있는 열매이다. 실패를 두려워하지 말고 과감하게 부딪혀 보라. 손으로 만져 봐야 하고 입으로 먹어 봐야 한다. 기존의 체계에서 떨어져 나와서 정글을 탐험하듯 헤쳐 나가봐야 한다.

동물원 사자처럼 주는 먹이만 받아먹으면 야성은 사라진다. 우리를 뛰쳐나온 사자만이 야성을 가진 사자가 될 수 있다. 사냥을 배우듯 부딪치면서 나에게 맞는 것은 남기고, 맞지 않는 것은 건너뛰어야 한다. 그러면 이해력이 생기고, 나만의 방식이 생긴다. 결국 그것은 나만의 노하우가 된다.

생각만 하는 사람은 생각에 갇힌다. 고민만 하는 사람은 고민에 빠져 허우적거리고, 미루기만 하는 사람은 여전히 미룬다. 그러나 실패할지라도 움직이는 사람은 목적지가 점점 가까워진다.

돌발상황을 맞닥뜨리면서 경험은 쌓이고, 사고는 확장된다. 그때그때 대처할 수 있는 유연함도 생긴다. 그러니 과감하게 시도해보라. 준비운동만 하다가 물에 발도 못 담그기엔 우리의 인생이 너무도 아깝지 않은가?

♟ 아브라함의 결정 원칙

가나안 땅에 다시 풀들이 돋아나고 곡식이 자라기 시작했다. 얼마 전 이집트에서 끔찍한 일을 겪었던 사라도 안정을 찾아가고 있었다. 아브라함에게 사명을 준 하나님이 파라오의 꿈에 나타나 "사라를 다시 돌려보내라"고 엄중하게 명령하지 않았다면 사라는 파라오의 아내가 되었을 것이다.

파라오는 아브라함을 불러서 "왜 거짓말을 하였느냐?"고 추궁했지만 그렇다고 벌을 내리지는 않았다. 파라오가 사라의 미모에 반해서 선물한 종들과 가축들도 고스란히 아브라함의 소유가 되었다. 이집트 왕의 권력과 위용 앞에서 자기 목숨 하나 부지하기 바빴던 아브라함은 많은 재물과 종들을 선물로 받은 후 사명의 땅으로 돌아와 정착했다.

아브라함의 재산은 날로 늘어만 갔고 많은 종들로 인해 집안은 북적거렸다. 위기가 지나가자 모든 것이 좋아 보였지만, 아브라함에게는 또 다른 위기가 다가오고 있었다. 그것은 외부에서 오는 위기가 아니라 내부에서 시작된 위기였다. 이 위기의 이름은 부유함이다.

아브라함은 원래부터 재산이 많았지만 이집트에서 파라오가 준 재산까지 합치니 필요 이상으로 돈이 많아졌다. 막대한 유산을 받은 형제들이 화목하기 어렵듯, 소유가 많아진 아브라함과 조카 롯 사이에 갈등의 골이 패이기 시작했다. 가축과 동물들이 늘어나면서 더 많은 식량과 물, 더 넓은 목초지가 필요해졌다.

기근이 끝났다고는 하지만 완전히 회복된 것은 아니었다. 두 사람이 가진 가축들을 풍족하게 먹이기에는 땅도 자원도 턱없이 부족했다. 게다가 그 땅에 이미 자리를 잡고 있던 유목민들과의 분쟁 문제도 있었다.

아브라함의 종들과 조카 롯의 종들이 가축 먹일 우물을 두고 심하게 다투는 일이 빈번하게 발생했다. 아브라함은 생각이 복잡해졌다. 남은 혈육이라고는 조카뿐인데, 아버지 데라가 하란에서 죽음을 맞이했을 때, 자신을 위로하던 유일한 혈육이 롯이었다. 나그네요, 이방인의 삶을 사는 아브라함에게 롯은 친구이자 동료였다.

그러나 부유함은 둘의 사이를 갈라놓았고, 아브라함은 롯을 떠나보내야 하는 현실 앞에 서 있었다. 깊은 고민 끝에 아브라함은 사랑하는 조카 롯에게 선택권을 주기로 했다.

"너와 나 사이에, 그리고 너의 목자들과 나의 목자들 사이에, 어떠한 다툼도 있어서는 안 된다. 우리는 한 핏줄이 아니냐! 네가 보는 앞에 땅이 얼마든지 있으니, 따로 떨어져 살자. 네가 왼쪽으로 가면 나는 오른쪽으로 가고, 네가 오른쪽으로 가면 나는 왼쪽으로 가겠다."

옳은 결정

무언가를 결정할 때는 원칙이 필요하다. 여기서 원칙이란 '무엇이 옳은가?' 하는 것이다. 사람들은 자기에게 '이로운 것'이 '옳은 것'이라고 착각한다. 나에게 이득을 주고 기쁨을 주는 것이 옳다고 생각하는 것이다. 그러나 그것은 '자기기만'이지 '옳음'이 아니다.

아브라함도 이집트에서 목숨을 유지하고자 거짓말을 하지 않았던가.

그의 거짓말은 옳음이 아니라 이로움 때문이었다. 그 일로 아내가 파라오의 후궁이 될 뻔했지만, 아브라함은 자신에게 '이로운 결정' 때문에 누군가의 인생이 벼락처럼 뒤바뀔 수 있음을 뼈저리게 경험했다.

이번에도 마음만 먹으면 아브라함은 자신의 이익을 챙길 수 있었다. 롯이 부자가 된 것은 순전히 아브라함의 덕택이었다. 당시 문화에서는 아브라함이 마음대로 결정해도 이상하지 않은 일이었다. 하지만 그는 자기가 가지고 있는 어떤 권리도 내세우지 않고 롯에게 땅을 선택하도록 양보했다.

아브라함으로서는 황금알을 낳는 거위를 포기하는 것이었다. 상식적으로 황금알을 낳는 거위를 포기하는 바보는 없다. 오직, 황금보다 더 고귀하고 높은 가치를 가진 사람만이 황금을 포기할 수 있기 때문이다.

아브라함은 사명의 땅에서 큰 민족을 이루고 모든 민족에게 복의 통로가 될 사람이었다. 아무리 개인적인 일이라 해도 아브라함의 모든 결정들은 개인을 넘어 한 민족과 전 세계에 영향을 줄 것이었기에, 자신에게 '이로운 결정'이 아니라 '옳은 결정'을 내리기로 다짐했다. 계산기를 두드리면 당장은 손해가 되는 결정이었다. 그러나 아브라함은 '무엇이 옳은 것인가?'를 깊이 생각했고, 자신이 먼저 배려하고 양보하면서 함께 살아갈 방법을 찾아냈다.

이로운 결정

롯의 입장에서 삼촌의 제안은 당연히 받아야 할 자기의 몫이었다. 롯의 생각에 아브라함은 도덕적으로 존경할 만한 사람이 아니었다. 아브라함이 위기가 올 때마다 사소한 거짓말을 한다는 것을 롯은 잘 알고 있었다. 더군다나 아브라함은 아내를 팔아서 부자가 된 남자가 아니던가?

그에 비하면 자신은 아브라함보다 더 나은 사람이라고 생각했다. 고향을 떠날 때부터 성심성의껏 아브라함을 도왔고, 그의 결정을 지지해주었다. 먼 여행길을 지나오는 동안에 힘들고 위험한 일을 도맡아서 해결해왔다. 아브라함이 이집트 고위 관료들과 왕에게 거짓말을 하며 어울려 다닐 때도 롯은 질끈 눈감아주었다.

어디 그뿐인가? 아브라함이 바쁠 땐 삼촌인 아브라함의 업무까지 도맡아서 처리하지 않았던가. 그러니 지금 아브라함의 제안은 자신이 당연히 받아야 할 몫이었다. 그동안의 노고와 고생에 대한 보답을 이제야 받는구나! 하는 생각이 들었다. 생각이 여기까지 이르자 '땅을 선택하라'는 삼촌의 제안에 롯은 그동안 봐두었던 노른자 땅을 생각해냈다.

가축들을 먹일 목초지와 물이 풍성한 강가, 교역을 하기에 안성맞춤인 소돔 성읍, 각종 나무 열매가 맺히는 아름다운 동산들. 한마디로 기회의 땅이었다. 롯은 손가락을 가리켜 그 땅을 지목했다. 극심한 타락으로 심판을 받아 폐허가 될 땅이라고는 꿈에도 생각하지 못한 체, 롯은 가족들을 이끌고 기회의 땅 '소돔'으로 이주해 들어갔고, 아브라함은 롯과 반대 방향으로 거처를 옮겼다.

리더의 결정

리더는 가족, 주변 사람, 본인에게 미칠 영향을 다차원적으로 고려해서 입체적인 결정을 내려야 한다. 단순히 눈앞의 이익을 보면서 평면적으로 생각하여 내린 결정은 공동체에 위기를 줄 수 있다. 그러므로 리더의 결정은 공동체를 위한 것이어야 하며, 리더 자신만을 기쁘게 하는 일은 과감하게 포기할 줄 알아야 한다.

아브라함은 '공동체를 위한 결정'을 했고, 롯은 '자신을 위한 결정'을 했다. 아브라함은 '옳은 결정'을 했고 롯은 자신에게 '이로운 결정'을 했다.

아브라함은 '사명'에 일치하는 결정을 내렸고, 롯은 '탐욕'에 일치하는 결정을 내렸다. 아브라함은 상대를 생각하면서 '입체적인 결정'을 내렸고, 롯은 눈앞에 보이는 이득만 계산하며 '평면적인 결정'을 내렸다.

당신의 결정은 누구를 닮았는가?

폭풍우 속에서 내리는 선장의 결정에 수많은 선원들의 목숨이 달려 있다. 전진할 것인지, 선회할 것인지, 정박할 것인지, 항해할 것인지를 심각하게 고민해야 한다. 한 번 내린 리더의 결정은 다시 주워 담을 수 없다. 섣부르게 내린 결정이 부메랑이 되어 공동체와 당신을 파멸하기 위해 돌아올 수 있음을 명심하며, 오늘 내린 결정이 1년 후, 5년 후, 10년 후에 어떤 결과로 돌아올지를 깊이 생각해야 한다.

♟ 속도를 늦추고 더 깊어져라

시간은 빠르게 흘러갔다. 사명의 땅에 정착한 지 10년의 세월이 흘렀고, 아브라함은 덕망 있고 고귀한 인품을 가진 족장으로 지역 주민들에게 호감을 얻었다. 그의 보호를 받기 위해 종이 되겠다고 자발적으로 찾아오는 사람들도 많았다. 주변 족장들도 그의 덕망과 인품에 존경심을 가졌다. 하지만 빠르게 커지는 그의 세력이 두려웠고, 한편으로는 못마땅하기도 했다.

그렇다고 함부로 그를 적대시 할 수도 없었다. 얼마 전에 발발한 '소돔 전쟁' 때, 아브라함이 자기들의 목숨을 구해주었던 일이 있었기 때문이다.

롯을 포함해 성읍 거민들 대부분이 노예로 끌려갔던 그 전쟁에서, 아브라함은 318명의 특공대를 이끌고 200Km가 넘는 거리를 추격해 4개국 연합군을 격파하고 끌려간 사람들과 약탈물을 모두 되찾아왔다.

그 이후부터 아브라함은 지역의 실질적인 지도자로 급부상했다. 아브라함 덕택에 롯도 소돔성의 유력한 지도자가 되었다. 10년 만에 존경받는 족장이요, 지역 리더로 급부상한 사람. 부유하면서도 가난한 사람들을 무시하지 않고 강한 군사력으로 자신과 유목민들을 보호할 수 있는 사람. 누가 보기에도 아브라함은 성공가도를 달리고 있었다.

그러나 정작 본인은 아무도 모르는 답답함에 잠 못 이루고 있었다. 이 땅에 온 이유는 부유해지거나 존경을 받기 위해서 온 것이 아니었다. 큰 민족을 이루라는 사명을 받았기에 고향을 떠나 이 땅까지 온 것이었다. 그런데 큰 민족은커녕 변변한 자식 하나 없으니 자신의 처지가 너무 허전하고 쓸쓸했다. 원망어린 눈으로 밤하늘을 바라보며 한숨을 쉬는 날들이 계속 이어지고 있었다.

사라도 아브라함이 하늘을 보며 한숨을 쉴 때마다 몰래 눈물을 훔쳤다. 자식을 낳지 못하는 여자, 한 남자의 아내로서 책임을 다하지 못했다는 자괴감의 눈물이 그녀의 뺨을 타고 흘러내렸다. 사라의 심적인 고통은 날로 더해만 갔다. 아브라함의 나이 85세, 사라의 나이가 75세였다. 여기서 시간이 더 지나면 아이를 잉태하는 것은 불가능한 일이었다.

이러다가 영영 아이를 낳지 못할 것 같은 생각이 들자, 사라의 마음은 조급해졌다. 어떻게 해야 아이를 낳을 수 있을까? 하나님의 약속은 왜 이루어지지 않는 것인가? 하나님이 남편과 약속했으니 나에게 문제가 있는 것이 아닐까? 이런 저런 생각과 고민에 밤잠을 설치던 사라의 뇌리에 갑자기 기막힌 생각 하나가 스쳤다.

'하나님이 남편에게 자손을 약속한 것이지 나에게 약속한 것은 아니지 않은가! 꼭 내 몸에서 태어난 아이가 아니어도 괜찮지 않을까?'

당시 고대 근동에서 아이를 낳지 못하는 사람들은 종을 통해서 아이를 낳는 관습이 있었다. 두 부부는 밤새도록 이야기를 나누다가 새벽녘에야 잠자리에 들었다. 그들은 아이를 가질 묘수를 찾아냈다. 사라가 이집트에서 데려온 여종 하갈을 통해 아이를 낳는 것이 그들이 찾아낸 묘수였다.

그의 행동이 그의 진심이다

동서고금을 막론하고 사람들이 리더에게 가장 원하는 것은 정직성과 윤리성이다. 사람들은 자신의 리더가 윤리적으로 깨끗하길 원한다. 흔히 어떤 사람을 평가할 때 그의 말, 재산, 학벌, 배경을 보고 일차적으로 훌륭하다고 말한다. 그리고 시간을 두고 그의 행동을 주시한다. 그의 말과 배경이 행동과 일치하는지를 보는 것이다. 하지만 그의 인격에 문제가 있음을 알게 되면 곧 실망하게 된다. 껍데기는 화려한데 알맹이가 없다는 것을 깨닫는 데는 그리 긴 시간이 걸리지 않는다.

인기 연예인의 자살, 대형 교회 목회자의 불륜, 성공한 CEO의 횡령에 사람들이 놀라는 이유는, 그 자리라면 당연하게 가지고 있어야 할 내면의 덕목이 없었다는 것에 대한 배신감 때문이다. 아무리 배경과 학벌이 탁월해도 본질적으로 인격에 문제가 있으면 존경받는 리더가 될 수 없다.

리더란 자신과 공동체를 옳은 길로 인도해가는 사람이다. 리더 옆에서 사람들은 인격이 다듬어지고 새로운 잠재력을 개발하며 비전을 향해 달려간다. 리더 자신도 공동체와 구성원들을 통해 자신을 만들어간다. 리더가 목적을 위해 수단 방법을 가리지 않고, 사람까지도 수단화시키면 이러한 관계는 깨어지게 된다.

아브라함과 사라가 하갈을 이용해서 목적을 이루려 했을 때, 그들은 하갈을 인격으로 본 것이 아니라 도구로 보았다. 아브라함의 사명은 세상에 복을 전하는 자이다. 사람을 수단화시키고 도구화시킨다면 누가 그를 복의 통로라고 인정하겠는가? 하갈은 종이기 때문에 복종할 수밖에 없었지만, 주인의 아이를 가지게 되자 사라를 우습게 여기기 시작했다.

이때부터 사라와 하갈 사이에 힘 싸움이 시작되었다. 사라는 주인의 아내로서 힘이 있었고, 하갈은 주인의 아이를 가졌기에 힘이 있었다. 이 힘 싸움은 두 후손들 간의 전쟁이 되어 오늘날까지 갈등과 다툼의 역사로 이어지고 있다.

빠름보다 바름

"피상성은 우리 시대의 비극이다. 즉시 만족을 누리고자 하는 사상은 근본적인 영적 문제이다. 오늘날 절실히 요청되는 사람은 지능이 높거나 혹은 재능이 많은 사람이 아니라 깊이가 있는 사람이다."

–리처드 포스터

우리는 빠르게 성취하는 것에 세뇌되어 있다. 가지고 싶은 것은 먼저 결제하고 나중에 갚을 수 있는 세상이다. 아무리 가치 있는 것도 결제만 하면 즉시 얻을 수 있다는 거짓말이 우리의 삶 깊숙이 파고들었다.

빨리 움직이면 많이 얻을 것 같아서, 비행기를 타고 고속열차를 탄다. 스마트폰은 몇 초 만에 지구 반대편의 일들을 우리에게 알려주며, 일을 하더라도 시간 대비 효율을 따져서 빠르게 임무를 완수하는 것이 미덕인 시대이다. 음식을 시킬 때도 '빨리 되는 것'을 달라고 할 정도다.

우리는 빠르게 성장하고, 빠르게 성공하고, 빠르게 열매를 따기 원한다. 그러나 우리는 바르게 성장해야 하고, 바르게 성공해야 하고, 인내의 열매를 따야 한다. 당장 손에 잡히는 열매가 없더라도 절망하지 말아야 한다.

조급함은 판단력을 흐리게 하고 불의한 방법에 발을 들이게 하며, 결국 멀리 돌아가게 한다. 사람들이 실패하는 이유는 더디 가는 시간을 견디지 못하는 조급함 때문이다.

명확한 목표 앞에서는 기다릴 필요가 없지만, 통제할 수 없는 일에 대해서는 기다리는 법을 배워야 한다. 인간은 전지전능한 존재가 아니기 때문이다. 상황은 '빨리 무언가를 하라'고 소리 지를 것이다. 지금 아니면 영영 기회를 놓칠 것이라고 윽박지를 것이다.

그러나 조급함이 우리를 몰아 세워도 여전히 기다리는 법을 배워야 한다. 조급함 때문에 움직인다는 것은 정상적인 과정을 무시하겠다는 의미이며, 결과에만 집착하겠다는 의미이다. 리더는 뛰어난 실행력을 가지는 동시에 기다릴 줄 아는 지혜를 가져야 한다. 정말 가치 있고 깊이 있는 것은 시간을 들여서 차곡차곡 쌓아 올려야만 얻을 수 있다는 것을 리더는 반드시 기억해야 한다.

♟ 채우려면 비워라

아브라함은 어느새 117세의 노인이 되었다. 아브라함이 100세 때 사라가 임신하는 바람에 이 지역 전체가 떠들썩했던 일, 100세에 낳은 아들이 젖을 떼던 날에 큰 잔치를 벌였던 일도 아스라해졌다.

여종 하갈을 통해 먼저 태어난 이스마엘은 아브라함의 집에서 분가해 나갔고, 청소년기에 접어든 노부부의 보물 이삭은 아브라함의 집에서 건강하게 자라났다. 그러던 어느 날 하나님이 다시 아브라함에게 나타나서 명령을 내리셨다. 그 명령은 아브라함이 100년을 사는 동안 들었던 그 어떤 말보다 충격적인 말이었다.

"너의 아들, 네가 사랑하는 외아들 이삭을 데리고 모리아 땅으로 가거라. 내가 너에게 일러주는 산에서 그를 번제물로 바쳐라."

아브라함은 귀를 의심했다. 짐승이 아니라 사람을, 그것도 100세에 낳아 애지중지 키워온 외아들을 바치라는 명령은 수긍하기 어려운 명령이었다. 아브라함이 먼저 달라고 요구한 아들이 아니었다. 하나님이 먼저 일방적으로 주시겠다고 약속한 아들이었다.

'이럴 거면서 왜 아들을 주신다고 하셨을까?'

'도대체 왜 내 아들을 바쳐야만 하는 것인가?'

'아들이 죽으면 큰 민족은 어떻게 이룰 것인가?'

'하나님이 가증스러운 우상처럼 어찌 사람을 바치라고 요구하시는가?'

아브라함의 마음에 질문들이 소용돌이쳤다. 당장이라도 하나님께 따지며 대들고 싶었다. 무슨 일이 있어도 내 아들 이삭만은 안 된다고, 차라리 나를 데려가라고 애원하고 싶었다. 그러나 아브라함은 아무 말도 하지 않았다. 고개를 숙인 채 자기의 장막으로 발걸음을 옮길 뿐이었다.

그날 밤은 길었다. 자식의 죽음을 앞두고 편하게 잠을 잘 수 있는 아버지가 어디 있겠는가. 아브라함도 충격을 받았지만, 사라가 더 큰 문제였다. 사라는 절대 이삭을 내어주지 않을 것이다. 차라리 자신을 죽이라고 막아설 것이 뻔했다.

생각이 여기까지 미치자 아브라함은 누워 있을 수가 없었다. 밖은 캄캄했다. 여행에 쓸 짐과 번제에 쓸 나무를 준비한 후 아들과 몇 명의 종들을 깨웠다. 아무것도 모른 채 잠들어 있는 사라의 얼굴이 안쓰러워 보였다. 나귀를 탄 아브라함과 이삭, 종들의 그림자가 달빛에 길게 드리워졌다. 사흘만 걸으면 모리아산에 닿을 수 있었다.

책임의 무게가 역경의 무게다

리더는 다른 사람을 이끌기 전에 먼저 자신을 이끌어야 한다. 자신을 이끈다는 것은 자신의 한계를 뛰어넘어 지금보다 나은 모습으로 성장하는 것이다. 성장은 환경이 좋을 때 이루어지는 것이 아니라, 오히려 길을 찾을 수 없는 막막한 상황에서 폭발적으로 발생한다.

역경은 리더가 가져야 할 덕목들을 길러주는데 탁월한 효과를 발휘한다. 각 사람이 겪는 역경의 강도는 그 사람이 감당해야 할 책임의 무게만큼 오기 마련이다. 작은 점포의 사장이 겪는 역경의 강도와 대형 마트의 사장이 겪는 역경의 강도는 다르다. 또 말단 직원이 겪는 역경의 강도와 회사의 책임자가 겪는 역경의 강도 역시 다르다.

아브라함은 한 민족을 이룰 조상이 될 사람이었으며, 모든 민족에게 영향력을 미칠 사람이었기에 그가 겪어야 할 역경의 강도는 무거웠다.

그러나 전쟁터와 같았을 아브라함의 내면과는 달리 아브라함의 몸은 움직이고 있었다. 수많은 질문들이 소용돌이 칠 때에도 아브라함의 몸은 움직였다. 새벽부터 나귀에 안장을 올리고 장작과 짐을 실었다. 그러고 나서 아들을 깨워 떠날 채비를 시켰다. 아브라함이 그렇게 할 수 있었던 것은 '영원한 것의 가치'가 무엇인지를 알았기 때문이다.

리더는 '시대를 초월하는 소중하고 영원한 진리'를 추구하는 사람이어야 한다. 보이는 것이 아니라 '보이지 않는 영원한 가치'를 추구하는 사람이어야 한다. 그리고 그것을 위해 목숨을 걸고 절대 타협하지 않을 각오가 된 사람이어야 한다.

'하나님의 말씀'이야말로 아브라함에게 '가장 소중하며 값진 것'이었고, '변하지 않는 영원한 진리'였다. 중요한 것은 이것이다.

당신에게는 '변하지 않는 영원한 가치'가 있는가?

빠르게 변하는 이 시대에 '변하지 않는 영원한 진리'를 최고의 가치로 여기며 그것을 추구할 용기가 있는가?

물질적 풍요 속에 말라가는 영혼을 적실 높은 가치가 있는가? 그것을 위해 당신이 소중하게 여기는 것을 내던질 각오가 되어 있는가?

보이는 가치, 보이지 않는 가치

유한양행의 설립자 유일한 박사는 독립운동과 교육사업, 사회사업으로 존경을 받아왔다. 1971년 76세의 나이로 생을 마감하며 그가 남긴 유언은, 황금보다 더 고귀한 가치로 삶을 살아온 자의 고백과도 같았다.

- 아들은 대학까지 졸업시켰으니 앞으로는 자립해서 살아가라.
- 딸에게는 내 묘소와 주변 땅 5,000평을 물려준다. 그 땅을 정원으로 꾸미되 학생들이 마음대로 드나들도록 울타리는 치지 마라.
- 7세 손녀에게는 대학 졸업 때까지 필요한 학자금 1만 달러를 준다.
- 내 소유 주식은 모두 한국 사회 및 교육에 쓰이길 원한다.

놀라운 사실은 훗날 그의 딸이 세상을 떠나면서 아버지가 남겨주신 마지막 재산들도 모두 사회에 환원했다는 것이다. 아버지의 철학을 딸이 고스란히 승계한 것이다. 생전에 유일한 박사는 이런 말을 남겼다.

"기업을 운영해서 아무리 큰 부富를 축적했다 할지라도, 죽음이 임박한 하얀 시트에 누운 자의 손에는 한 푼의 돈도 쥐어져 있지 아니하는 법이다. 기업을 통해 얻은 이익은 기업을 키워준 사회에 환원하여야 한다. 기업의 기능이 단순히 돈을 버는 데서만 머문다면 수전노와 다를 바가 없다."

"눈으로 남을 볼 줄 아는 사람은 훌륭한 사람이다. 그러나 귀로는 남의 이야기를 들을 줄 알고, 머리로는 남의 행복에 대해서 생각할 줄 아는 사람은 더욱 훌륭한 사람이다."

사람은 본능적으로 자기의 보물을 움켜쥔다. 어떤 사람은 돈을, 어떤 사람은 집을, 어떤 사람은 자식을, 어떤 사람은 회사를 움켜쥐려 한다. 사람마다 움켜쥐려는 것이 다른 이유는 각자가 귀하게 여기는 것이 다르기 때문이다.

보물은 '내가 가치를 부여할 때'만 보물이 된다. 보물에 집착하면 집착할수록 그것이 사라지면 죽을까봐 겁이 난다. 그러나 우리가 가진 소유물, 즉 사회적 지위, 직업, 사람, 가족, 꿈, 돈들은 가장 소중하고 영원한 가치를 위해 존재하는 것이지, 그것 자체가 우리의 목표가 아니다.

그래서 위대한 리더들은 물질을 움켜쥐지 않고 사회에 환원한다. 그들의 가치가 사회의 발전과 사람들의 삶의 질을 높이는 것이기 때문에, 그 가치에 부합하면 미련 없이 사회에 돌려주는 것이다. 움켜쥐려 한다면 그 순간부터 삶은 경직된다. 사명은 사라지고, 영원하고 변하지 않는 가치도 사라진다. 움켜쥔 것을 놓을 때 비로소 영원하고 변하지 않는 가치가 채워

짐을 경험하게 될 것이다.

당신이 움켜쥐고 놓지 않으려 하는 것은 무엇인가?

그것이 소명을 향해 나가는 길을 방해하고 있지 않은가?

자유로운 사고와 움직임을 방해하고 있지는 않은가?

만약 그렇다면 그것을 미련 없이 던져 버려야 한다. 그렇지 않으면 당신의 사명은 방해를 받게 될 것이다. 소중하고 영원한 가치로 채우려면, 눈에 보이는 영원하지 않은 가치들은 비워 내야 한다.

2

열정의 리더
야곱

야곱

야곱은 '약탈자'라는 뜻으로, 태어날 때 형 에서의 발꿈치를 잡고 태어났기 때문에 붙여진 이름
이다. 아브라함의 아들 이삭(웃음)이 낳은 쌍둥이 형제 중 '차남'으로, 장남인 에서와 태어날 때
부터 경쟁하는 모습을 보이며, 분쟁과 재난으로 점철된 험악한 인생을 살았다. 그는 권모술수에
능한 자로 아버지를 속여 형 에서의 축복을 차지했다. 그 때문에 형을 피해서 도망 다니느라 많
은 고생을 겪었지만, 두 명의 아내와 두 명의 첩을 통해 12명의 아들을 낳았다. 야곱의 열두 아들
들로부터 이스라엘의 열두 지파가 나온다. 그리고 '얍복강'에서 자신을 찾아온 신비한 방문자와
씨름을 한 후, 야곱의 이름이 '이스라엘'로 바뀐다. '이스라엘'이란 '하나님과 싸워 이기다', '하나
님을 위해 싸우다', '하나님께서 싸워주시다' 등의 의미를 가지고 있다. 이에 대해서 아직까지 일
치된 견해는 없다. 고고학 유적지 '텔발라타'에서 가까운 곳에 '야곱의 우물'이 남아 있고, 현재
'동방 정교 수도원'에서 관리하고 있다.

히브리 민족(Heberites, Hebreians)

히브리 민족은 가나안(Canaan)이라 불리던 레반트 지방에 살던 이스라엘 민족의 이름으로, '강
을 건너온 자', '이주자'라는 뜻을 가진다. 히브리인들은 가나안 지역에 살았지만 문화적으로는
가나안과 달랐다. 그들의 정체성은 족장시대까지 거슬러 올라가, 아브라함의 자손이라는 공통분
모를 가진다.

장자권

장자권이란 장자가 가지는 특별한 권리를 의미한다. 조상과 가문, 기업을 중시하는 히브리 사회
의 관습에서 유래되었으며, 근본적으로는 하나님의 지명에 의해 장자가 결정된다. 장자는 아버
지로부터의 축복, 형제들의 지도자, 가정에서의 우대, 다른 아들들보다 두 배의 재산을 물려받는
권리를 가지는데, 에서의 경우와 같이 자신의 권리를 팔아넘길 수 있었으며, 중죄를 저지를 경우
그 권리를 박탈당할 수도 있었다.

♟ 형 에서의 발꿈치를 잡고 나온 야곱

아브라함의 장자 이삭은 지혜로웠다. 그는 40세가 되는 해에 아름다운 아내 리브가와 결혼했다. 이삭과 리브가는 쌍둥이를 잉태했는데 그들은 뱃속에 있을 때부터 서로 싸우기 시작했다. 싸움이 얼마나 치열했던지 그들을 잉태한 리브가가 못 참겠다고 하소연할 지경이었다. 마침내 산달이 되어 쌍둥이가 태어났다.

형 에서의 발꿈치를 잡고 나온 동생은 야곱이라고 불려졌다. 에서는 '털이 많고 거칠다'는 뜻이고, 야곱은 '속이는 자'라는 뜻이다. 그들의 이름대로 에서는 들판에서 사냥을 하는 사냥꾼이 되었다. 에서는 남성적이었으며 근육질에 털도 많았고 사회성도 뛰어난 멋진 남성으로 성장했다. 그는 사람들이 따르는 리더십이 있었으며 누구와 붙어도 지지 않을 체력과 싸움의 기술을 가지고 있었다.

반면에 야곱은 조용한 성격에 혼자 있기를 즐겼다. 그는 요리를 하거나 책을 읽을 때가 많았고, 몸과 얼굴도 남성다움과는 거리가 멀었다. 대신에 그는 친절하고 다정하며, 비상한 머리에서 나오는 잔꾀가 있었다.

아버지 이삭은 온건하고 조용한 사람이었기에, 늘 강한 체력과 리더십을 가진 아들 에서가 필요했다. 이삭의 아버지 아브라함이 여종 하갈과 동침해서 낳은 이스마엘은 세상에서 명궁으로 이름을 떨치며 세력을 규합하고 있었다. 이삭에게는 이스마엘이 언제나 두려운 존재였고, 그에 필적할만한 강한 인물이 필요했다. 가문을 이끌어갈 리더십과 용맹함을 갖춘 큰 아들 에서는 그런 이삭의 기대에 부응하는 아들이었다.

이삭은 자신이 가지지 못한 용맹함으로 에서가 사냥을 해올 때마다 흡족해하며 고기를 즐겼다. 요리의 맛도 맛이었지만, 자신의 곁에 든든한 맏아들이 있다는 것이 먹지 않아도 배부를 만큼 기분이 좋았다.

반면에 약해 보이지만 강한 열정과 욕심으로 똘똘 뭉쳐진 작은 아들 야곱은 어머니 리브가의 사랑을 받았다. 성격과 기질이 다르니 추구하는 바도 달랐던 두 아들은 태어나기 전부터 싸우기 시작했다. 결국 두 형제 사이에는 생명을 걸어야 할 만큼 심각한 싸움이 시작되는데, 그 시작은 동생 야곱이 요리한 팥죽 한 그릇 때문에 발생한다.

♟ 간절히 열망하라

사냥을 나갔던 에서가 허기가 져서 탈진한 상태로 집에 돌아왔다. 그날따라 들판에 짐승이라고는 개미새끼 한 마리도 찾을 수가 없었다. 때마침 동생 야곱은 팥죽을 끓이고 있었고, 허기진 상태에서 팥죽 냄새를 맡은 에서는 눈이 뒤집힐 지경이었다. 에서는 동생 야곱에게 방금 요리한 붉은 음식을 내어달라고 요청한다. 약삭빠른 야곱이 이 절호의 기회를 놓칠 리 없었다. 야곱은 형에게 조건을 걸고 팥죽을 주기로 한다. 바로 '장자의 권리'를 넘겨달라는 것이었다.

유대인들에게 장자의 권리란 아버지의 재산과 하나님의 축복권을 물려

받는 중요한 권리였다. 동생이 장자의 권리를 넘본다는 것은 있을 수 없는 일이었지만, 당장 허기를 모면하기에 급급한 에서는 아무 생각 없이 팥죽 한 그릇에 자신의 장자의 권리를 야곱에게 넘겨주었다. 나중에 그런 일 없다고 발뺌하면 그만이니 지금은 일단 허기진 배를 채우고자 가볍게 장자의 권리를 넘겨준 것이다.

에서는 장자권을 우습게 여겼고, 야곱은 장자권을 간절히 열망했다. 당장 눈앞에서는 아무 일도 일어나지 않았지만, 이 한 번의 거래로 두 사람의 운명은 완전히 뒤바뀐다.

열망의 실체화

누구나 열망이 있지만 모두가 실체화시키지는 않는다. 현실에서 실체화시키지 않는 열망은 그저 희망일 뿐이다. 열망은 움직여 현실이 될 때 비로소 가치가 있다. 야곱은 태어나기 전부터 강하게 열망하는 사람이었다. 오죽하면 태어날 때부터 형의 발꿈치를 잡고 나왔을까. 커가면서도 그는 간절하게 장자의 권리를 열망했다.

목표가 명확했기에 반복해서 생각했고, 결국 삶의 모든 초점이 목표에 맞춰졌다. 그는 자기 가문에서 장자의 권리가 무엇을 의미하는지 정확하게 알고 있었다. 큰 민족을 이루고, 이름을 떨치며, 세계 모든 민족에 복의 근원이 되는 것이 자신의 아버지와 할아버지를 통해 가문에게 내려진 소명이고 비전이었다.

야곱은 이 소명과 비전을 간절히 열망했다. 자신을 통해서 큰 민족을 이루고 싶었고, 자신의 이름을 알리기 원했으며, 자신의 민족을 통해 세계 모든 민족에 복을 전하고 싶었다. 야곱은 평소 형인 에서의 언행을 통해 에서가 장자의 권리를 우습게 여기고 있다는 것을 알고 있었다. 에서는 가문의 소명에 큰 관심이 없었다. 그에게 장자의 권리는 한 끼 밥만도 못한 것이었고, 장자권을 지키는 것보다 당장 배고픔을 면하는 것이 우선이었다.

두 사람의 생각은 각자의 영혼을 물들였고 말과 행동을 물들였다. 어떤 생각을 계속 반복하면 반드시 현실로 나타난다. 야곱과 에서의 평소 생각이 두 사람의 운명을 갈라놓았다. 야곱은 장자권을 열망했고, 에서는 허기를 면할 팥죽 한 그릇을 열망했다. 각자가 열망한 대로 야곱은 장자권을 얻었고, 에서는 팥죽을 얻었다.

열정은 결핍을 먹고 자란다

우사인 볼트는 선천적인 척추측만증을 가지고 있었다. 육상선수로서는 엄청난 핸디캡이었다. 그로 인해 볼트는 고질적인 허벅지 부상을 달고 살았다. 볼트는 독일FC '바이에른 뮌헨'의 축구팀 트레이너를 찾아가 도움을 요청했다. 한스뮐러 볼파르트 바이에른 뮌헨 팀 주치의는 볼트의 약점인 허벅지 주변 근력을 집중 강화시키는 운동처방을 내렸다. 끊임없는 허벅지 근육 강화로 인해, 볼트의 불규칙 도약은 남들보다 더 큰 도약을 할 수 있는 강력한 스프링이 되었다. 왼쪽발로 땅을 디딜 때 오른쪽보다 24센티미터 더 멀리 뛰었다. 망치로 세게 칠수록 반발력도 더 세지는 원리였다.

척추측만증은 생명을 위협하는 병이고, 그것을 가지고 운동하면 언제나 부상의 위험이 따른다. 허벅지와 골반에 염증을 유발하기 때문이다. 볼트는 부상을 줄이기 위해 허리, 둔부, 골반, 허벅지 등의 중심 코어 근육들을 극대화시켜 강화했다. 그렇게 되기까지 피눈물 나는 훈련이 있었다. 그로 인해 천 명에 한 명만이 가지고 태어나는 척추측만증이 오히려 그를 세계에서 가장 빠른 남자로 만들어주었다. 핸디캡을 극복하려는 강한 열망은 볼트의 약점을 강점이 되게 해주었다.

에서에게 장자의 권리가 중요치 않았던 이유는 그가 힘이 세고 능력이 있었기 때문이다. 그에게는 핸디캡이 없었다. 그는 자력으로 얼마든지 살아갈 수 있었고 언제나 자신감에 차 있었다. 따르는 사람이 많았기에 언제라도 세력을 규합할 수 있었고, 마음만 먹으면 민첩한 발과 사냥기술로 누구든 해치울 수 있었다. 그 능력과 기술 때문에 에서에게는 절박함이 없었다. 지금 모든 것을 할 수 있으니 미래를 계획할 필요도 없었다. 자신보다 강한 것은 싸워 이기면 되고, 자신보다 약한 것은 지배하면 그만이었다.

반면에 야곱은 연약한 사람이었다. 형처럼 힘이 센 것도 아니고, 영웅의 기질을 타고나지도 못했다. 그러니 야곱에게는 장자의 권리가 절박했다. 아무것도 없는 결핍이 장자의 권리를 간절히 열망하게 했던 것이다. 결핍은 무언가를 이룰 수 있는 중요한 자산이며 끊임없이 채우려는 열정의 연료이다. 부족함이 존재하는 이유는 채우기 위해서이다. 야곱은 부족함 때문에 좌절하거나 주저앉아 있지 않았다. 그는 목표를 세웠고, 그것을 이루기 위해 끊임없이 열망했다.

당신의 목표는 무엇인가?

그 목표를 이루기에 결핍된 것은 무엇인가?

볼트가 끊임없이 허벅지 주변 근육을 강화했던 것처럼, 당신도 당신의 결핍을 보완하기 위해 끊임없이 생각하고 집중해야 한다. 결핍이 열망의 에너지가 되게 하라. 결핍을 그냥 두고 방치하지 마라. 결핍은 좌절의 이유가 아니라 열망의 원천이다.

♟ 본질을 추구하라

에서가 팥죽 한 그릇에 장자권을 팔고 난 후 얼마 되지 않아 아버지 이삭은 후계자를 정하기로 했다. 그는 침상에 누워서 생활해야 할 만큼 몸이 불편했고, 눈도 잘 보이지 않아 사물을 분간할 수가 없었다. 언제 죽을지 모르니 장자인 에서에게 '후계자를 위한 축복 유언'을 해야겠다고 생각했다.

이삭은 험난한 땅에서 경쟁에 밀리지 않을 장남을 불렀다. 그러고는 "지금 들에 나가서 사냥을 한 후 고기요리를 해 오면 축복해주겠노라"고 말했다. 이 대화를 어머니인 리브가가 엿들었고, 작은 아들인 야곱에게 급히 알려주었다. 어머니는 눈이 어두운 아버지를 속이기 위해 야곱의 손에 염소 가죽으로 만든 가짜 털을 붙여 에서의 털 많은 팔처럼 만들었다.

리브가는 야곱에게 자신이 만든 요리를 들고 아버지에게 들어가 축복 유언을 받도록 했다. 이런 사정을 모르는 쇠약하고 눈 어두운 아버지는 자신이 장자에게 줄 수 있는 최고의 축복을 야곱에게 마음껏 쏟아 부었다.

"하나님은 하늘에서 이슬을 내려주시고, 땅을 기름지게 하시고, 곡식과 새 포도주가 너에게 넉넉하게 하실 것이다. 여러 민족이 너를 섬기고, 백성들이 너에게 무릎을 꿇을 것이다. 너는 너의 친척들을 다스리고, 너의 어머니의 자손들이 너에게 무릎을 꿇을 것이다. 너를 저주하는 사람마다 저주를 받고, 너를 축복하는 사람마다 복을 받을 것이다."

참으로 엄청난 장자의 축복이 차남인 야곱에게 내려졌다. 뒤늦게 돌아온 에서가 자신이 사냥해 온 짐승으로 요리를 만들어 아버지의 침상에 들어갔을 때, 아버지와 에서는 큰 충격에 몸을 부들부들 떨었다. 에서는 소리쳐 울면서 아버지에게 자신도 축복해 달라고 애원했으나, 아버지는 더 이상의 축복이 남아 있지 않다는 말만 반복할 뿐이었다.

이미 동생이 형을 다스리도록 하였고, 모든 친척을 동생에게 종으로 주었으며, 곡식과 새 포도주가 그에게서 떨어지지 않도록 축복했다. 이제 큰아들 에서는 아우를 섬겨야 했고, 그가 원하던 물질적인 축복도 받을 수 없었다. 야곱의 이 사기행각은 에서에게 지울 수 없는 상처와 분노를 남겼다. 물질적인 축복을 놓친 아쉬움과 상할 데로 상한 자존심 때문에 한참 동안 울분을 토하던 에서는 혼잣말로 중얼거렸다.

'아버지가 돌아가실 때가 가까워졌으니 그때가 되면 동생을 죽여 버리겠다.'

공교롭게도 에서의 이 말을 어머니가 엿들었다. 그녀는 에서의 분노가 사그라질 때까지 야곱에게 하란에 있는 외삼촌의 집으로 피신하라고 권했다. 명목상은 결혼할 아내를 찾기 위해 떠나는 길이었지만, 살기 위한 도피였다. 형의 분노가 풀리면 어머니가 전갈을 보내기로 했으니, 길어야 2-3년이면 집으로 돌아올 수 있을 것이라 생각했다. 야곱은 자신의 여정이 20년이 넘게 걸릴 줄은 꿈에도 생각하지 못한 채 하란을 향해 길 떠날 채비를 서둘렀다.

본질과 현상

야곱이 비록 형을 피해 도피 길에 오르긴 했지만, 그토록 원하던 장자의 권리와 축복은 모두 독차지했다. 도망가는 쪽은 야곱인데 승리한 쪽 역시 야곱이었다. 힘이 세고 강한 에서는 동생을 찍어 누를 힘도 있고 능력도 있었지만, 그렇게 한다 해도 남을 게 없었다. 동생에게 자신이 가져야 할 모든 것을 이미 빼앗겼기 때문이다. 이 차이는 두 사람이 추구한 것이 달랐기 때문에 발생한 결과였다. 한 사람은 '아버지의 축복'만을 원했고, 한 사람은 '장자의 권리' 자체를 원했다. 에서가 추구하던 축복은 물질과 다스림과 형통의 복이었지만, 야곱이 추구하던 장자권은 하나님 자체였다. 에서는 '현상'을 추구했고 야곱은 '본질'을 추구했다.

에서는 물질 축복을 왜 주는 것인지, 누구에게 주는 것인지, 그것이 왜 필요한지에 대한 깊은 통찰이 없었다. 그러나 야곱은 달랐다. 아버지의 축복이 하나님으로부터 온다는 것을 간파했으며, 하나님이 아브라함에게 주신 가문의 소명을 이어가기 위해서 축복을 주신다는 것을 잘 알고 있었다. 그래서 야곱은 가문의 소명을 이어가는 '장자의 권리'에 주목했던 것이다.

많은 리더들이 본질이 아닌 현상에 빠져 허우적거린다. 본질을 볼 수 없는 눈을 가졌기 때문이기도 하지만, 추구하는 가치가 본질에서 멀어져 있기에 눈이 가려지는 것이다. 특별히 재능이 많고 가진 것이 많은 리더들은 본질적인 것보다 부수적인 현상에 빠질 가능성이 많다.

스티븐 코비는 '부수적 위대성'과 '본질적 위대성'의 차이를 명쾌하게 설명했다. 부수적 위대성이란 보이는 것들, 즉 그 사람의 외모, 배경, 학벌, 재산 같은 것이다. 그러나 위대한 리더들은 부수적 위대성 외에 본질적 위대성을 가지고 있다. 그것은 대게 보이지 않는 비전, 소명, 사랑, 격려, 이해, 포용력 같은 것들이다.

위대한 리더일수록 부수적인 것보다 본질적인 것을 더 중요하게 여긴다. 그들이 추구하는 가치가 부수적인 것이 아니라 본질적인 것이기 때문이다. 그들은 안다. 눈에 보이는 현상들은 보이지 않는 본질로부터 시작된다는 것을.

본질을 발견하라

최장순 크리에이티브 디렉터가 쓴 《본질의 발견》에서 우리는 '본질과 현상'에 대한 탁월한 통찰을 얻을 수 있다.

"인천공항은 전 세계 공항을 대상으로 한 서비스 평가에서 12년 연속 최고 자리에 올랐다. 인천공항의 서비스를 경험한 사람들은 '무언가 다르다something different'고 이야기한다. 도대체 무엇이 다르기에 인천공항은 12년 연속 세계 공항 서비스 평가 1위를 지켜냈을까? 많은 공항들이 서비스를 개선하고자 공항의 부가적 기능인 쇼핑, 문화체험, 숙박 및 라이프스타일의 편의시설 등을 강화한다. 하지만 여행객들의 마음 깊숙한 곳에 감동을 심어주는 것은 이러한 부가적 기능이 아니다. 공항의 본질적 기능은 '나들목'이다. 나들목은 드나드는 데 불편함이 없어야 한다. 인천공항은 출국 18분, 입국 14분이라는 전 세계 신기록을 보유하고 있다. 국제민간항공기구인 ICAO에서 권고하는 기준은 출국 60분, 입국 45분이었다. 인천공항은 공항 내에서 여행객들에게 최대한 많은 여유시간을 제공하기 위해 모든 시스템을 효율화했다. 출입국 절차와 관련된 시간이 혁신적으로 단축되면, 당연히 비행기를 탈 때까지의 시간이 늘게 된다. 그 결과 여행객들은 그 시간 동안 다양한 볼거리를 경험하고 면세점에서 쇼핑을 할 수 있게 된다. 인천공항은 여행객의 불편 및 불만 사항을 최소화하면서 그들의 '즐거운 여행'을 조용히 지원하고 있었던 것이다."

세계 여러 공항에서 인천공항을 배우고 벤치마킹하기 위해 찾아온다. 그러나 그들은 무엇이 인천공항을 차별화시키는지 찾지 못했다. 본질적인 것이 아닌 현상적인 것에서 이유를 찾으려 했기 때문이다. 최장순 디렉

터는 공항의 본질을 '나들목'이라는 개념에서 찾아냈다. 겉으로 보기에 많은 현상들이 얽혀 있지만 공항의 본질은 '나들목'이라는 단순한 개념 안에 있었다. 어디를 여행하든지 쾌적하고 편리하게 들어오고 나가는 것이 '공항의 본질'이라는 것이다.

누구나 같은 현상을 경험하고 같은 결과를 마주하지만, 본질을 꿰뚫는 사람은 많지 않다. 사회는 점점 더 빨리 변하고, 첨단기술과 데이터들은 쏟아져 들어온다. 급속도로 발전하고 변화하는 시대에서도 리더는 본질을 꿰뚫을 수 있어야 한다. 리더가 본질을 볼 수 없으면 보이는 현상에 따라 이리저리 휘둘리게 된다. 유행하는 것을 따라가고, 인기 있는 것에 휩쓸리다 보면 결국 팥죽 한 그릇만 남은 인생이 될 지도 모른다.

♟ 열정적으로 사랑하라

에서를 피해서 도피를 떠난 야곱은 험난한 광야 길에서 불안에 떨며 길을 재촉하고 있었다. 한낮에는 용광로처럼 뜨겁던 날씨가 밤에는 얼음장처럼 차갑게 변했다. 그렇다고 함부로 불을 피울 수도 없는 노릇이었다. 언제 형 에서가 득달같이 달려와 자신의 등에 칼을 꽂을지 알 수 없었기 때문이다. 잠을 자느니 차라리 길을 계속 걷는 것이 마음은 편했다.

야곱은 한 달이 넘는 외로운 광야 길을 지나 외삼촌이 사는 지역의 한 우물에 도착했다. 양떼들이 한가롭게 모여 있었고 몇몇 목자들은 그늘에서 쉬고 있었다. 목자들에게 외삼촌 라반에 대해서 묻자, 그들은 라반을 잘 알았다. 어디에 사는지도 알려주었다.

때마침 멀리서 양떼를 몰고 오는 한 여자가 보였다. 멀리서 보기에도 빼어난 자태를 가진 처녀였다. 목자들은 그녀가 라반의 딸이라고 알려주었다. 오랜 시간을 외로움과 불안함으로 지내온 야곱은 그녀를 보자마자 여러 가지 감정이 북받쳐 올라왔다. 감정을 억누르고 우물 어귀에서 돌을 굴려내어 외삼촌의 양떼에게 물을 먹인 후, 그녀의 아버지가 자기의 외삼촌인 것과 자신은 리브가의 아들임을 밝혔다.

이 소식을 들은 외삼촌 라반이 한걸음에 우물까지 달려 나왔다. 이런 저런 담소를 나누며 외삼촌의 집으로 들어가자 맏딸인 레아가 수줍게 야곱을 맞이했다. 그러나 야곱의 눈은 자꾸만 라헬에게로 향했다. 처음 양떼를 몰고 오던 라헬의 모습이 야곱이 뇌리에서 잊히지 않았다.

사랑이 열정을 지핀다

야곱은 외삼촌의 집에서 여러 가지 일들을 도우며 한 달의 시간을 보냈다. 특히 목축 일에 야곱이 손을 대자 라반의 양떼 수가 급격히 불어나기 시작했다. 라반이 생각하기에 야곱을 데리고 있으면 자신의 가산이 불어나는 것은 시간문제였다. 라반은 계산이 정확한 사람이었고 절대 무르게 셈하는 법이 없었다. 라반은 조카 야곱을 불러서 자신의 생각을 숨긴 체 의중을 묻기 시작한다.

"네가 나의 조카이긴 하다만 나의 일을 거저 할 수 는 없지 않느냐? 너에게 어떻게 보수를 주면 좋을지, 너의 말을 좀 들어보자."

이 말은 여러 가지 의미를 담고 있었다. 야곱이 라헬을 사랑한다는 것을 라반도 알고 있었다. 그녀를 데려 가려면 신랑이 지참금을 가지고 와야 하는데 야곱이 그럴 상황이 아니라는 것도 알고 있었다. 라반의 계산으로 볼 때 야곱이 라헬을 데려 가려면 자신의 일을 무보수로 하는 길 외에 다른 방법이 없었다. 라반은 이미 이 모든 계산을 끝낸 후에 야곱을 부른 것이다. 야곱도 자신의 상황을 알고 있었고 외삼촌의 의중을 어느 정도 파악하고 있었다. 잠시 숨을 죽이고 있던 야곱이 외삼촌에게 말을 꺼냈다.

"제가 7년 동안 외삼촌 일을 해드릴 테니 그때 가서, 외삼촌의 작은 딸 라헬과 결혼하게 해주십시오."

라반은 쾌재를 불렀다. 자신이 예상한 대로 일이 흘러가고 있었다. 못이기는 척하며 라반은 대답했다.

"그 아이를 다른 사람과 짝지어주는 것보다, 너에게 짝지어주는 것이 더 낫겠다. 그러면 여기서 나와 함께 살자."

라반이 야곱에게 아량을 베풀어주듯이 말하고 있지만, 이 계약은 사실상 '노예 계약'과 다름없었다. 그러나 야곱에게는 아무런 상관이 없었다. 라헬을 향한 야곱의 사랑이 너무도 열정적이었기에 칠년이 아니라 칠십년도 기다릴 수 있었다. 7년을 무보수로 일한다는 것은 당시의 지참금으로는 결코 적지 않은 조건이다. 야곱은 라헬을 얻을 수만 있다면 7년이 결코 길지 않다고 생각했던 것이다.

사랑은 오래 참고

여자든 남자든 이성에게는 끌리기 마련이다. 같은 공간 안에 동성들만 있을 때보다 이성이 섞여 있을 때 훨씬 더 활기찬 분위기를 감지할 수 있다. 한 달 넘게 홀로 나그네 길을 걸어온 야곱은 라헬을 보자마자 사랑에 빠졌다. 야곱의 사랑은 비록 순간적으로 시작됐지만, 그는 서두르지 않고 오랜 시간 동안 인내함으로 사랑을 키워갔다.

야곱은 라헬을 향한 사랑 때문에 외삼촌의 일도 사랑할 수 있었다. 7년은 7일처럼 빠르게 지나갔다. 마침내 야곱은 외삼촌에게 자신의 아내를 내어 달라고 당당하게 요구했다. 결혼예식이 시작되고 그토록 기다리던 첫날밤이 지나갔다. 아침이 되었을 때 야곱은 자신의 눈을 의심했다. 옆에 있는 여자가 라헬이 아니라 언니 레아였던 것이다.

외삼촌 라반은 야곱을 더 부려먹기 위해서 의도적으로 맏딸 레아를 신방으로 밀어 넣었고, 그것도 모르는 야곱은 레아와 첫날밤을 보냈다. 야곱을 속인 라반은 다시 7년을 더 일하면 라헬을 주겠다며 뻔뻔한 요구를 해왔다. 그런데 야곱의 반응이 놀랍다. 그는 묵묵히 7년을 더 일한다. 결국 야곱은 라헬을 얻기 위해 14년 간을 외삼촌의 집에서 무료봉사하게 된다.

꾀가 많고 약삭빠른 야곱이 14년 간을 무보수로 일할 수 있었던 것은 오로지 라헬을 향한 사랑 때문이었다. 누구나 사랑을 하고 결혼을 한다. 그러나 누구도 야곱처럼 사랑하고 결혼하지는 못한다. 사랑에 대한 많은 담론과 정의들이 있지만, 야곱의 사랑은 '사랑이 인내 위에 세워져야 함'을 잘 보여준다.

이 시대의 사랑에서 회복되어야 할 것도 바로 인내이다. 우리 주변에는 한 번에 여러 사람을 만나는 사람이 있는가 하면, 결혼 하루 만에 신혼여행 가는 도중 이혼하는 부부도 있다. 감정이 느껴지지 않으면 사랑이 아니라고 생각하거나, 귀에서 종이 울리는 소리를 들어야 사랑이라고 말하는 사람도 있다. 나이가 어릴수록 사랑을 논할 때 뜨거움, 가슴 떨림, 애틋함 등의 감정을 말한다. 물론 그것도 사랑의 한 단면이다. 그러나 나이가 들고 성숙해지면 사랑은 감정이나 떨림이 아니라 '수고와 헌신'임을 알게 된다.

성경에서 사랑을 말할 때 가장 먼저 '오래 참음long suffering'을 말한다. 변함없이 우리 곁에 머물고 있는 사랑에 대한 정의가 '오래 참음'인 이유는 무엇일까? 그것은 사랑의 본질이 '나의 유익'이 아니라 '상대방의 유익'에 있기 때문이다. 상대를 위하는 사랑은 필연적으로 '고통과 인내'이며 '수고와 헌신'일 수밖에 없다. 그리고 그것은 단시간에는 절대 이루어지지 않는다. 사랑은 오래 참는다.

무한의 에너지 사랑

야곱은 열정적인 사랑의 결실로 14년 동안 12명의 아들을 얻었다. 그들은 큰 민족을 이루게 될 초석이었다. 그 후로 6년을 더 일하면서 야곱은 외삼촌에게 자신의 재산을 분할해 달라고 요구했고, 결국 그는 엄청난 거부가 되었다. 14년의 기간 동안 아내와 자식을 얻었고, 나머지 6년 동안은 엄청난 부를 거머쥔 것이다.

타향에서 20년을 열정적으로 보낸 야곱은 엄청난 규모의 재산과 가족들을 거느리고 고향땅으로 귀향한다. 뜨거운 열정도, 가슴 뛰는 일도 시간이 지나면 시들해지기 마련이다. 그러나 야곱은 지치지 않는 열정으로 20년을 보냈는데, 그 비결은 사랑이었다.

사랑은 지치지 않는 무한의 에너지이며 무한의 동력이다. 열정만으로는 오래 가지 못한다. 사랑으로 생겨난 열정이어야 오랜 시간 동안 효과를 발휘한다. 리더가 지치지 않으려면 사랑의 마음을 가져야 한다.

그 일을 완수해야만 하기 때문에 움직인다면 그 일이 끝났을 땐 열정이 사라져 버린다. 그러나 그 일을 사랑한다면 결과에 상관없이 과정 속에서 계속 성장하게 된다. 리더는 자기 자신을 사랑해야 하고, 가족을 사랑해야 하며, 공동체와 공동체의 소명을 사랑해야 한다. 오직 사랑만이 상상할 수 없는 곳까지 우리를 이끌고 성장시키는 무한의 에너지이기 때문이다.

♟ 위기를 관리하라

　　야곱은 가족과 종들, 수많은 가축과 재산을 이끌고 고향으로 돌아가고 있었다. 더 이상 외삼촌과 같이 지내기 어려울 만큼 그의 가산이 불어났기 때문이기도 하지만, 늘어나는 야곱의 재산을 보는 외삼촌의 얼굴이 전과 같지 않았기 때문이다. 부푼 마음으로 야곱은 고향길을 재촉했다. 그러나 야곱의 마음이 마냥 편하지는 않았다. 형 에서를 만나는 일이 여전히 두려웠다. 야곱의 생각에 형은 자신을 보자마자 죽이려 들것이 뻔했다. 그는 살 길을 찾아야 했다. 그런데 형의 생각이 어떤지 알 길이 없었다. 곰곰이 생각하던 야곱은 형에게 심부름꾼을 먼저 보내면서 이렇게 말하라고 일러주었다.

　　"주인의 종 야곱이 이렇게 아룁니다. 저는 그동안 라반에게 몸 붙여 살았습니다. 저에게는 소와 나귀, 양떼와 염소떼, 남종과 여종이 있습니다. 형님께 이렇게 소식을 전하여 드립니다. 형님께서 저를 너그럽게 보아주십시오."

　　심부름꾼은 에서에게 갔다가 곧바로 다시 야곱에게 돌아왔다.

　　"주인어른의 형님 어른께 다녀왔습니다. 그분은 지금 부하 400명을 거느리고, 주인어른을 치려고 이리로 오고 있습니다."

　　우려하던 일이 실제로 발생하자 야곱의 마음은 다급해졌다. 그는 재빠르게 자기 일행과 양떼와 소떼와 낙타떼를 두 패로 나누었다. 에서가 와서 한 패를 치면, 나머지 한 패라도 살아서 도망가게 해야겠다는 심산이었다. 그리고 그날 밤에 야곱은 강가에 묵었다. 거기서 그는 자기가 가진 것 가운데서 에서에게 줄 선물을 따로 골라냈다. 암염소 200마리와 숫염소 20마리, 암양 200마리와 숫양 20마리, 젖을 빨리는 낙타 30마리와 거기에 딸린 새끼들, 암소 40마리와 황소 10마리, 암나귀 20마리와 새끼 나귀 10마리였다.

야곱은 이것들을 몇 떼로 나누고 자기의 종들에게 맡겨서, 자기보다 앞서서 가게 하고, 떼와 떼 사이에 거리를 두게 했다. 야곱은 시간을 두고 에서가 한 떼씩 만나도록 배치했다. 선물들을 만날 때마다 에서의 분노가 서서히 풀리고, 마침내 야곱을 만날 때에는 반가운 얼굴로 맞아주리라 생각했던 것이다.

그 밤에 야곱은 가족들과 자기의 소유와 함께 강을 건넜다. 그러나 야곱의 불안함은 아직 가시지 않았다. 그는 자신의 소유물과 두 아내, 두 여종과 아들들을 먼저 건네 보냈다. 최악의 경우에 가족들이 모두 죽더라도 자기는 살아남으려는 계산이었다.

그런데 홀로 강가에 남은 야곱에게 하나님이 갑자기 찾아오신다. 야곱은 하나님에게 "나에게 축복해주지 않으면 당신을 보낼 수 없습니다"라고 끝까지 씨름하며 붙잡은 손을 놓지 않았다. 씨름은 밤이 새도록 이어졌다. 결국 하나님은 야곱을 축복하며 야곱의 이름을 이스라엘이라고 바꿔주었다.

우리가 이스라엘이라 부르는 민족, 그 나라의 이름이 바로 야곱의 새로운 이름이었다. 허벅지 뼈는 탈골되었고 몸 여기저기가 쑤시고 아팠지만 야곱의 마음은 누구보다 평안하고 안정감을 느꼈다. 이제는 형을 만나도 괜찮을 것 같았다. 그는 절뚝거리며 서둘러 가족들이 있는 곳으로 걸어갔다.

때마침 산 너머로 눈부신 해가 솟아올라 야곱의 평온한 얼굴을 밝게 비추고 있었다. 야곱이 고개를 들어 보니 멀리서 에서가 장정 400명을 거느리고 자기에게 오고 있었다. 야곱은 가족들을 뒤로 하고 맨 앞으로 나가서

에서에게 일곱 번 절을 하였다. 에서는 달려와서 야곱을 끌어안았다. 두 팔을 벌려 야곱의 목을 껴안고 입을 맞추고 둘은 한동안 회한의 눈물을 흘렸다.

상대의 마음 열기

야곱이 에서에게 바친 선물은 지금의 가치로 환산해도 엄청난 금액이다. 야곱은 에서에게 암염소 200마리와 숫염소 20마리, 암양 200마리와 숫양 20마리, 젖을 빨리는 낙타 30마리와 거기에 딸린 새끼들, 암소 40마리와 황소 10마리, 암나귀 20마리와 새끼 나귀 10마리를 바쳤다. 지금의 시세로 보면 적어도 5억 정도의 가치를 형에게 선물로 바친 것이다. 야곱이 자신이 가진 재산의 10분의 1을 보냈다고 가정해도 야곱의 재산은 50억 이상이었다.

아무것도 없는 빈손으로 시작해서 거부가 된 야곱이었지만, 위기상황 앞에서는 자신의 재산을 아끼지 않았다. 야곱이 상당한 양의 재산을 에서에게 바친 것은 야곱 자신이 에서의 종이며 자신은 에서에게 속한 사람임을 인정하는 행위였다.

엄청난 액수의 선물과 종으로서의 복종행위는 닫혀 있던 에서의 마음을 열기에 충분했다. 선물은 닫혀 있는 사람의 마음을 여는데 탁월한 효과를 발휘한다. 게다가 받는 사람이 가치 있게 여기는 것을 선물한다면 효과는 더욱 증대된다.

에서가 야곱에게 분노했던 이유는 장자권을 빼앗겼기 때문이지만, 실질적으로는 '물질의 축복'과 '다스림'의 권세를 빼앗겼기 때문이었다. 이런 에서의 마음을 잘 알고 있었기에 야곱은 두 가지를 모두 충족시킬 수 있는 선물을 준비했다. 그는 엄청난 양의 가축 떼를 한 번에 주지 않고 여러 떼로 나눠서 시간차로 도착하도록 배치했다.

에서가 첫 선물로는 마음을 누그러뜨리지 않았을 수도 있다. 그런데 연속해서 들어오는 선물에 에서의 마음은 점차 누그러졌다. 선물은 에서에게 대접 받고 있다는 느낌을 주었고, 야곱의 말과 행동은 에서의 자존심을 회복시켜주었다. 분노는 사라졌고 에서의 마음은 넉넉해졌다. 결국 야곱은 살아남았다.

리더의 위기관리 능력

누구나 위기를 만난다. 가정이 해체될 위기가 올 수도 있고 기업의 도산 위기가 올 수도 있다. 극단적으로는 목숨이 위태로운 위기상황이 올 수도 있다. 위기가 올 때 그것을 헤쳐 나가는 것도 중요하지만, 위기가 오기 전에 미리 예상하는 것은 더욱 중요하다.

야곱은 위기를 미리 예상했다. 그리고 위기를 파악하기 위해 사람을 보냈다. 예상했던 위기가 확인되자마자 그는 발 빠르게 대처했다. 자신의 그룹을 두 개로 나눈 것은 '조직 구조를 개편'하여 간소화시킨 것이다. 만약의 상황을 대비해 '민첩하게 대응하기' 위함이었다. 조직을 간소화시킨 야곱은 위기의 핵심으로 접근한다.

'위기의 본질은 무엇인가?'

'위기를 돌파하기 위해 필요한 자원은 무엇인가?'

'그것을 어떻게 동원하고 어떻게 사용할 것인가?'

야곱은 적절한 해결 방법을 세우고 망설임 없이 시행했다. 리더는 다가오는 위기를 미리 예측하고 대비해야 하며, 예측하지 못한 위기 앞에서는 모든 역량을 통합, 재편성하여 위기극복에 집중해야 한다. 당면한 문제를 중심부까지 파고들어 해결 방법을 찾아내야 하며, 상대를 적군으로 만들지 아군으로 만들지를 결정해야 한다.

리더는 아무리 작은 위기라도 우습게 여기면 안 된다. 작은 파도가 모여 큰 파도가 되듯, 한두 번의 작은 위기들이 쓰나미가 되어 불가항력적으로 덮칠 수가 있기 때문이다. 갑자기 곤충들이 무리지어 이동하면 지진과 해일의 전조이고, 아침에 일어나서 기침하는 일이 잦아지면 큰 병의 전조일 수 있다.

작은 현상이라고 무시하지 말고 위기를 예측하라. 위기를 돌파하기 위해 내부자원을 활용하고 재배치하라. 위기 앞에서는 피아식별을 확실히 하라. 위기는 어떻게 대처하느냐에 따라 위기가 될 수 있고 기회가 될 수 있기 때문이다.

♟ 삶을 재조정하라

에서는 야곱의 권유에 못 이기는 척 선물을 받았다. 그리고 자신과 함께 갈 것을 권유했지만, 야곱은 어린 아이들과 가축 핑계를 대며 에서의 속도를 따라갈 수 없다고 너스레를 떨었다. 에서가 추구하는 가치가 자신과 달랐기에, 야곱은 함께 살 수 없다고 판단했다. 지금은 기분이 좋아서 우호적으로 말하고 있지만, 기분이 틀어지면 언제라도 등에 칼을 꽂을 수 있는 사람이었다.

에서도 동생 야곱의 가세가 자신의 군사력에 비해 매우 빈약함을 확인한 후, 비로소 안심할 수 있었다. 가축이 많기는 했지만, 자신을 위협할 만한 적수는 아니었다. 그날로 에서는 자기의 지역으로 돌아갔고, 야곱은 사명의 땅인 가나안으로 돌아갔다.

사명의 땅으로 돌아온 야곱은 세겜성 근처에 땅을 사고 장막을 쳤다. 그런데 거기서 야곱의 딸 디나가 세겜이라는 젊은이에게 봉변을 당했다. 이일 때문에 분노한 야곱의 아들들은 세겜성의 남자들을 전부 몰살시켜 버렸다. 그들은 잔인하게 죽인 시체에까지 달려들어 약탈했고, 성 안과 바깥에 있는 양과 소, 나귀들을 모두 빼앗아 버렸다. 어린 아이들과 부녀자들을 사로잡아 종으로 삼고 집안에 있는 물건들도 전부 노략했다. 아들들이 저지른 일 때문에 야곱은 전전긍긍하고 있었다. 천신만고 끝에 사명의 땅으로 돌아왔건만, 아들들이 저지른 만행으로 언제 복수를 당할지 알 수가 없었다.

그때 하나님이 다시 한 번 나타나서 야곱에게 벧엘로 올라가라고 명령한다. 벧엘은 야곱이 에서를 피해 하란으로 가는 도중에 돌베개를 베고 잠을 잤던 곳이었다. 그때 야곱은 '하늘에서 사닥다리가 내려와 땅에 닿았고 천사들이 사닥다리를 오르내리는 꿈'을 꾸었다. 그 계단의 위에 서 있던 하나님이 야곱에게 이렇게 말씀하셨다.

"나는 너의 할아버지 아브라함을 보살펴준 하나님이요, 너의 아버지 이삭을 보살펴준 하나님이다. 네가 지금 누워 있는 이 땅을, 내가 너와 너의 자손에게 주겠다. 너의 자손이 땅의 티끌처럼 많아질 것이며, 동서남북 사방으로 퍼질 것이다. 이 땅 위의 모든 백성이 너와 너의 자손 덕에 복을 받게 될 것이다. 내가 너와 함께 있어서, 네가 어디로 가든지 너를 지켜주며, 내가 너를 다시 이 땅으로 데려 오겠다. 내가 너에게 약속한 것을 다 이루기까지, 내가 너를 떠나지 않겠다."

야곱은 깜짝 놀라 잠에서 깨어났다. 그는 두려웠다. 아무 생각 없이 누워 있던 이 장소가 하늘로 올라가는 문이고, 하나님의 집이라는 것을 깨달

앉기 때문이었다. 야곱은 베고 잤던 돌을 기둥으로 세워서 그 위에 기름을 부었다. 그리고 하나님께 자기를 안전하게 되돌아오게 해주면 자기 재산의 십분의 일을 바치겠다고 약속했다. 하나님을 봤다는 두려움과, 가문의 소명이 자신을 통해 이루어진다는 기대가 뒤섞여 몸이 떨려왔다. 야곱은 그때부터 그 곳의 이름을 '벧엘(하나님의 집)'이라고 불렀다.

잊고 있었던 벧엘로 올라가라는 하나님의 명령에 야곱은 모든 식솔들을 이끌고 이주를 감행한다. '장자의 권리', '축복', '소명과 비전', '복된 민족'. 이 모든 것이 자신의 것임을 알려주는 장소. 거기가 바로 벧엘이었다. 하나님은 야곱에게 자신을 '벧엘의 하나님'이라고 소개하며 야곱이 거기에 있기를 원했고, 야곱도 기꺼이 거기 머물면서 하나님의 약속을 신뢰하는 삶을 살기 원했다. 거기가 야곱이 있어야 할 자리였고, 거기가 사명과 비전을 성취할 장소였다.

최고와 최적

야곱이 이동한 벧엘은 생활하기에 그리 좋은 환경은 아니었을지라도, 야곱의 소명을 이루기에는 최적의 장소였다. 하나님이 꿈에 나타나 가문의 소명을 야곱에게 부여해준 장소였기에 벧엘은 야곱의 소명을 계속 상기시켜주었다. 야곱은 벧엘에 있는 것만으로도 지속적인 동기부여를 받았다.

최고의 가치를 추구하는 사람들은 그것을 이루기 위한 최적의 입지를 선택한다. 최고의 환경이 항상 최적의 환경인 것은 아니다. 아무리 경치가 좋고 물이 맑아도 민물고기는 강에 있어야 최적의 환경이고, 바닷고기는 바다에 있어야 최적의 환경이다. 소명을 이루기 위해서는 그 소명에 적합한 최적의 환경으로 이동해야 한다. 그것이 최고의 가치에 집중하는 삶이다.

리더는 소명을 위해 불필요한 것을 가지치기 하고, 최적의 것을 선택할 수 있어야 한다. 자신뿐만 아니라 공동체를 최적의 위치로 데리고 가야 하며, 사람들을 최적의 자리에 배치시켜야 한다. 기업의 대표가 주차관리를 하면 사회적으로는 겸손하다고 칭찬을 받을 수 있다. 그러나 기업의 대표는 마땅히 해야 할 대표만의 직무가 있다. 그것은 아무도 대신해주지 못한다. 대표는 주차관리를 할 것이 아니라 자신의 자리에서 자신의 업무를 감당할 때, 비로소 자신의 소임을 다하는 것이다.

리더가 자신의 위치를 모르고 자신이 있어야 할 곳이 어딘지를 모르면 조직 전체가 혼란에 빠지게 되고, 불필요하게 에너지를 낭비하는 결과를 가져오게 된다.

시간의 재조정

최적의 자리를 찾는다는 것은 소명을 이루기 위해 필요한 시간을 획기적으로 줄이는 방법을 찾는다는 뜻이다. 소명이 없는 리더는 무엇을 해야 할지, 무엇을 하지 말아야 할지를 모르기 때문에, 이곳저곳에 에너지와 시간을 낭비한다. 반드시 이뤄야 할 소명이 있는 사람은 에너지와 시간을 낭비하지 않는다. 또한 리더는 쏟아지는 정보들을 분석하여 필요한 정보들을 압축시켜 재배치해야 한다. 기술의 발전이 시간을 줄여준 것이 아니라 오히려 소모하게 만들고 있기 때문이다.

개인의 시간을 적재적소에 배치하여 건강을 돌보고, 독서를 하며, 배움의 시간을 확보하는 것도 리더가 해야 할 일이다. 리더의 몸은 개인의 것만이 아니기 때문이다. 자신의 역량을 확장하여 공동체에 유익을 주려면 반드시 시간을 적재적소에 배치할 수 있어야 한다. 그 무엇보다 가장 귀중하고 소중한 자원이 시간이다. 매일 반복되기 때문에 귀중하게 여겨지지 않을 뿐이다.

바다에서 태양이 지거나 뜨는 것을 보면 시간이 매우 빠르게 움직임을 알 수 있다. 수면에서 태양이 사라지는 시간은 불과 몇 초 만이다. 그러면 시간이 정말 빨리 간다는 것을 알게 된다. 모두가 동등한 대우를 받을 수는 없지만, 시간만은 모두에게 공평하게 주어진다. 그것을 어떻게 쓰느냐는 오직 자신에게 달린 일이다. 리더가 시간을 어떻게 재배치하느냐에 따라 소명을 이룰 수도, 실패할 수도 있다는 것을 반드시 기억해야 한다.

3

신념의 리더

[요셉]

요셉

요셉의 이야기는 이집트 문헌에서도 반복해서 등장하며, 그의 실존성에 대해서는 의심의 여지가 없다. 요셉은 야곱이 노년에 낳은 아들로 부모로부터 특별한 사랑을 받았다. 이 때문에 형들에게 미움을 받아 인신매매를 당했는데, 형들은 요셉을 '왕의 대로'(King's Highway)라 불리는 사막 길을 다니며 노예와 향품 등을 교역하던 미디안 상인들에게 은 20냥에 팔아 버렸다. 요셉은 이 집트 파라오의 꿈을 해석한 뒤 극적으로 이집트의 총리로 등극했다. 고고학자 '데이빗 롤'에 의하면 요셉이 이집트의 총리가 된 때가 '아메넴핫 3세'였을 것으로 추정하고 있다. 2009년 9월 25일 이집트에서 파라오 시대의 동전들이 발견됐는데, 이 동전들 속에는 구약성서에 등장하는 요셉이 이집트에 살았던 시기에 주조된 것이 있었으며, 실제로 일부 동전에 요셉의 이름과 그의 초상이 그려져 있다는 보도가 있었다. 팔레스타인의 세겜 지역에 '요셉의 무덤'이 아직 남아 있다.

파라오(Pharaoh)

파라오는 고대 이집트의 정치적, 종교적 최고 통치자를 나타내는 표현으로 이집트의 왕을 나타 내는 말이다. 원래 '큰 집'이라는 뜻이며, 이집트 왕의 궁정을 나타내는 말이었으나, 시간이 흐르 면서 왕과 동격의 의미를 가지게 되었다.

♟ 미움받지 않으면 리더가 될 수 없다

야곱에게는 12명의 아들이 있었는데, 그 중 노년에 얻은 요셉을 특히 사랑했다. 요셉에게는 다른 아들과 다르게 화려한 옷을 지어서 따로 입혔고, 그 옷은 멀리서 봐도 특별해 보이고 귀티가 흐르는 옷이었다. 왕족이나 입을 법한 그 옷은 야곱이 요셉을 편애하고 있다는 증거이기도 했다.

특별한 옷을 입은 요셉은 자연스럽게 자신이 특별한 존재라고 생각했다. 그런 요셉을 형들이 곱게 봐줄 리가 없었다. 그들은 요셉을 미워했으며, 요셉에게 말 한 마디도 다정스럽게 건네는 법이 없었다. 게다가 요셉은 형들에게 미움받을 만한 습관이 있었는데, 이복형들이 조금만 잘못해도 고스란히 아버지에게 일러바치는 것이었다.

요셉은 대책 없이 솔직했던 반면, 요셉의 형들은 자기 멋대로 살았고 쾌락을 좋아하며 속임수에 능하고 복수심에 불타는 아들들이었다. 형들은 어려서부터 아버지의 편애를 지켜보며 분노를 참아왔다. 자기들의 어머니는 사랑받지 못했고, 자신들이 받을 사랑은 요셉이 모두 독차지해 버렸다. 시간이 흐를수록 형들의 분노는 증오로 변해갔고, 집안의 긴장감은 시간이 갈수록 눈덩이처럼 불어나고 있었다.

어느 날 요셉이 두 개의 꿈을 꾸었다. 첫 번째 꿈은 요셉과 형제들이 곡식단을 묶는데, 요셉의 단은 우뚝 일어서고, 형들의 단은 요셉의 단 앞에 쓰러져 절하는 꿈이었다. 또 다른 꿈은 해와 달과 열한 개의 별이 요셉의 별에게 절하는 꿈이었다. 요셉이 아침에 일어났을 때 두 개의 꿈이 생생하게 기억되었다.

요셉은 그 꿈을 형들과 아버지에게 말했다. 누가 들어도 곡식단과 열한 개의 별은 요셉의 형제들이었고, 해와 달은 아버지와 어머니였다. 부모형제가 모두 자기에게 절하는 꿈을 꾸었다는 말을 듣자, 요셉을 미워하던 형들의 분노감정이 들끓기 시작했다. 요셉의 꿈에 의하면 장자의 권리를 막내가 가지게 되는 꼴이었기 때문이다.

"저 어린놈이 아버지의 사랑을 독차지하더니 이제는 장자의 명분까지 자기가 가지려고 술수를 쓰는구나!"

미움받는 이유

무리를 짓고 파를 형성하는데 미움만큼 강력한 것은 없다. 사람들이 어떤 대상을 한마음으로 미워할 때 그 안에는 연대의식과 동질감이 생긴다. 미움은 아무 조건 없이, 미움을 품은 사람들을 같은 편으로 만든다.

요셉의 형들이 하나로 똘똘 뭉쳐서 요셉을 죽이려고 했던 이유는 요셉을 향한 미움 때문이었다. 자신이 소중하게 여기는 것을 빼앗아 간 사람은 당연히 미울 수밖에 없다. 요셉은 형들의 사랑을 빼앗은 자였다. 대책 없이 솔직했고 뛰어난 면이 있었지만 배려나 이해가 없었다. 도덕성과 진실성이라는 측면에서 요셉은 올바른 성품을 지니고 있었지만 배려하는 마음이 없는 도덕성은 날카로운 비수가 되어 형들을 찔러댔다.

카네기는 《인간관계론》에서 "다른 사람에 대해 관심이 없는 사람은 절대 리더가 될 수 없고, 그런 사람이 리더가 되어서도 안 된다. 기본적으로 다른 사람에게 관심이 없는 사람은 결국 다른 사람에게 피해를 주기 때문이다"라고 했다.

요셉은 어려서부터 사랑을 독차지하다 보니 세상이 자기를 중심으로 돌아간다고 생각했고, 자기 외에 다른 사람에게는 관심이 없었다. 아버지의 사랑을 독차지한 요셉은 더 많은 사랑을 얻기 위해 형들의 잘못을 제물로 삼았다. 어린 요셉은 아직 자기 자신의 테두리를 벗어나지 못하고 있었다.

자신을 벗어나지 못하면, 타인을 헤아리지 못하게 된다. 타인을 헤아리지 않으면서 뛰어난 사람은 결국 미움을 받을 수밖에 없다. 자신의 특별함을 특권으로 여기면서 공동체 안에 자연스럽게 녹아들지 못하면, 특별함 때문에 더 극심한 미움을 받게 된다. 요셉을 향한 형들의 미움은 점점 살의로 변했고, 기회가 찾아오자 그들은 실제로 요셉을 죽이려고 시도했다.

버림받은 동생

한가로운 오후, 형들은 세겜성 근처로 양을 치러 나갔고 요셉은 집에 남아 있었다. 세겜성은 형들이 누이동생의 일로 성 안의 남자들을 모조리 몰살시켰던 곳이었다. 아버지 야곱은 은근히 걱정되기 시작했다. 혹시 그때의 일로 세겜성 사람들이 아들들을 해코지하지 않을지, 양들을 노략하지는 않을지 근심이 되었다. 야곱은 집에 남아 있는 사랑하는 아들 요셉을 불러 심부름을 시켰다.

"요셉아. 너의 형들이 잘 있는지, 양들도 잘 있는지 가서 살펴보고, 나에게 소식을 좀 전해줬으면 좋겠구나."

요셉은 흔쾌히 집을 나섰다. 지금 집을 떠나면 영영 돌아오지 못한다는 것을 요셉은 몰랐고, 아버지도 요셉을 다시 보려면 오랜 세월이 흘러야 한다는 것을 모르고 있었다. 형들은 멀리 아지랑이 속에서 어른거리는 '화려한 옷'을 보자마자 한눈에 요셉임을 알아봤다.

그들은 요셉을 죽이기로 모의했다. 그래서 요셉이 오자마자 그의 옷을 벗기고 물이 말라버린 깊은 웅덩이에 던져 넣었다. 요셉은 꺼내 달라고 울부짖었다. 그러나 형들은 요셉을 쳐다보지도 않았다. 그들은 요셉을 죽일 생각이었다. 때마침 이집트로 내려가는 상인들에게 '은 20개'에 팔아넘겼다. 죽이는 것보다는 헐값에라도 팔아서 이득을 취하는 편이 낫다고 생각한 것이었다. 요셉은 졸지에 인신매매를 당했다. 그의 화려한 옷은 벗겨져 짐승의 피로 적셔졌다. 형들은 요셉을 상인들 편에 보낸 뒤에, 요셉의 피 묻은 옷을 가지고 집으로 돌아갔다. 그들은 아버지에게 요셉의 피 묻은 옷을 보여주며, '요셉의 옷이 맞는지 확인해보라'고 했다.

야곱은 울부짖었다. "사나운 들짐승이 그 아이를 찢어서 잡아먹었다"라며 비탄에 빠져 있었다. 요셉은 하루아침에 사랑받는 아들에서 천대받는 노예의 신분으로 전락했고, 야곱은 가장 사랑하는 아들을 잃어버렸다. 상실감과 비탄에 빠진 야곱은 눈물로 밤을 지새워야 했고, 요셉은 노예가 되어 눈물로 밤을 지새울 운명에 처했다.

성장의 기회

성공한 리더들은 자신을 따르는 팔로워가 있고, 팔로워들은 자기가 따르는 리더를 절대적으로 신임한다. 탁월한 성과를 내는 리더들을 조사한 결과 업무뿐만 아니라 인간관계에서도 탁월한 능력을 발휘하는 것으로 알려졌다.

단순히 업무성과만 탁월하다고 해서 무조건 사람들에게 인정받는 것은 아니다. 격려해주고 인정해주며, 나의 사적인 일에 관심을 가져주고, 나의 성장에 초점을 맞추는 리더를 사람들은 인정하고 존경한다. 요셉은 위대한 리더가 될 운명을 타고났지만, 아직은 팔로워가 생기지 않았고, 누구도 그를 존경하거나 신임하지는 않았다. 요셉의 관심이 아직 자기에게만 있었기 때문이다.

다른 사람에 대한 배려 없는 도덕성은 오히려 미움의 대상이 될 뿐이다. 누군가의 미움을 받는 것은 괴롭고 힘든 일이지만, 타인의 미움은 나를 돌아보는 계기가 될 수 있다. 스스로는 자신의 부족함을 성찰하기 어렵고, 이제 막 성장하고 있는 리더는 더욱 어렵다.

사람들은 쉽게 충고하지 않는다. 그저 불만의 마음을 쌓아놓을 뿐이다. 쌓이고 쌓인 불만은 미움이 되고, 그 미움이 오래 쌓이면 결국 그는 적으로 돌아선다. 사람들의 미움을 받는다는 것은 '문제가 있으니 자신을 돌아보라'는 경고등과 같다. 이 경고를 억울해하지 않고 감사하게 여기는 사람은 성장의 기회를 붙잡을 수 있다. 그러한 계기는 리더를 성장시킨다. 따라서 리더에게는 미움도 격려가 될 수 있다.

♟ NO!라고 말하라

요셉은 배가 고프고 목이 말랐다. 구덩이 속에서 얼마나 시간이 지났는지 알 수 없었다. 얼마의 시간이 지났을까? 갑자기 밧줄 하나가 구덩이에 던져졌다. 요셉이 밧줄을 잡자 밧줄이 위로 당겨졌다. 요셉은 안도의 숨을 내쉬었다. 형들의 심한 장난이 끝난 것이라 생각했다. 구덩이에서 빠져 나온 요셉의 눈에 형들이 보였고, 그 옆에서 한 무리의 상인들이 자기를 뚫어지게 쳐다보고 있었다.

그들은 요셉을 위 아래로 훑어보더니 자기들끼리 무언가를 의논했다. 이내 눈앞에서 돈이 오가더니, 갑자기 미디안 상인들은 요셉을 묶었다. 요셉은 이 상황이 믿기지 않았다. 형들 한 사람 한 사람을 붙잡고 애원하며 사정했지만, 비정한 형들은 돈을 세고 나누느라 요셉을 쳐다보지도 않았다. 기가 막힌 상황이었다.

요셉은 형들에 의해 인신매매를 당했다. 화려한 겉옷은 벗겨졌다. 미디안 상인이 헐거운 밧줄을 요셉의 손에 걸친 뒤 잡아당기자 밧줄이 손목을 파고들며 조여졌다. 낙타에 연결된 밧줄에 묶인 채, 속옷만 걸친 요셉은 질질 끌려 다녔다. 낮에는 작렬하는 태양 아래 허덕였고, 밤에는 영하의 날씨에 몸을 떨었다.

요셉은 자신에게 일어난 일이 믿어지지 않았다. 꿈이길 바랐다. 비정한 형들이 원망스러웠고, 하나님이 왜 이런 시련을 주시는지 원망스러웠다. 자고 일어나면 이 모든 상황이 꿈이길 간절히 바랐다. 비참함과 절망에 뒤섞여 끌려 다니던 요셉은 마침내 이집트에 도착했다. 한 번도 본 적 없는 건축물들과 신상들이 즐비한 나라였다. 상인들은 노예시장으로 요셉을 데려가더니 험상궂은 사람들이 요셉을 이리 밀고 저리 밀며 높은 지위를 가진 사람들 앞에 전시했다.

상인들은 먼저 요셉의 이빨을 사람들에게 보여주었다. 이빨이 튼튼해야 잘 먹고 잔병치레를 하지 않기 때문이다. 손과 발, 항문과 생식기를 확인한 후, 크기별로 놓인 바위를 이것저것 들어보라고 명령했다. 잠시 후 요셉은 누군가에게 팔렸다. 한 무리의 사람들이 요셉을 붙잡아서 으리으리한 집으로 끌고 갔다. 한눈에 보기에도 굉장한 세력가의 집이었다. 주인 여자는 화려한 옷과 장신구로 치장한 채 도도한 얼굴로 요셉을 이리저리 살펴보더니 이내 알 수 없는 미소를 지었다. 겁에 질린 요셉의 얼굴이 석

양빛에 붉게 물들고 있었다.

고귀한 노예

　태어나서 처음으로 요셉은 고된 노동에 시달렸다. 고왔던 손은 여기저기 터지고 물집이 잡혔다. 그러나 요셉은 정직하고 올바르게 일했다. 요셉의 그런 성품은 곧 주인인 보디발의 눈에 띄었다. 보디발은 강직한 사람이었다. 요셉의 정직하고 올곧은 성품을 높이 평가했다. 그는 요셉에게 점점 더 중요한 일을 맡기더니, 마침내 자기 집의 제반사항을 모두 일임했다. 요셉이 보디발의 가정총무가 되자 보디발의 집은 풍성해지기 시작했고, 보디발은 요셉을 종이라기보다는 파트너로 신뢰했다. 요셉은 신비한 느낌이 있었다. 잘 생기고 준수한 외모뿐만 아니라 도덕적으로 올바르고 타협하지 않는 성품은 그를 빛나게 했다.

　그가 손을 대면 안 되는 일이 없었다. 곡식의 수확량이 다른 땅보다 풍성해지고, 짐승들은 끝도 없이 건강한 새끼를 낳았다. 부지런하고 근면한 이 히브리 노예는, 노예로 썩기에는 아까울 만큼 탁월하고 신비한 무언가가 있었다.

　요셉은 비천한 노예의 신분에서 이집트 최고의 관료 경호대장의 집을 총괄하는 자리에까지 올랐다. 이집트의 경호대장 보디발은 자신이 먹는 음식과 자신의 아내를 제외하고는 아무것도 간섭하지 않았다. 그와 요셉은 지지와 신뢰의 관계로 발전했다.

　그런데 요셉이 이 집에 올 때부터 그를 지켜보던 눈이 있었다. 요셉의 빼어나고 잘 생긴 외모, 그의 고고한 도덕성을 지켜보던 주인의 아내였다. 사실 요셉이 보디발의 총애를 받은 것도 그녀의 역할이 컸다. 그녀는 요셉을 마음에 들어 했고, 그녀 가까이에 두기 원했다. 그녀는 호시탐탐 요셉을 유혹할 기회를 노리고 있었다. 바쁜 나날이었다. 요셉은 자신이 가진 지혜와 노력을 다해 가정총무의 일을 수행했고, 그럴수록 보디발의 집은 번성했다.

하루는 요셉이 밖의 일을 본 후 집안으로 들어갔는데, 그 집의 종들이 집안에 하나도 없었다. 마침 주인의 아내와 요셉 둘만 있게 되자 기회를 틈타 주인의 아내는 요셉을 유혹하기 시작했다. 그녀는 요셉의 옷을 잡아 끌며 침실로 오라고 눈짓을 보냈으나 요셉은 단번에 거절했다.

"주인이 나에게 금한 사람은 오직 당신뿐입니다. 저는 절대 주인을 배반할 수 없습니다."

요셉은 단호하게 말했지만, 그녀는 집요하게 요셉을 붙잡고 늘어졌다. 요셉이 가정총무가 될 수 있었던 이유도 자기가 주인에게 부탁했기 때문이라며, 앞으로 더 좋은 것들도 줄 수 있다며 요셉을 유혹했다. 그러나 반복되는 주인 아내의 유혹에도 불구하고 요셉은 단호하게 NO!라고 말했다. 보디발의 아내는 요셉의 옷을 끝까지 붙잡고 늘어졌지만, 요셉은 붙잡힌 자기의 옷을 그녀의 손에 버려둔 채, 집 바깥으로 뛰쳐나갔다.

유혹

지구상에 살았던 모든 사람들 중에 유혹에 직면하지 않았던 사람은 없다. 누구든지 유혹에 넘어가면 그 결과로 고통을 겪게 된다. 물욕, 명예욕, 권력욕, 지배욕, 성욕 등 유혹이 가진 얼굴은 다양하다. 요셉은 한 번도 여자를 가까이 해본 적이 없는 피 끓는 건강한 청년이었다.

그 시대는 성이 문란하여 불륜이 자연스러운 시대였기에 주위에 아무도 없을 때 비밀스럽게 다가온 유혹은 뿌리치기 힘들었을 것이다. 안주인의 요구를 수락하지 않으면 다시 노예시장으로 방출될지도 모를 일이었다. 반대로, 수락하기만 한다면 은밀한 보상이 있었을 것이다. 그러나 요셉의 결정은 단호했다. 정직하고 도덕적인 행동을 고수했고 자신의 직책과 안락함, 목숨까지 걸고 단호하게 거절했다.

공동체의 조직원들은 리더를 보고 배우는 법이다. 만일 아버지가 매일 술을 마시고, 어머니가 매일 TV 드라마에 빠져 있는 집이라면 아이에게 공부습관이 생기는 건 힘들다. 부모가 먼저 책을 읽고 공부를 해야 아이들도 책을 읽고 공부하는 것처럼, 리더가 도덕적으로 올바르고 정직해야 그 조직도 올바르고 정직해지는 법이다.

만일 어떤 조직의 가치관이 뛰어나고 훌륭하다면 그 조직을 이끄는 리더의 가치관이 올바르기 때문이고, 어떤 조직이 부패했다면 리더의 정신과 가치관이 부패했기 때문이다. 요셉의 경우 유혹에 대처하는 가장 강력한 방법은 '도망치는 것'이었다. 주인의 아내가 마지막으로 요셉을 유혹했을 때 요셉은 겉옷을 잡고 늘어지는 여자를 두고 옷이 벗겨진 채 도망쳤다. 이 방법은 가장 실제적이면서도 동시에 가장 탁월한 방법이다.

많은 사람들이 자기의 의지를 과신하면서 스스로를 시험한다. 그러나 당신은 절대 이길 수 없다. 논리적으로 생각해보려고 하지 마라. 불에 손을 대면 뜨겁다는 것을 알면서도 자꾸만 손을 대려고 하지 마라. 당신이 패배할 것이다.

가장 좋은 방법은 하나이다. NO!라고 말하라. 당신의 인생을 위해서 NO!라고 말하라. 유혹받을 상황에서 NO!라고 말하라. 그리고 도망가라. 둘만 있는 상황에서 도망가라. 당신을 붙잡아도 뿌리치고 도망가라. 그렇지 않으면 유혹의 불에 화상을 입을 것이고, 당신의 공동체도 치명적인 상처를 받을 것이다.

♟ 고통의 분량이 리더의 분량이다

요셉이 겉옷을 벗어던지고 도망가 버리자 보디발의 아내는 방에 홀로 남았다. 손으로 꽉 움켜쥔 요셉의 겉옷을 보고 있자니, 자신이 한없이 초라하고 비참한 생각이 들었다. 잠깐의 시간이 흘렀다. 그녀의 얼굴은 점차 분노로 일그러졌다. 노예 따위가 자신의 요구를 거절한 것에 자존심이 상했고 수치스러웠다. 그녀가 가졌던 욕망은 서서히 증오로 변했고, 이 히브리 노예를 반드시 죽여 버리겠다는 결심이 서자 그녀는 곧바로 행동에 옮기기 시작했다. 이내 그녀는 집안 모든 사람들이 들을 수 있도록 울음 섞인 목소리로 고래고래 소리를 지르기 시작했다.

"아무도 없느냐? 이것 좀 봐라. 주인이 히브리 사람을 데려다가 우리를 희롱하게 만들었다. 히브리 노예가 나를 강간하려고 내게 달려들어서, 내가 크게 소리 질렀더니 옷을 버려두고 뛰쳐나갔다."

수치심을 느낀 이 여인은 오로지 복수만을 생각하며, 자신이 붙잡고 늘어진 요셉의 겉옷을 정황 증거로 내밀었다. 경호대장인 보디발이 집에 돌아와서 자초지정을 듣더니, 잠시 눈을 감고 생각에 잠겼다. 보디발은 명예를 중요시 여기는 사람이었다. 알 수 없는 미묘한 표정들이 보디발의 얼굴을 스쳐 지나가더니, 잠시 후 그는 굳은 얼굴로 요셉을 잡아오라는 명령을 내렸다.

보디발은 자신의 아내가 건강하고 잘 생긴 노예가 들어올 때마다 그들과 잠자리를 같이 한다는 것을 이미 알고 있었다. 노예들의 입장에서는 거부할 수 없는 일이라는 것도 알았다. 그러나 요셉은 달랐다. 요셉의 성품을 알고 있었던 그는, 자신이 신임하고 아끼는 요셉을 유혹하려 한 아내가 경멸스러웠다. 아내가 요셉을 모함하고 있다는 것, 요셉에게 죄가 없다는 것도 알고 있었다.

그렇지만 아무 일 없는 것처럼 그냥 넘어갈 수는 없는 노릇이었다. 이집트인들은 범죄자들을 결코 가볍게 취급하지 않는 나라였다. 요셉이 정말 자신의 부인을 겁탈하려 했다면 이 노예는 반드시 죽어 마땅했다. 그러나 보디발은 요셉에게 사형을 집행하지 않았고, 그렇다고 잡아서 고문하지도 않았다. 단지 감옥에 집어넣었을 뿐이었다. 그가 요셉을 고문하지도 않고 살려둔다는 것은 요셉이 결백하다고 선언한 것이나 다름없었다.

그렇다고는 해도 요셉은 또다시 구덩이에 던져진 신세가 되었다. 처음에 던져졌던 구덩이는 하늘이라도 볼 수 있었지만, 지금은 아무것도 보이지 않는 이집트의 지하감옥 밑바닥으로 던져졌다. 그의 발에는 차꼬가 채워졌고, 그의 몸에도 쇠사슬이 감겼다. 노예의 자리에서 이집트 경호대장의 가정총무까지 올라갔던 요셉은, 또 다시 범죄자가 되어 쥐와 벌레가 우글거리는 절망의 구덩이로 떨어졌다.

고통의 무게

감당해야 할 사명의 무게만큼 고통의 무게도 무거운 법이다. 무언가를 가진 사람을 보면서 "저 사람이 가진 것을 가졌으면 바랄게 없겠다"고 쉽게 말하지만, 그가 가진 것 때문에 얼마나 큰 책임에 묶여 있는지는 아무도 헤아리지 못한다. 모든 사람의 자리에는 책임이 있기 마련이고, 누리는 것이 많은 자리일수록 더 큰 책임에 묶여 있기 마련이다.

2001년 9월 11일. 미국의 쌍둥이 빌딩에 비행기가 충돌했다. 온통 아수라장이 된 아비규환의 현장에서 모든 사람들이 위험을 피해 도망갈 때, 불 속으로 뛰어들어가는 사람들이 있었다. 그들은 바로 뉴욕의 소방관들이었다. 미국의 상징적 도시인 뉴욕에서 발생한 이 날의 테러로 인해 3,000여 명의 목숨이 희생되었는데, 이들 속에는 다른 사람들을 구조하기 위해 생명을 아끼지 않고 뛰어든 343명의 뉴욕 소방대원들이 포함돼 있었다.

미국에서 소방관의 위치는 우리의 상상을 초월한다. 미국 아이들의 장래 희망 조사에서 소방관은 언제나 상위권에 머물러 있다. 미국에서 소방관 배지를 단 사람은 어떤 건물도 출입이 가능하고 그들의 차는 주차단속에서도 제외된다. 국민을 위해 봉사하는 숭고함에 대한 예우차원에서 그렇게 하는 것이다. 미국에서 소방관은 '영웅' 취급을 받는다. 왜 그럴까? 그들이 목숨을 걸고 국민의 생명을 구해 내는 '안전의 총책임자'이기 때문이다.

실제로 미국의 보스턴에서 6명의 소방관이 순직했을 때 대통령을 비롯한 각계각층의 인사들이 그들의 장례식에 참석했다. 거기서 대통령은 "누가 우리를 구하여줄 것인가? 하는 부름에 '여기 내가 있습니다. 나를 보내주십시오'라고 응답한 용기 있는 사람들"이라고 추모연설을 했다. 미국의 많은 사람들이 소방관의 명예를 부러워한다. 그러나 소방관이 가진 사명의 무게는 목숨을 걸어야할 만큼 무거운 것이다.

리더는 조직원들에게 부당한 대우를 받을 수도 있고, 이유도 모른 채 누군가의 증오와 미움을 받아야 할 때도 있다. 억울하게 고소를 당할 수도 있고, 날조된 거짓에 의해 버림받을 수도 있다. 그러나 리더가 고통을 대하는 태도는 무조건 부정적이어서는 안 된다. 고통을 대하는 가장 좋지 않은 태도가 '고통스러운 것은 나쁜 것'이라고 생각하는 것이다.

고통이 나쁜 것이 아니라, 고통을 대하는 우리의 태도가 나쁠 뿐이다.

고통은 자아를 불사르는 인격의 용광로와 같다. 고통을 겪지 않은 리더는 자신을 돌아볼 수 없고, 인격적인 성숙을 이룰 수 없으며, 다른 사람의 고통을 돌아볼 수도 없다. 리더는 반드시 고통을 통해서 인격의 성숙을 경험해야 한다.

고통을 대하는 태도

면역력이 약해지면 작은 병에도 죽음에 이를 수 있다. 에이즈가 무서운 점이 바로 면역력의 손상이다. 면역력이란 '외부에서 들어온 병균에 저항하는 힘'이다. 우리 몸의 면역세포가 서서히 파괴되어 면역체계가 손상되고, 손상 정도가 일정 수준을 넘게 되면 건강한 사람에게는 잘 나타나지 않는 바이러스, 세균, 곰팡이, 기생충에 의한 감염증과 피부암 등 악성종양이 생겨 사망에까지 이른다. 이 모든 원인은 면역력의 결핍에 있다.

고통을 이겨 내는 면역력이 손상되면 절망의 나락으로 떨어지게 되고, 사회에 대한 분노와 자괴감으로 공격적이 된다. 자신만 부당한 대우를 받는 것 같고 자신만 괴롭고 힘든 것 같은 착각에 빠지기 쉽다. 그렇게 되면 사회 부적응자가 되고, 심한 경우엔 '묻지마 범죄'를 저지르기도 한다.

그런데 정말 나만 힘들고 괴로운 것일까? 우리 시대에만 어려움이 있는 것일까? 그렇지 않다. 우리나라만 힘든 것이 아니라 다른 나라도 모두 힘들다. 우리 시대에만 힘든 것이 아니라 이전 시대에도 힘든 시기가 많았다. 외세의 침략이 끊임없이 이어져 피난을 다녀야 했고, 그마저도 피하지 못하면 목숨을 잃어야 했다. 일본에게 주권을 빼앗겼던 시절도 있었으며, 6.25 전쟁으로 수많은 사람들이 목숨을 잃은 시절도 있었다. 그렇지만 우리는 그 모든 어려움들을 딛고 일어나 지금까지 견뎌왔다. 중요한 것은 고통 자체가 아니다. '고통을 대하는 우리의 태도'가 고통보다 훨씬 중요하다.

미국의 교육자 존 A. 셰드는 "항구에 정박해 있는 배는 안전하다. 하지만 그것이 배가 만들어진 목적은 아니다"라고 말했다. 안전하게 항구에만 머물러 있으면서 배의 진가를 발휘할 수는 없다. 배는 파도의 저항을 맞서 싸우며 망망대해로 나아갈 때 비로소 가치가 있다. 모험을 하지 않고 항구에만 정박해 있는 배는 의미 없는 고철 덩어리일 뿐이다.

당신이 정박하고 있지 않는 이상은 앞으로 나아가야 하며, 그것은 필연적으로 저항을 수반한다. 저항은 고통스럽지만, 당신이 삶의 목적대로 나아가고 있다는 가장 확실한 증거이기도 하다. 목적지를 향해 전진하는 사람은 저항을 대면해야 한다.

리더가 고통을 피하려고만 한다면 절대 성장할 수 없다. 리더는 고통을 마주 보고 앉아서 고통에게 배워야 한다. 존 맥스웰은 《사람은 무엇으로 성장하는가》라는 책에서 셰릴의 이야기를 들려주며 고통이 사람을 성장시키는 강력한 도구임을 강조했다.

2001년 9월의 어느 날, 셰릴이라는 여인은 남편이 부조종사로 탑승한 비행기가 국제무역센터에 충돌한 비행기이며, 남편을 비롯한 승객 전원이 목숨을 잃었다는 소식을 전해 들었다. 그녀는 안간힘을 쓰며 고통에 맞서 상황을 헤쳐 나갔다. 3년 후에 출간한 《잿더미 위에서 찾은 아름다움》에서 그녀는 이렇게 말했다.

"억울하고 이해할 수가 없다. 이렇게 받아들이기 힘든 비극을 겪고 있지만 우리에게는 해야 할 일이 있다. 수행해야 할 역할이 있다. 가족과 다른 사람을 위해 져야 할 책임이 있다. 인생은 잠깐 멈출 수도 있지만 곧 다시 굴러가게 마련이다. 억울해도 그게 현실이다. 나는 날마다 더 많은 것을 배우고 있다."

존 맥스웰은 셰릴이 남편과 사별하고 나서야 그동안 그녀가 얼마나 게으르게 살아왔는지 깨달았으며, 자신의 성장을 남편에게 맡기고 있었던 그녀가, 비극을 겪은 후에는 자신의 성장을 직접 책임지게 되었다고 평가했다. 실제로 셰릴은 남편의 죽음 앞에서 마음을 다잡고 강인하게 자신의 역할에 집중했고, 아이들을 챙기고 살림을 꾸려 나갔다.

또 그녀는 대중 앞에서 연설을 시작했으며, 많은 사람들이 그녀에게 연설을 해달라고 부탁했다. 그녀는 연설가로 성장해 나갔고 자신이 경험한 상실을 밑거름 삼아 다른 사람의 삶에 보탬이 되겠다는 의지가 생겼다고 했다. 9.11 사건 10주년이 되었을 때 그녀는 이렇게 말했다.

"그날은 결코 잊을 수 없을 만큼 처참했습니다. 그러나 저는 9.11의 잿더미 속에서, 그날의 잔해 속에서 빠져나와 말할 수 있습니다. 오늘의 나는 10년 전의 나보다 훨씬 더 강하다고."

♟ 올바른 태도를 배워라

요셉은 감옥에 갇혔다. 아무리 생각해도 자신이 여기에 있어야 할 이유가 전혀 없었다. 억울함과 울분, 애통함과 분노의 감정들이 복합적으로 밀려왔다. 그러나 방법이 없었다. 자신은 아무런 힘도 없는 죄수요, 노예가 아니던가. 사실 죽지 않은 것만 해도 다행스러운 일이었다. 자신을 모함한 주인 여자의 증오에 찬 얼굴을 생각하니 지금도 몸이 오싹했다.

경호대장이 자신을 여기에 가두어 놓은 이유가, 어쩌면 '자신을 보호하기 위함일지도 모른다'고 생각했다. 감옥이라고는 하지만 경호대장의 집안에 있는 감옥이었기 때문에, 요셉은 여기서도 감옥의 일을 주관해서 맡아 보게 되었다. 간수장이 요셉의 성실함과 정직함, 그의 일처리 능력을 보고 그에게 감옥 안에서 일어나는 온갖 일을 혼자 도맡아 처리하도록 했기 때문이다. 요셉이 감옥의 일을 맡은 순간부터 감옥은 그 전보다 훨씬 더 안정적으로 운영되기 시작했다. 간수장은 그때부터 요셉이 하는 일에는 아무런 간섭도 하지 않았다.

얼마 뒤에 이집트의 고위 관료 두 명이 왕에게 잘못을 저질러 요셉이 갇힌 감옥에 들어오게 되었다. 그들의 직책은 당시에 가장 높은 자리였고, 존경을 받는 자리이기도 했다. 고대 세계에서는 왕이 직접 먹는 음식과 술은 왕의 최측근들이 맡아서 관리해야 했다. 왕들은 언제나 독살의 위험에 노출돼 있었기 때문이다.

이들은 왕의 최측근으로 있으면서 왕의 건강과 기분을 살피고 왕을 보필하는 고위 관리들이었다. 한 명은 술을 관리했고, 한 명은 빵을 관리했다. 왕에게 실수를 해서 죄인으로 들어왔지만 경호대장은 그들의 직책을 무시할 수 없었다. 경호대장은 요셉에게 정성을 다해 그들의 시종을 들도록 지시했다. 요셉은 특유의 성실함과 정직함으로 그들을 섬겼으며, 두 고위 관리는 요셉 때문에 불편함 없는 옥살이를 할 수 있었다. 어느 날 두 시종장들은 각자 꿈을 꾸었고 그 꿈 때문에 고민을 하고 있었다. 요셉이 아침에 일어나 인사를 올리며 그들을 보니 안색이 편해 보이지 않았다. 요셉이 그들에게 물었다.

"밤새 무슨 일이 있으셨습니까? 두 분의 안색이 안 좋아 보이십니다."

그들이 대답했다.

"우리가 지난밤에 꿈을 꾸었는데, 도통 무슨 꿈인지 모르겠고 마음이 심란하구나."

요셉이 그들에게 말했다.

"해몽은 하나님이 하시는 것 아닙니까? 저에게 꿈을 말씀해보시기 바랍니다."

두 시종장은 자신들이 지난밤에 꾼 꿈을 요셉에게 말해주기 시작했다. 먼저 술 맡은 시종장이 자신의 꿈을 설명했다.

"꿈에 보니 내 앞에 포도나무가 있고, 그 나무에는 가지가 셋이 있었네. 거기에서 싹이 나더니 곧 꽃이 피고, 포도송이가 익었지. 마침 내 손에 파라오의 잔이 있기에 내가 포도를 따고 즙을 짜서 파라오의 손에 올려 드렸네."

요셉이 술 맡은 시종장에게 말했다.

"그 꿈의 해몽은 이렇습니다. 가지 셋은 사흘입니다. 앞으로 사흘이 되면 파라오가 당신을 불러내서 직책을 되돌려주실 것입니다. 그날이 되면 부디 나를 기억하셔서 생각해주시기 바랍니다. 저는 결백한 사람입니다. 파라오에게 나의 사정을 잘 말씀해주셔서 이 감옥에서 풀려나도록 힘을 써주시기를 부탁드립니다."

술 맡은 시종장은 요셉의 해몽대로 자기가 풀려나서 복직되면 꼭 요셉을 꺼내주겠다고 약속했다. 요셉의 해몽이 좋은 것을 들은 빵 맡은 시종장도 요셉에게 자신의 꿈을 이야기하기 시작했다.

"나도 한 꿈을 꾸었다네. 나는 빵이 담긴 바구니 세 개를 머리에 이고 있었는데, 제일 위에 있는 바구니에는 파라오에게 드릴 온갖 구운 빵이 들어 있었다네. 그런데 새들이 내가 이고 있는 바구니 안에서 빵들을 쪼아 먹었지 뭔가."

요셉의 미간이 찌푸려지더니 이내 꿈을 풀이하기 시작했다.

"제 말을 듣고 화내지 마시기 바랍니다. 그 꿈의 해석은 이렇습니다. 세 바구니는 사흘입니다. 앞으로 사흘이 되면 파라오께서 당신을 불러내서 목을 베고 나무에 매다실 것이고, 새들이 당신의 시체를 쪼아 먹을 것입니다."

사흘 뒤는 파라오의 생일이었다. 그날에 거대한 잔치가 열렸고, 요셉이 해몽한 대로 술 맡은 관료는 복직되었고, 빵 맡은 관료는 처형을 당했다. 요셉은 그들이 나가는 것을 보면서 자신도 여기서 나갈 날이 멀지 않다고 생각했다. 분명히 술 맡은 관료는 복직이 될 것이고, 그러면 파라오에게 자신의 억울함을 잘 말해줄 것이라고 믿었기 때문이다.

하루가 지나고 이틀이 지났다. 하지만 여전히 술 맡은 관료에게서 아무런 소식도 오지 않았다. 사흘이 지나고 열흘이 지나고 셀 수 없는 많은 날들이 지났지만, 요셉은 여전히 발에 차꼬가 채워진 채 캄캄한 지하감옥에서 살고 있었다. 술 맡은 관원은 자신이 나가면 요셉을 꺼내주겠다고 거듭 약속을 했지만, 그는 복직되자마자 요셉을 잊었다. 그가 요셉을 기억해 낸 것은, 아무도 해결하지 못할 국가적인 위기가 찾아온 2년 뒤였다.

사실보다 중요한 태도

내 뜻대로 되는 인생이란 없다. 삶은 언제나 원하는 대로 흘러가지 않고, 상황은 대게 내가 선택한 것이 아닐 때가 많다. 그러나 상황은 나의 선택이 아니지만, 그에 반응하는 태도는 내가 선택하는 것이다. 정신분석학계의 권위자인 칼 메닝거 박사는 "사실보다 태도가 더 중요하다"라고 말했다. 눈앞의 사실보다 그것을 바라보는 태도가 삶을 비참하게 만들기도 하고 행복하게 만들기도 한다는 것이다.

사람들은 상대방의 주변 공기 흐름만으로도 태도를 간파할 수 있다. 태도란 내면의 상태가 외부로 표출되는 것이기 때문이다. 잠깐은 속일 수 있지만, 긴 시간 속일 수는 없다. 부정적인 마음은 부정적인 태도로, 긍정적인 마음은 긍정적인 태도로 표출된다. 노예이면서도 자유인처럼 사는 사람이 있고, 자유인이면서 노예로 사는 사람이 있다. 두 부류의 차이는 삶을 대하는 각자의 태도로 결정된다. 자유인은 '원하는 것을 할 수 있는 사람'이고, 노예는 '원치 않는 일을 마지못해 하는 사람'이다.

요셉은 노예이며 죄수였지만, 그의 삶은 노예처럼 비참하지도, 죄수처럼 잔인하지도 않았다. 그는 언제나 정직하고 성실하게 주어진 환경에서 최선을 다하는 삶을 살았다. 그는 간수장이 시키는 일을 해야 했지만, 원치 않는 마음으로 마지못해 일하지 않았다. 간수장은 요셉이 하는 일에 대해서는 아예 참견하지도 않았을 만큼, 요셉은 주도적으로 일했다. 요셉의 태도는 노예가 아닌 자유인의 태도였다.

요셉은 비참한 상황에서 미래를 선택해야만 했다. 절망의 상황에 굴복할 것인가, 아니면 극복할 것인가? 요셉은 감옥에서도 주도적인 삶을 살기로 선택했다. 맡겨진 직무에 최선을 다했고 창의적으로 업무를 수행했으며, 감옥에 갇힌 두 명의 고위 관료를 최선을 다해 섬기고 돌봤다. 이것은 '긍정적인 태도'를 가진 사람만이 할 수 있는 일이다.

수많은 장애물을 뛰어넘을 수 있는 힘은 태도에 있다. 똑같이 감옥 안에 있는 사람이라도, 어떤 사람은 땅만 쳐다보고, 어떤 사람은 하늘의 별을 바라본다. 당신이 리더라면 절망적인 상황 속에서 몇 초 만에 긍정적인 요소를 찾아내야 한다.

절망의 때에 희망을 찾아내는 것이 리더의 역할이다. 리더는 다른 사람들이 보지 못하는 것을 보며, 듣지 못하는 것을 들을 수 있어야 한다. 칠흑 같은 어둠 속에서도 한 줄기 빛을 찾아내는 리더라야 사람들이 믿고 의지 하는 법이다.

♟ 체계를 갖춰라

　　　　　술 맡은 관료가 감옥에서 나가서 다시 복직된 지 2년의 세월이 흘렀다. 요셉은 여전히 감옥에 갇혀 있었다. 긴 시간 여러 가지 복 잡한 감정들이 요셉을 뚫고 지나갔다. 절망, 고통, 한숨, 기대, 포기, 실망, 슬픔. 인간이라면 느낄 수 있는 모든 부정적인 감정들을 요셉은 짧은 시간 에 밀도 있게 경험했다. 언제까지 감옥에 갇혀 있어야 하는지 알 수 없었 고, 바깥 세상이 어떻게 변했는지도 알 길이 없었다. 그런데 요셉이 절망 하고 있던 그 순간에 감옥 밖에서는 놀라운 일이 벌어지고 있었다.

　어느 날 파라오가 꿈을 꾸었는데 꿈의 내용이 이상했다. 아름답고 살찐 암소 7마리가 나일강에서 올라와 풀을 뜯고 있었는데, 흉측하고 야윈 다 른 암소 7마리가 강에서 또 올라오더니 먼저 올라온 소들을 잡아먹는 꿈 이었다. 파라오가 이 꿈을 꾸고 깨어났다가 다시 잠들었는데, 다시 꿈을 꾸었다. 토실토실하게 잘 여문 이삭 7개가 한 줄기에 달려 있더니, 야윈 이삭 7개가 잘 여문 이삭 7개를 삼키는 꿈이었다.

　파라오는 마음이 뒤숭숭해졌다. 그는 사람들을 보내어 마술사와 현자 들을 모두 불러들였고, 그들에게 자신의 꿈을 말했다. 그러나 아무도 그 꿈을 해석하는 사람은 없었다. 파라오의 측근인 술 맡은 관료도 꿈 이야기를 전해 들었다. 파라오가 꿈 때문에 잠을 못 이룬다는 소식을 전해 들은 그는 비로소 감옥에서 자신의 꿈을 기가 막히게 해몽했던 요셉을 생각해 냈다. 요셉이 생각나자 술 맡은 관료는 뒤통수를 얻어맞은 것 같았다. 자신이 꼭 꺼내주겠다고 약속했던 히브리 노예를 2년이 지난 지금에야 떠올렸던 것이다. 술 맡은 관료는 즉시 파라오에게 그 사실을 알렸다.

"제가 꼭 했어야 할 일을 하지 않은 것이 지금에서야 생각이 났습니다. 파라오께서 종들에게 노하셔서, 저와 빵 맡은 관료를 경호대장 집 감옥에 가두신 일이 있었습니다. 그때 저희 두 사람이 각각 꿈을 꾸었는데, 경호대장의 종인 히브리 노예가 그 꿈을 풀었습니다. 그 소년이 해몽한 대로 저는 복직되고, 빵 맡은 관료는 처형되었습니다."

어둡던 파라오의 얼굴에 갑자기 생기가 돌았다. 그는 즉시 경호대장의 집에 사람을 보내서 요셉을 데리고 오도록 명령했다. 두 개의 꿈 때문에 잠을 제대로 이룰 수 없었던 파라오는 한 줄기 빛이 보이는 듯했다. 왠지 자신의 꿈을 해석할 수 있을 것 같은 기대감이 들자 파라오는 조급해졌고, 빨리 히브리 노예 소년을 만나고 싶었다.

연단의 끝

고생을 많이 한 탓에 요셉의 얼굴은 원래 나이보다 더 들어 보였다. 덥수룩한 머리와 길게 자란 수염만 보면 중년이라고 해도 믿을 정도였다. 쇠사슬에 묶인 채 일을 하는 것이 익숙해졌고, 양 발을 묶어놓은 차꼬에도 넘어지지 않았다. 요셉은 감옥에서 맡은 자신의 직무를 수행하고 있었다. 그때 밖에서 어수선한 소리가 들렸다.

"누군가 새로 들어오려나?"

갑자기 요셉의 얼굴에 한줄기 빛이 날아들었다. 컴컴한 동굴 감옥에 갑자기 쏟아져 들어온 빛줄기에 눈을 뜰 수가 없었다. 고개를 돌렸지만, 한낮의 강렬한 태양빛은 질끈 감은 눈꺼풀 속까지 환하게 만들었다. 사람들의 웅성거리는 소리, 경호대장과 간수장의 다급한 목소리가 들리는가 싶더니, 누군가가 다가와 요셉의 다리와 손의 사슬을 풀었다.

갑자기 모든 결박이 풀어지고 닫혀 있던 빗장이 열렸다. 요셉은 지하감옥에서 지상으로 올려졌고, 시종들은 요셉의 수염을 깎고 옷을 입혔다. 믿을 수 없을 만큼 빠르게 요셉은 절망을 벗어났고, 나는 새도 떨어뜨린다는 이집트 제국의 파라오 앞에 서 있었다. 겸손하지만 당당한 그는, 엄청난 압박감 앞에서도 정확하게 행동하고 냉철하게 분석했다. 자기밖에 모르던 고자질쟁이 꼬마는 말할 수 없는 고통을 통과하며 정련의 과정을 거쳤고, 마침내 정금이 되어 있었다. 파라오의 근엄한 기세에도 전혀 눌리는 기색이 없었다.

요셉은 파라오가 자신을 부른 이유가 꿈 때문임을 듣고, 자세히 말해 달라고 요청했다. 파라오는 이집트 온 나라의 마술사들과 현인들도 해석하지 못했던 자신의 꿈을 생생하게 묘사했다. 요셉은 눈을 감았다. 잠시 후, 옅은 미소를 머금은 요셉이 꿈의 해석을 풀어놓기 시작했다.

"아름답고 살찐 암소 7마리와 토실토실하게 여문 이삭 7개는 7년 동안의 풍년을 의미합니다. 흉측하고 야윈 암소 7마리와 야윈 이삭 7개는 7년의 흉년을 의미합니다. 앞으로 7년 동안은 이전까지 없었던 풍년이 있을 것이지만, 그 뒤 7년은 그동안 볼 수 없었던 극심한 흉년이 들 것입니다. 그러니 파라오께서는 명철하고 슬기로운 책임자를 세우셔서 풍년의 기간인 7년 동안 흉년을 대비하셔야 합니다. 전국에 관리들을 임명하셔서, 풍년이 계속되는 일곱 해 동안에, 이집트 땅에서 거둔 것의 5분의 1을 해마다 거두시기 바랍니다. 왕의 권한 아래 각 성읍에 곡식을 모아놓도록 하셔야 합니다. 그렇게 하면 기근이 와도 이집트가 망하지 않을 것입니다. 파라오께서 두 번 반복해서 꿈을 꾸신 것은 이 일이 일어나기로 확실히 결정되었다는 뜻입니다. 이 꿈은 하나님께서 파라오께서 앞으로 대비하시도록 미리 보여주신 것입니다."

탁월한 죄수

요셉의 해석은 탁월했고, 그의 제안은 뛰어났다. 그들은 요셉의 제안을 받아들이기로 결정했다. 그러나 그 일을 책임질 명철하고 슬기로운 사람을 세우는 문제가 남았다. 누가 이 책임을 맡을 것인가? 우리 중에 이 일을 감당할 사람은 누구인가? 파라오는 경호대장 보디발에게 요셉을 신뢰해도 좋겠느냐는 눈빛을 보냈다. 보디발은 자신의 신의를 걸고 요셉만큼 정직하고 올곧은 사람이 없음을 보증했다. 잠시 생각에 잠기던 파라오는 입을 열어 요셉에게 명령을 내렸다.

"이 땅에 너처럼 명철하고 슬기로운 사람이 어디에 또 있겠느냐? 네가 온 이집트를 다스리는 총리가 돼라. 나의 백성도 너의 명령에 복종하게 할 것이다. 너보다 높은 사람은 나뿐이다. 하지만, 나는 이 자리에 앉아만 있을 뿐이다. 네가 총리가 되어서 이집트를 다스리도록 하거라."

파라오는 자기의 손가락에 있던 옥새반지를 요셉의 손가락에 끼웠다. 이 반지는 재정을 지출하고 법률을 승인할 때 법적효력을 갖도록 찍는 도장이었다. 파라오는 요셉에게 값 비싸고 아름다운 옷을 입히고, 금목걸이를 목에 걸어주었다. 또한 자기가 타는 것에 버금가는 수레에 요셉을 태우고 도시를 순회하며 퍼레이드를 벌였다. 경호원들이 수레의 앞에서 "물러나거라"고 외치며 새로운 이집트의 총리가 탄생했음을 선포했다.

이집트의 지하감옥에서 쇠사슬에 묶여 있던 비참한 노예가 대제국 이집트의 총리가 되었다. 감옥에서 올라온 지 하루 만에 일어난 일이었다. 이집트의 총리가 된다는 것은 '이집트의 중심'이 됨을 의미했다.

노예 출신의 죄수가 총리로 선출된 파격인사에 이집트 전역은 술렁거렸다. 그가 얼마나 뛰어나기에 아무런 반발도 없이 총리로 세워졌는지 궁금했다. 시간이 갈수록 이 히브리 청년은 뛰어난 외모와 탁월한 국정수행능력으로 이집트 국민들의 사랑을 한몸에 받는 유명인사가 됐다. 고통의 한가운데를 통과한 요셉은, 그의 나이 30세가 되었을 때 지구상에서 가장 장엄하고 찬란한 왕국의 리더로 세워졌다.

현재와 미래

파라오는 요셉이 해몽을 하고 답을 내놓는 순간 명민함과 분별력, 통찰력과 결단력을 가진 이집트의 총리감이라는 것을 확신했다. 요셉이 한 말은 '미래를 예측하는 지혜'였기 때문이다. 불확실한 상황에서 미래를 예측하는 것은 엄청난 능력이다. 빠르게 급변하는 시대에 미래를 예측하는 능력이야말로 리더의 필수 덕목일 수밖에 없다. 파라오는 요셉이야말로 자신이 말한 것을 시행할 수 있으며, 그 이상도 할 수 있을 것이라는 생각을 갖게 했다.

흔히 '자고 일어나니 스타가 되었다'라는 말이 있다. 전혀 예상하지 않은 상황에서 큰 사랑을 받은 감격 때문에 그런 말이 나오는 것이다. 그러나 아무것도 안하고 가만히 있다가 잠만 잤는데 유명해지는 사람은 아무도 없다. 그들이 오랜 시간 동안 자기에게 맡겨진 일들을 성실하게 감당했고, 그런 하루하루가 쌓였기 때문에 때가 되어 보상을 받는 것이다.

천 조각 하나를 만들 때도 수많은 실을 일정한 원리로 조직해야 하듯이,

어떤 일을 이루려면 체계를 가지고 오랜 시간을 준비해야 한다. 체계란 '어떤 일정한 원리에 따라 부분이 짜임새 있게 조직되어 통일된 전체를 이루는 것'이다. 아무리 좋은 실도 일정한 체계로 엮지 않고 풀어만 놓으면 가치 있는 상품이 될 수 없다. 기회가 온다 하더라도 준비되지 않은 사람은 기회를 잡을 수 없다. 기회는 준비된 사람에게만 얼굴을 보여준다.

리더는 자신의 장점과 단점, 추구하는 가치와 일처리 방식에 대한 이해가 있어야 하고, 그것을 기초로 언제 어디서든 기회를 맞이할 준비를 하고 있어야 한다. 요셉은 자신의 장점을 잘 알았고, 그것을 극대화시키는 삶을 살았다. 그의 장점은 성실하고 솔직하다는 것이었다. 따라서 삶의 방식도 매우 심플했는데, 어떤 상황에서든 자기가 해야 할 일을 성실하게 수행하는 것이었다.

감옥에 갇힌 사람에게는 환상적인 계획이나 기교가 필요치 않다. '불확실한 미래에 대해 어떻게 준비해야 할 것인가'도 고민하지 않았다. 그저 오늘을 어떻게 살아갈 것인가를 생각하고, 주어진 환경 안에서 성실하게 삶을 살아내는 것이 필요했다. 하루하루를 성실하게 살아내는 사람이 미래를 바꿀 수 있다. 그래서 톨스토이는 "이 세상에서 가장 중요한 일은 지금 하고 있는 일이다"라고 말했다.

자신만의 체계

프로와 아마추어의 차이는 체계에 있다. 프로는 체계와 시스템에 자신의 몸을 맡기고 매일 성실하게 연습한다. 아마추어는 그날의 기분, 느낌, 감정에 휩쓸리지만, 프로는 기분이나 감정에 상관없이 그날의 스케줄을 소화한다. 그것은 재능과는 상관없는 영역이다. 뛰어난 재능이 있으면 성과를 낼 수 있다는 생각은 재능이 가진 함정이다.

재능 그 자체만으로는 성과로 이어지지 않는다. 재능을 믿고 그날의 느낌과 감정에 따라 바쁘게 움직이면 열정적인 삶을 산다고 착각하기 쉽다. 그러나 자기 재능을 과신하면서 감정과 기분에 따라 바쁘게 움직이면 머지않아 아무런 열매가 없다는 것을 깨닫게 될 뿐이다. 재능이 '꾸준한 체계'를 거칠 때, 비로소 탁월한 성과를 낼 수 있다. 더디지만 하루하루를 성실하게 살아가는 사람들은 작든 크든 결국 성과를 낸다. 가장 효율적인 방법은 빨리 가는 것이 아니라, 꾸준하게 가는 것이다. '꾸준함' 자체가 가장 효율적인 체계이기 때문이다.

요셉은 어린 나이에 이집트의 노예로 팔려왔지만, 경호대장의 집에서 가정총무로 발탁됐다. 적어도 5년은 걸려야 오를 수 있는 자리였을 것이다. 최소 5년의 시간 동안 요셉은 이집트의 언어와 문화, 삶의 방식들을 배웠다. 그리고 나서야 가정총무로 발탁되었다. 감옥에서도 간수장은 감옥 일의 전권을 요셉에게 주어 관리하게 했다. 동일한 일이 이집트의 왕궁에서 일어났고 요셉은 총리가 되었다.

노예의 자리, 한 가정의 총무의 자리, 감옥에 갇힌 죄인의 자리, 감옥을 관리하는 자리, 이집트의 총리 자리에서도 요셉은 동일한 체계를 가지고 있었다. 이집트 총리가 해야 할 직무를 요셉이 하루아침에 탁월하게 수행하지는 못했을 것이다. 가정이나 감옥과는 규모면에서 엄청난 차이가 있기 때문이다. 그러나 가장 낮은 지점으로부터 성실하게 배워나가는 요셉의 체계는 결국 그를 가장 높은 지점까지 이동시켜주었다.

하루하루 성실하게 주어진 일을 수행하면 결국 가장 낮은 수준에서 가장 높은 수준으로 올라가게 된다. 리더는 목표를 강조하기 이전에 체계를 세워야 한다. 1등을 목표로 삼으면 1등이라는 명예 외에는 얻을 것이 없다. 그러나 '탁월한 체계 구축'을 목표로 하면 꼴등을 하더라도 얻는 것이 있다. 재능이 없는 사람도 '체계를 세우는 것'에 집중하고, 성실하고 꾸준하게 유지하면 그것이 쌓이고 쌓여 반드시 성과를 내게 된다. 목표를 이루는 가장 빠른 방법이 '체계 구축'에 있다는 것을 기억하라. 그러면 결과에 상관없이 반드시 긍정적인 유익을 얻을 수 있다.

영웅이 된 소년

요셉이 총리가 된 후 7년 동안 이집트에는 대풍년이 들었다. 요셉은 이집트 제사장의 딸과 결혼하여 두 명의 아들을 낳았다. 요셉은 7년 풍년의 기간 동안 자신에게 주어진 임무에 충실했다. 그것이 지금까지 요셉이 삶을 살아오던 방식이었다. 임무는 간단했다. 7년 동안 곡식을 거둬서 전국 곳곳의 창고에 잘 보관했다가, 7년 간의 큰 흉년에 적절하게 나누어주는 것이었다.

본질은 간단했지만, 세부 방법은 복잡했다. 적게 모으면 모자를 것이고, 많이 거둬도 문제가 될 것이다. 또한 곡식이 썩지 않게 보관하려면 온도와 습도를 적절하게 유지해야 했고, 곡식을 효과적으로 옮기기 위해 나일강의 수로를 이용해야 했다. 요셉은 착실하고 성실하게 이 직무를 시행했다.

7년이 지나자 뜨거운 바람이 불어오기 시작하더니 지독한 흉년이 시작됐다. 주변의 모든 나라가 굶주리기 시작했지만, 이집트에는 식량이 있었다. 흉년이 점점 더 심해져 이집트 백성들도 굶게 되자 요셉은 굳게 닫아놓았던 곡식창고의 자물쇠를 열어 곡식을 팔기 시작했다. 이집트에만 곡식이 있었기 때문에 주변 모든 나라에서도 곡식을 사기 위해 이집트로 몰려들었다.

요셉 한 사람으로 인해 이집트뿐만 아니라 주변 모든 나라가 살아남았다. 덕분에 파라오는 막대한 부를 축적했으며, 곡식 살 돈이 떨어지자 백성들은 토지까지 저당 잡혀가며 곡식을 살 수 밖에 없었다. 요셉은 돈이 없는 백성들에게 '흉년이 지나가면 수확한 곡식의 5분의 1을 왕에게 바치는 조건'으로 곡식을 주었다. 이로 인해 파라오의 재산은 기하급수적으로 불어났고, 왕권은 점점 강화되었으며, 중앙집권제 국가를 건설한 이집트는 역사의 전면에 부상하게 되었다. 당연히 2인자 요셉의 자리도 점점 굳건해졌다.

요셉은 이집트의 영웅을 넘어, 고대 근동 지방의 영웅이 되었다. 그로 인해 요셉의 집안은 이집트의 국경지대인 비옥한 땅 고센에 정착하여 살게 되었다. 요셉을 포함한 야곱의 12아들들은 파라오의 호의로 이집트에서 목축을 하며 번성하기 시작했다. 그들 자손의 수도 기하급수적으로 늘어나기 시작했다.

그들은 이집트의 국경지대에 거하면서 국경을 방어하는 일과 목축을 병행하며 이집트와 공생했다. 요셉의 아버지 야곱이 죽었을 때 파라오는 이집트의 국장으로 장례를 치러주며, 파라오와 그의 모든 신하들과 궁에 있는 원로들, 이집트 전 지역의 원로들이 이 장례 행렬에 동참했다.

4

[사막을 통과한 리더
모세]

모세

모세는 히브리인들을 이집트의 노예 생활에서 해방시킨 위대한 지도자다. 그는 이집트 왕실에 입양되어 학문과 기술을 익혔고, 그것을 바탕으로 구약성경의 처음 다섯 권인 《모세오경》을 기록했다. 《모세오경》에는 히브리인들의 율법이 포함되어 있는데, 모세의 율법은 바벨론의 《함무라비》 법전이나, 바그다드 근처에서 발견된 《에슈눈나》 법전들보다 월등하고 뛰어난 법전으로 평가받는다. 하버드 대학의 조지 라이트 교수는 "모세의 문서들은 하나의 통일성을 가지며, 대략 BC. 1500년경에 쓰인 것이 틀림없다."라는 결론을 내렸다. 모세는 수백 만의 히브리인들을 이집트에서 끌고 나와 백성들과 함께 사막에서 40년을 지냈는데, 거기서 군대를 조직, 통솔했으며, 전략적으로 싸우기도 했다. 뛰어난 리더십을 발휘하며 이스라엘 백성을 이끌다가 120세의 나이에 요르단의 '느보산'에서 홀로 죽음을 맞이했다. 그의 무덤은 아무도 찾을 수 없었는데, 그의 위대함이 너무도 뛰어나 그를 숭배할 염려가 있었기 때문이었다. 모세가 홍해를 가르는 출애굽 이야기는 세계에서 가장 경이적인 이야기로 알려져 있으며, 오늘날까지 수많은 영화와 드라마, 애니메이션으로 제작되고 있다.

고센

고센은 이스라엘 사람들이 거주하게 된 이집트의 가장 비옥한 지역이다. 이집트의 본토로 통하는 입구 지역으로 나일강 삼각주 동부 지역에 위치했던 것으로 보인다. 이집트의 파라오는 비옥한 목초지인 고센에서 가축을 길렀고, 히브리인들은 거기서 소와 양을 방목했다.

미디안

미디안은 이스라엘 동남족 아라비아 반도 지방에 살았던 민족이다. 아브라함이 '그두라'에게서 낳은 아들 '미디안'의 후손들이다. 모세가 이집트를 떠나 40년 동안 양떼를 치며 살았던 지역으로 모세는 거기서 미디안의 사제 이드로의 딸과 결혼했다.

세월이 지나 요셉과 그의 형제들과 그 시대 사람들 모두가 죽음을 맞이했다. 요셉에 대해서 잘 알지 못하는 새로운 왕조가 생겨났다. 새로 왕위에 오른 파라오는 이스라엘 사람들이 살고 있는 국경지대를 지나서 원정을 다녀오곤 했는데, 그는 국경지대에서 200년이 넘도록 살고 있는 이스라엘 자손을 볼 때마다 위협을 느꼈다. 그들의 수는 해마다 번성했으며 도시와 건축의 규모도 날로 커지고 있었다. 이것을 못마땅하게 여긴 파라오는 대신들을 불러 대책을 세우기 시작했다.

"이스라엘 백성이 이토록 무섭게 불어나니 보통 일이 아니다. 만일 국경지대에서 다른 나라와 연합하여 이집트를 치기라도 한다면 당해 낼 수 없을 것이다. 그렇게 되면 나라를 빼앗길 수 있으니 대책을 세워야만 한다."

신하들의 의견은 분분했다. 이스라엘 사람들은 위협적이지 않다는 의견도 많았지만, 그들의 번성이 이집트의 큰 위협이라는 의견도 만만치 않았다. 그들을 적으로 여기고 싸울 것인가? 아니면, 추방할 것인가? 고심하던 파라오와 이집트의 관료들은 새로운 방법을 찾아냈다. 곡식을 저장하는 성읍인 비돔과 라암셋을 건설하는 일에 이스라엘 자손을 동원하기로 결정하고, 이스라엘 자손들만 전담하는 공사감독관을 따로 두어 강제노동으로 그들을 억압하기 시작했다.

감독관들은 잔인하고 야만적으로 이스라엘 백성을 탄압했다. 이스라엘 노예들이 극심한 노동으로 죽을 때까지 일을 시키라는 파라오의 명령이 있었기 때문이다. 그러나 억압을 받을수록 히브리인들의 수는 더욱 불어났고, 자손은 번성했다. 이집트는 더 혹독한 노역으로 그들을 탄압했다. 심지어 파라오는 이스라엘 사람들이 아이를 낳을 때 아들은 죽이고 딸만 살려두라고 산파들에게 명령을 내렸다.

그러나 산파들은 파라오처럼 잔인한 사람들이 아니었다. 그들은 갓 태어난 생명에 손을 대지 못했고, 히브리 남자아이들은 고스란히 살아남았다. 산파들이 자신의 명령에 불복하자 파라오는 산파들을 불러 들였다.

"너희들은 왜 나의 명령에 불복하느냐? 히브리 남자아이들이 태어나면 죽이라고 명령하지 않았느냐?

산파들이 대답했다.

"히브리 여인들은 이집트 여인들과 같지 않습니다. 그들은 기운이 좋아서, 우리가 그들에게 이르기도 전에 아기를 낳아 버립니다."

파라오는 분노했다. 눈덩이처럼 불어나는 히브리 민족을 그냥 둘 수가 없었다. 그는 특단의 조치를 취하기로 하고, 급하게 명령을 내렸다.

"갓 태어난 히브리 남자아이들은 모두 나일강의 악어 밥으로 던지고, 여자아이만 살려 두어라."

히브리인들이 사는 지역에 파라오의 군대가 파견되자, 마을은 순식간에 아수라장으로 변했다. 부모들의 비참한 울부짖음과 갓난아기들의 울음소리가 끝없이 메아리쳤고, 다급하게 아기를 피신시키려는 사람들과 이를 저지하려는 경비병들 간의 몸싸움이 일어났다. 파라오의 탄압은 강도를 더해 갔고, 히브리인들은 고통과 신음 속에서 자신들을 구원해줄 리더를 갈망하기 시작했다.

♟ 영향력을 남용하지 말라

모세는 이스라엘 민족의 이집트 노예 생활 말기에 태어났다. 사내아이가 태어나면 가차 없이 죽이라는 파라오의 서슬 퍼런 명령이 있었지만, 그들의 부모는 태어난 아기의 아름다운 용모를 보고는 도저히 죽일 수 없었다. 그들은 석 달 동안 아무도 모르게 모세를 키웠다. 아이가 웃으면 행복했지만, 아이가 울기 시작하면 불안했다. 언제 이집트 경비병들이 들이닥칠지 모를 일이었다. 더 이상 숨길 수도 없고 죽일 수도 없는 상황에서, 그들은 한 가지 꾀를 생각했다. 갈대상자를 구해서 물이 들어오지 않도록 역청과 송진을 바르고, 아이를 상자에 담아서 나일강 갈대밭 사이에 놓아두기로 한 것이다.

모세의 누나 미리암이 나일강가에서 긴장한 채로 갈대상자를 지켜보고 있었다. 물살 때문에 하류로 떠내려 갈 수도 있었고, 악어가 갈대상자를 통째로 삼킬 수도 있었다. 미리암은 악어가 오면 돌이라도 던져서 쫓아버려야겠다고 생각했다. 때마침 파라오의 딸이 목욕을 하려고 강가로 내려왔다. 그런데 어딘가에서 아기울음 소리가 들리기 시작했다. 공주는 놀란 얼굴로 두리번거리다 강가에 걸린 갈대상자를 발견하고는 시녀에게 건져오라 명령했다. 시녀가 가져온 상자를 열어 보니 아름다운 남자아이가 울고 있었다. 아이를 보자마자 불쌍함과 연민, 사랑스러운 감정을 느낀 공주의 눈가가 촉촉해졌다.

"이 아이는 틀림없이 히브리 사람의 아이이겠구나. 하지만 이젠 내 아이다. 이집트의 신이 나에게 이 아이를 선물로 주신 것이 틀림없다."

멀리서 이 광경을 지켜보던 모세의 누나 미리암은 아이를 살릴 절호의 기회가 왔음을 직감했다. 그녀는 공주에게 뛰어가 인사를 올린 뒤 급하게 말했다.

"공주님 혹시 유모가 필요하지 않으신가요? 제가 가서 히브리 여인 가운데 이 아기에게 젖을 먹일 유모를 찾아 드릴까요?"

잠시 고민하던 공주가 말했다.

"그래, 유모가 필요하긴 하겠구나. 가서 데려 오너라. 대신에 이건 너와 나만의 비밀이니 누구에게도 발설하면 안 된다."

미리암은 즉시 집으로 돌아가 어머니에게 자초지종을 말하고, 공주에게 어머니를 데려갔다. 공주는 미리암이 데려온 유모가 아기의 어머니인 줄 모르고 명했다.

"이 아이를 데리고 가서, 나를 대신하여 젖을 먹여다오, 그렇게 하면, 내가 너에게 삯을 후하게 주마."

아기는 친어머니의 집에서 젖을 먹으며 자랐고, 젖을 떼는 날이 되자 공주의 양자가 되었다. 공주가 그를 양자로 맞는 날 '내가 그를 물에서 건져 내었다'라는 뜻에서 모세라고 이름을 지어주었다. 모세는 그날로 이집트 왕궁의 '왕실 보육학교'에서 교육을 받았다. 이 교육을 통해 이집트의 리더가 될 만한 인물로 교육을 받고 평가도 받으며 뛰어난 리더십 역량을 기를 수 있었다. 다만 모세는 이집트인의 혈통을 타고 나지 않았기에 왕이 될 수는 없었다.

모세 자신도 자기가 이집트 사람이 아니라 히브리 사람임을 인지하고 있었다. 때문에 모세는 이집트와 이스라엘 사이에서 갈팡질팡하는 어린 시절을 보내야 했다. 어디에 속하든지 그는 자신을 증명해 내야 하는 압박감을 느꼈다. 길러준 이집트에서는 왕자로서 자신을 증명해야 했고, 낳아준 이스라엘에서는 히브리인임을 증명해야 했기에, 어려서부터 극도의 스트레스를 받으며 살았다.

모세의 이러한 감정들은 왕실법규 속에서 자유롭게 분출되지 못했고, 오랜 세월 동안 감정을 억누르며 지내야 했다. 그러나 억눌렸던 감정들은 단 한 번의 사건으로 인해 순식간에 폭발하게 되었고, 그로 인해 모세는 전혀 예상치 못한 삶을 살게 되었다.

거절당하는 리더

햇볕이 유난히 강렬하게 내리쬐던 어느 날, 모세는 자신의 동족들을 보기 위해 건설현장으로 나갔다. 모세는 궁에서 살았기 때문에 자기 동족들과 함께 지내는 것이 허락되지 않았다. 궁에서 왕자로 자라며 학문, 기술, 전투, 병법, 언어 능력 등 왕자가 받아야 할 모든 교육을 받은 모세는, 동족을 위해 자신의 능력을 사용하고 싶었다. 그러나 자신의 동족을 보기 위해 건설현장에 도착한 모세는 충격을 받았다.

현장에 도착하기도 전에 멀리서부터 풍겨오는 연기와 악취로 인해 어지러움을 느꼈다. 고통의 냄새였다. 여기저기서 고통의 신음소리가 허공을 메웠고, 하루에도 수많은 노예들이 죽어나가는 통에 시체 태우는 냄새가 골짜기에 가득했다. 태우기 위해 쌓아놓은 시쳇더미 위로는 독수리들이 원을 그리며 돌고 있었다. 충격적인 현장을 돌아보던 모세는 잔인하게 동족을 때리는 이집트 감독관과, 비명을 지르면서도 일어나지 못하고 신음하는 히브리인을 보게 되었다. 속에서 분노가 끓어올랐다. 좌우를 살펴보니 마침 주변에는 아무도 없었다.

모세는 흥분한 채로 빠르게 몸을 날려 이집트 감독관에게 달려들었다. 분노로 인한 흥분 상태에서 감독관과 치열한 몸싸움이 계속되자 모세는 감정을 조절할 수 없었다. 유리한 위치에 올라선 모세는 누워 있는 감독관에게 연신 주먹을 날렸다. 감독관이 아무런 움직임이 없다는 것을 깨달은 것은 한참이 지난 후였다.

모세는 주변을 살피며 모래 속에 시체를 묻어 놓고는 황급히 그 자리를 떠났다. 다행히 아무도 본 사람이 없는 것 같았다. 다음 날도 모세는 자신의 동족들을 보기 위해 공사현장을 찾았다. 또다시 시끄러운 소리가 들리기 시작했다. 무슨 일인가 싶어 가까이 가보니, 이번에는 이스라엘 사람 두 명이 서로 주먹다짐을 하며 싸우고 있었다. 가만히 들어 보니 한 사람이 명백하게 잘못한 일이었다. 모세가 나섰다.

"당신은 왜 동족을 못살게 굴고, 심지어 때리기까지 하는 것이오?"

그 사람이 모세를 위아래로 훑어보더니 대뜸 따지듯 말했다.

"누가 당신을 우리의 지도자와 재판관으로 세웠소? 어제는 이집트 사람을 때려죽이더니 이제는 나도 죽이려는 거요?"

모세의 가슴이 철렁 내려앉았다. 주위에서 싸움을 구경하던 사람들도 웅성거리기 시작했다. 분명히 어제 살해현장에 아무도 없는 것을 확인했던 터였다. 그런데 이 사람이 그 현장을 목격한 것이다. 모세가 이집트 감독관을 죽였다는 소문은 삽시간에 퍼지기 시작했다.

이 소식은 파라오의 귀에까지 들어갔고, 파라오는 대노하여 살인죄를 지은 모세를 잡아오라고 명령했다. 아무리 손자라 해도 이집트에 대항하는 반역행위는 절대 용서받을 수 없는 죄였다. 모세는 양 할아버지를 피해 도망쳤다. 왕자였던 모세는 살인자가 되어 미디안 사막으로 도망쳐 들어갔다. 거기에서 그는 더 이상 왕자가 아니었고, 아무도 모르게 새로운 삶을 시작해야 했다.

열정과 분노

모세에게는 열정이 있었다. 그는 리더의 기질과 책임감을 가지고 있었다. 자기 민족을 생각하는 마음이 깊었고, 그들을 해방시키려는 목표도 있었다. 그러나 모세에게는 분노의 감정이 뒤엉켜 있었다. 그 분노는 어려서부터 억압돼 있던 뒤틀린 욕구의 결과물이었다. 어려서부터 이집트와 이스라엘 어느 쪽에도 소속되지 못했기 때문에, 양쪽에서 인정받기 위해 이를 악물고 자신을 누르며 분투하는 삶을 살았다.

모세의 열정은 억압과 소속감의 결여로 생겨난 왜곡된 열정이었다. 열정이 중요하지만, 그것만으로 모든 일을 할 수 있는 것은 아니다. 올바른 방향성을 잃은 열정은 뭐든지 삼켜버리는 괴물과도 같다.

리더의 열정은 올바른 방향성을 가져야 하고, 올바른 가치관으로 형성된 열정이어야 한다. 남들에게 인정받기 위해서 생긴 열정은, 인정받기 위해서 불법도 서슴지 않게 된다. 모세는 인정받기 위해서 살인까지도 서슴지 않았다. 명백하게 사형에 해당하는 중범죄였음에도, 인정에 굶주린 모세는 올바른 상황판단을 할 수 없었다.

뛰어난 리더의 조건으로 리더적 기질, 탁월한 기술, 불타는 열정은 중요한 요소일 수 있다. 그러나 근본적으로 중요한 것은 리더의 자리에서 '어떤 영향력을 주는가?'이다. 모두가 알듯이 리더는 '자리'가 아닌 '영향력'이기 때문이다. 민족의 아픔에 함께 아파하며 스스로 리더가 되기를 자처했지만, 아직 모세는 올바른 영향력을 주는 리더는 아니었다.

모세가 저지른 살인은 정상적인 문제 해결방식이 아니었다. 그는 '메시아 콤플렉스'까지 가지고 있었다. 자신만이 히브리인들을 구원할 운명이라는 생각, 자신이 가진 모든 것은 히브리인의 자유를 위해 쓰여야 한다는 강박관념이 있었다. 모든 것을 자기가 해결하려는 생각은 완벽주의자가 되게 한다. 어떻게든 스스로 일을 처리해야 리더의 자격이 있다고 믿게 된다. 그런 생각은 결국 일처리를 위해 무리한 방법까지 불사하게 만들고,

넘지 말아야할 선을 넘게 만든다. 아무도 요구하지 않는데 스스로 자기를 세우는 리더십은 인정받지 못한다.

　공동체가 자연스럽게 리더로 인정하는 과정을 거쳐야 한다. 그 과정에서 리더의 영향력이 공동체에게 물 흐르듯 전달되어야 한다. 대화 중에 자화자찬하는 사람을 아무도 좋아하지 않듯이, 자신의 능력을 남용하고 스스로를 높이는 사람은 절대 리더로 받아들여지지 않는다. 자신의 영향력이 물 흐르듯 공동체에 스며들어야, 비로소 리더로 인정받을 수 있다. 지지와 신뢰가 바탕이 되지 않은 리더십은 모래 위에 세운 탑과 같다는 것을 명심해야 한다.

♟ 사막을 가 본 사람이 사막에서 이끌 수 있다

　　　　　모세는 정신없이 도망쳤다. 동족의 잘못을 바로 잡아주려고 했을 뿐인데, 그 동족의 악의에 찬 말에 충격을 받았다. 아직도 그의 말이 귓가에 맴돌았다.

　"누가 당신을 우리의 지도자와 재판관으로 세웠소? 어제는 이집트 사람을 때려죽이더니 이제는 나도 죽이려는 거요?"

　모세는 거절감에 상처 입고 휘청거렸다. 그토록 오랜 시간 발버둥 쳤건만 여전히 자신은 동족에게 받아들여지지 못했다. 설상가상으로 이집트 인들에게도 쫓기는 신세가 되어 더 이상 갈 곳이 없었다. 사막으로 들어가 숨어 지내는 것만이 목숨을 유지할 수 있는 유일한 길이었다. 극심한 외로움에 모세는 몸을 떨었다. 일생을 자신의 정체성 문제로 씨름해 왔건만,

이집트에도 속하지 못하고, 이스라엘에도 속하지 못했다.

사막에서 모세는 고독했고 혼란스러웠다. 뜨거운 광야에서 이집트 왕자의 장신구들은 무겁고 거추장스러웠다. 걸치고 있던 장신구와 목걸이들을 하나둘씩 버릴 때마다, 왕자의 신분도, 누구를 돕거나 고치거나 인도하겠다는 생각들도 함께 버렸다. 민족과 함께 살겠다는 꿈도 포기했다. 모래폭풍 속을 헤치며 험난한 광야를 걷다 보니 복잡한 생각들이 사라졌다. 필요한 건 한 모금의 물이었다.

고통스러운 광야를 지나온 모세는 마침내 미디안 지역의 한 우물에 도착했다. 정신없이 물을 마신 모세는 한동안 우물곁 수풀에 누워 있었다. 돌이켜 보니 광야를 걸어오는 동안 많은 것을 포기했다. 이대로 죽어도 괜찮을 것 같았다. 희미하게 양들의 울음소리가 들려왔다. 목자들이 양을 몰고 우물 곁으로 모여들고 있었다. 그들은 모세가 있다는 것을 눈치 채지 못했다. 모세는 상관없다는 듯 수풀에 누워 양과 목자들을 바라보고 있었다. 멀리서 또 다른 한 무리의 양떼가 우물로 다가오고 있었다.

미디안의 제사장 르우엘에게는 일곱 명의 딸이 있었는데, 그 딸들이 양떼에게 물을 먹이기 위해 모세가 누워 있는 우물로 다가오고 있었다. 먼저 온 목자들은 힘을 이용해 여자들을 깔보며 양떼가 우물 근처에 오지 못하도록 쫓아 버렸다. 여인들은 분했지만 방법이 없었다.

이 광경을 지켜보던 모세가 벌떡 일어났다. 그는 여전히 정의감에 불타는 사람이었다. 아무리 쫓기는 신세라고 해도 모세에게는 이집트 왕자로서의 기품이 있었고, 목자들은 모세에게 함부로 덤비지 못했다. 모세는 미디안 제사장의 딸들을 도와 양떼에게 물을 먹였다. 물을 다 먹인 딸들이 감사의 인사를 하며 아버지에게로 돌아가서 이 일을 말하자, 아버지는

"그 사람을 왜 그냥 두고 왔느냐? 빨리 그를 불러다가 음식을 대접하라"며 다그쳤다.

딸들은 즉시 모세를 찾아서 아버지에게로 데려갔다. 아버지 르우엘은 음식을 대접하며 이런저런 얘기를 나누었다. 그가 떠도는 신세이며, 자기 집에서 함께 살 용의가 있음을 확인하자 자기 딸 십보라를 모세와 결혼하게 하였다. 모세는 미디안 땅에 정착해서 가정을 이뤘고 아들을 낳았다. 40년 동안 이집트 왕자로 살았던 모세는, 미디안에서 양을 치는 목동으로 40년의 시간을 보내게 되었다.

소명

미디안 사막에서 장인의 양을 치던 모세는 양들에게 먹일 풀들을 찾다가 시내산에 이르렀다. 산 중턱의 풀밭에 양들을 풀어놓고 쉬고 있던 모세의 눈에 갑자기 양 한 마리가 산으로 올라가고 있는 것이 보였다. 무리에서 떨어져 나간 양을 찾기 위해 모세는 산을 오르기 시작했다. 모퉁이를 돌아 양이 있는 곳에 이르자, 모세의 눈에 불에 타고 있는 떨기나무 한 그루가 보였다.

마른 나무나 풀에 불이 붙는 경우는 건조하고 메마른 광야에서는 아주 흔한 일이었다. 불붙어 사라져 버릴 떨기나무를 보면서 모세는 자신의 신세가 겹쳐졌다. 양치기로 살다가 광야에서 사라져 버릴 허무한 인생이었다. 쓸쓸한 맘으로 길 잃은 양을 품에 안고 산을 내려가려던 모세는, 재가 되었을 떨기나무를 확인하고 싶었다.

그 순간 모세는 자신의 눈을 의심했다. 재가 되어 사라졌어야 할 떨기나무가 여전히 불에 타고 있었기 때문이다. 타고 있는 것이 아니었다. 불은 붙었지만, 나무는 멀쩡하게 서 있었다. 모세는 가까이 가서 이 광경을 확인하고 싶었다. 그때 나무쪽으로 다가가는 모세의 귀에 음성이 들려왔다.

"모세야, 모세야!"

깜짝 놀란 모세는 자신의 귀를 의심하며, 두려운 목소리로 얼떨결에 대답했다.

"예, 제가 여기에 있습니다."

"나는 너의 조상의 하나님, 곧 아브라함의 하나님, 이삭의 하나님, 야곱의 하나님이다. 나는 이집트에 있는 나의 백성이 고통받는 것을 똑똑히 보았고, 또 억압 때문에 괴로워서 부르짖는 소리를 들었다. 지금도 이스라엘 자손이 부르짖는 소리가 나에게 들린다. 이집트 사람들이 그들을 학대하는 것도 보인다. 이제 나는 너를 파라오에게 보내어, 나의 백성 이스라엘 자손을 저 아름답고 넓은 땅, 젖과 꿀이 흐르는 가나안 땅으로 인도하여 낼 것이다."

모세는 두려우면서도 당황했다. 젖과 꿀이 흐르는 가나안 땅은 이스라엘의 선조들이 정착했다가 기근 때문에 떠났던 땅이었다. 이스라엘 백성을 거기로 인도해가라니, 젊은 시절 다 보내고 나이 80에 그 일을 어떻게 하라는 것인가? 힘 있는 젊은 시절에 했어야 할 일이었다. 능력 있을 때, 이집트 왕자로서 지위와 권세를 가지고 있을 때 했어야 할 일이었다. 지금은 별 볼일 없는 도망자요 양치기였기 때문에, 모세는 하나님의 명령을 받아들일 수 없었다.

"내가 누군데 감히 파라오에게 가서 이스라엘 백성을 이집트에서 이끌어 냅니까?"

하나님이 대답했다.

"내가 너와 함께 있겠다. 네가 이 백성을 이집트에서 이끌어 낸 다음에, 이 산에서 나를 예배하게 될 것이다. 그것이 내가 너를 보냈다는 증거가 될 것이다."

모세가 다시 물었다.

"하나님이 나를 보내셨다는 것을 이스라엘 백성이 어떻게 믿어주겠습니까?"

그러자 하나님이 모세에게 말씀하셨다.

"네가 손에 가지고 있는 지팡이를 던져 보아라."

모세가 지팡이를 던지자, 지팡이가 뱀으로 변했다. 모세가 뱀을 피하다가 "손을 내밀어서 꼬리를 잡아라." 하는 하나님의 명령대로 꼬리를 잡자, 뱀은 다시 지팡이로 변했다. 하나님은 모세에게 손을 옷 안에 넣으라고 명했다. 모세가 그대로 하자 손이 악성 피부병에 걸려 하얗게 변했다. 다시 손을 넣으라는 명령에 모세가 그대로 하자 손이 다시 회복되어 멀쩡해졌다. 하나님이 다시 말씀하셨다.

"네가 이렇게 기적을 보여주면, 내가 너에게 나타난 것을 사람들이 믿을 것이다."

모세가 다시 하나님께 변명했다.

"저는 말을 잘하지 못하는 사람입니다. 보낼 만한 사람을 보내십시오."

그러자 하나님이 노하시며 말씀하셨다.

"네가 말하는 것을 내가 돕고 가르쳐주겠다. 게다가 너의 형 아론이 있지 않느냐? 그는 말을 잘하는 사람이다. 그가 너를 도와줄 것이다."

모세의 필사적인 저항에도 불구하고 하나님은 모세를 끝까지 밀어붙였다. 모세는 가족들에게 꺼지지 않는 불꽃에서 하나님을 만난 일과, 자신에게 내려진 사명에 대해서 설명했다. 40년 전 자신의 내면에서 불꽃처럼 타올랐던 민족을 향한 사명감이 다시금 고개를 들고 있었다.

모세의 가족들은 짐을 챙겨 이집트로 가기로 했다. 모세의 목숨을 노리던 이집트 사람들은 죽었지만, 자신을 거부한 히브리인들에 대한 상처는 모세의 트라우마로 남아 있었다. 이집트가 가까워질수록 지난 일들이 떠올라 모세를 괴롭혔다. 모세는 손에 들고 있는 지팡이를 꼭 쥐었다. 자신에게 힘을 주겠다는 하나님의 약속, 자신과 늘 함께하겠다는 약속의 지팡이였다. 지금으로서는 이것을 부여잡는 것만이 할 수 있는 전부였다.

멀리 피라미드가 보이기 시작하자, 모세는 이집트에 돌아온 것을 실감했다. 떨리는 손으로 지팡이를 움켜잡고, 다른 손으로는 아내의 손을 꼭 쥐었다. 80살의 노인이 된 모세는 자신의 고통 한가운데로 뛰어들어야 했고, 이집트에서 고통받는 이스라엘 속으로 뛰어들어야 했다. 할 수 있느냐 없느냐는 중요하지 않았다. 해야만 하는 사명이었다. 이런 저런 생각을 하는 사이, 햇빛을 등진 거대한 피라미드 그림자가 모세의 가족을 삼키고 있었다.

경험이라는 도구

헨리 나우웬은 그의 책 《상처 입은 치유자》에서 "사막에 가본 적 없는 사람이 사막에서 다른 사람을 이끌어 낼 수 있다는 생각은 리더십에 대한 잘못된 환상이다." 하고 말했다.

아무도 모세처럼 양극단의 삶을 그처럼 오래도록 경험하지는 못했다. 모세는 이집트 왕궁에서 40년 동안 배움의 과정을 거쳤다. 그 다음 40년간 모세는 척박한 환경에서 양을 돌보는 법과 살아가는 법을 배웠다. 이스라엘 백성이 이집트를 탈출해서 사막을 통과하려면 사막에 대해서 잘 아는 가이드가 필요했다. 어디가 함정이고 어디가 구덩이인지 미리 알고 있다면 빠져나올 확률이 매우 높아진다.

또한 온도, 기후, 바람, 지역적 특징, 토질, 오아시스, 거주민, 정치적 입장 등 특정 상황에 맞는 판단과 결정을 내리려면 오래된 경험과 지혜가 필요하다. 이러한 기술은 단시간에 가질 수 없다. 아무리 많은 노력과 훈련을 해도 모세처럼 40년 동안 광야를 경험한 사람보다 잘할 수는 없기에, 모세만큼 탁월한 이스라엘의 리더를 찾을 수는 없었던 것이다.

모세는 양떼를 돌보는 것이 어떤 것임을 잘 알고 있었다. 앞으로 모세가 이끌어야 할 수십 만의 이스라엘 사람들은 거절하고, 불평하고, 원망하고, 시비 걸고, 마음 끌리는 데로 제멋대로 다니는 양떼와 같았다. 400년 간 노예로 살았기에 뼛속까지 노예근성이 박혀 있었다. 그들을 이끈다는 것은 끊임없는 거절과 원망과 불평을 끌어안아야만 하는 일이었다. 모세는 80년 간의 다양한 경험을 통해 이스라엘 민족의 리더로 준비되어 있었다.

리더는 삶의 다양한 경험들을 통과해 낸 사람이다. 좋은 경험뿐 아니라 나쁜 경험들도 통과해 봤기에, 다양한 경험을 토대로 가장 효과적인 길을 찾아낼 수 있는 사람이다. 리더가 감당해야 할 일에 대한 경험이 많을수록, 공동체는 유익을 얻을 수 있게 된다.

리더의 경험은 사람들을 올바로 이끄는 도구이다. 따라서 리더는 사소해 보이는 작은 경험까지도 소중히 여기는 습관을 가져야 한다. 리더의 경험은 공동체의 경험으로 고스란히 전이되기 때문이다. 당신이 리더라면 당신의 경험을 통해서 공동체가 유익을 얻을 수 있어야 한다. 무엇을 취하고 무엇을 버려야 하는지를 명확하게 인식할 수 있는 통찰력을 제공해야 한다. 그것은 경험을 통해서만 얻을 수 있는 것들이다. 그래서 리더의 경험은 아무리 작고 사소해도 의미를 가지고 있는 것이다.

♟ 원하는 것은 명확하게 말하라

세계 4대 문명 중 하나인 이집트는 3천 년 동안 원대한 문명을 건설한 나라였다. 나일강은 이집트 문명이라는 화려한 꽃을 피워 냈고, 고대 이집트 문명의 영광스런 기념비들은 지금까지 즐비하게 세워 져 있다. 이집트 지혜의 결정판인 피라미드는 완벽한 수학적, 천문학적, 건축학적 기술로 만들어진 건축물로, 한 치의 오차도 없는 완벽한 구조를 가지고 있었다.

모세가 상대해야 하는 파라오는 바로 그런 문명을 이룩한 나라의 통치 자였다. 이집트에서 파라오는 신의 아들이자 대리자로서 절대적인 위치 에 서 있는 존재였다. 파라오는 살아 있는 신이었다. 파라오 외의 사람들 특히, 히브리 노예들은 절대적 존재 파라오를 위한 도구일 뿐이었다. 파 라오가 자신의 노동력인 히브리인들을 쉽게 내어주지 않을 것은 뻔했다. 계란으로 바위를 치는 것 같은 상황이지만, 그렇다고 모세는 물러설 수 없었다.

10번의 요구

이집트에 도착한 모세는 제일 먼저 형 아론을 만났다. 모세가 말을 잘 못했기 때문에 말 잘하는 형 아론이 필요했다. 아론은 흔쾌히 모세의 스피 커가 되기로 결정했다. 그들은 이스라엘 자손의 원로들을 불러 모았고, 원 로들은 모세와 아론의 말을 듣고 감사의 기도를 드렸다. 오랫동안 자기들 을 해방시켜줄 리더를 보내달라고 간절히 기도하고 있던 터였다. 원로들 은 이스라엘 백성들을 규합했고, 이스라엘의 지지를 얻은 모세와 아론은 파라오를 만나 담판 짓기 위해 왕궁으로 들어갔다.

파라오는 어린 시절을 함께 지냈던 모세를 보자 반갑게 맞이했다. 그는 모세가 왕궁에 거하면서 자기를 도와주길 원했다. 어려서부터 모든 면에서 자기보다 뛰어났던 모세를 곁에 두고 심복으로 삼고 싶었다. 모세도 어려서부터 함께 지내온 파라오를 보자 반가운 마음이 들었다. 파라오가 자신을 여전히 이집트의 왕자로 인정해주며 함께 이집트를 통치해가길 원하다니 뜻밖이었다. 그러나 모세는 파라오의 제안을 거절했다. 그리고 자신이 가져온 요구사항을 명확하게 전달했다.

"주 이스라엘의 하나님의 말씀입니다."

"나의 백성을 보내라! 그들이 사막에서 나의 절기를 지켜야 한다."

"그렇게 하지 않으면 무서운 질병이나 칼로 치실 것이라고 하셨습니다."

파라오는 황당했다. 오랜 만에 만난 형제 모세는 이미 예전에 알던 모세가 아니었다. 그가 돌아온 이유는 노예들을 데리고 나가기 위해서였다. 자신이 알던 모세, 자신이 기다리던 잃어버린 동생 모세가 아니었다. 파라오의 환대는 사라졌다. 노예를 석방해 달라는 말도 안 되는 요구사항을 가져온 적일 뿐이었다. 파라오는 모세와 아론을 비웃으며 말했다.

"너희들의 신이 누구인지 난 모르겠지만, 이거 하나는 안다. 오늘부터 히브리 노예들의 작업량은 더 늘어나고 더 힘들게 일을 하게 될 것이다. 일하기 싫으니까 제사를 드리러 간다고 떠드는 모양인데, 이 게을러 터진 놈들이 얼마나 버티는지 보자."

이스라엘 백성들은 가중된 노동에 시달리자 모세와 아론을 오히려 원망하기 시작했다. 모세는 상황이 어려워짐을 보며 불안한 마음이 들기 시작했다. 그가 도망쳤던 이유, 동족의 원망과 거절이 다시 그의 마음을 어지럽게 했다. 모세는 하나님께 도움을 구했다. 더 큰 능력이 필요했다. 하나님은 모세를 안심시키며 10가지의 재앙이 이집트를 덮칠 것이니 그것을 파라오에게 전하라고 명했다.

파라오가 완강하게 모세의 요구를 거절하자, 모세는 아론에게 지팡이로 나일강을 칠 것을 명령했다. 그러자 순식간에 나일강이 온통 피로 물들기 시작했다. 피비린내가 진동하는 나일강은 죽음의 강으로 변했다. 물고기가 모두 죽고 악취가 진동해 마실 수가 없었다. 나일강만이 아니었다. 운하와 연못과 호수까지 모두 피로 물들었다.

그렇게 7일이 지나도록 파라오가 아무런 움직임도 보이지 않자, 아론이 다시 지팡이로 강들과 운하, 연못을 가리켰다. 그러자 수를 셀 수 없는 개구리가 이집트 전 지역을 덮었다. 왕궁과 침실, 집과 화덕과 그릇은 물론이고 사람에게까지 개구리가 기어 다녔다. 재앙은 거기서 그치지 않았다. 이와 파리가 창궐하고 전염병으로 가축이 죽어 나갔다. 피부에 종기를 유발하는 병이 돌고, 하늘에서 우박이 떨어져 엄청난 피해를 입었다. 메뚜기 떼가 몰려와 모든 식물을 갉아먹어 버리고, 햇빛이 사라져 캄캄한 암흑이 지속되기도 했다.

파라오는 괴로운 재앙이 임하면 모세의 요구를 들어주는 척 하다가, 재앙이 끝나면 다시 자신의 결정을 뒤집었다. 모세의 요구와 파라오의 줄다리기가 반복되는 가운데, 이집트 백성들은 고통 속에 신음하고 있었다. 그러나 전에 없던 더욱 강력한 재앙의 그림자가 이집트를 향해 다가오고 있었다.

모세는 파라오에게 마지막 재앙이 임하면 제발 이집트에서 나가 달라고 자신에게 부탁하게 될 것이라고 경고했다. 그리고 '아들을 잃지 않으려면 제발 자신의 요구를 들으라'고 설득했다. 그러나 파라오는 완강하게 모세의 요구를 거부했다. "내 아들은 내가 반드시 지킬 것이다"라고 호언장

담하며 자신의 왕궁을 환하게 밝혀 놓았다. 모든 경비병을 총동원해서 왕궁을 지켰고, 특히 아직 어린 자신의 아들을 집중적으로 지키라고 명했다. 파라오 자신도 갑옷과 칼로 무장한 채 아들 곁을 지키기로 했다.

"절대 내 아들은 빼앗을 수 없을 것이다."

밤이 깊었다. 파라오는 무거워진 눈꺼풀을 이기지 못하고 고개를 떨구었다. 얼마나 시간이 지난 것일까. 깜짝 놀라서 눈을 뜬 파라오의 눈에 환하던 왕궁의 횃불들이 꺼져 있는 것이 보였다. 황급히 아들의 침상을 들여다본 파라오는 이상한 느낌이 들었다. 떨리는 마음으로 아들의 얼굴에 귀를 가까이 가져갔지만, 아들의 숨소리가 들리지 않았다.

파라오는 울부짖기 시작했다. 그런데 이게 왠일인가. 갑자기 여기저기서 울부짖는 소리가 들렸다. 이집트 안의 모든 처음 난 자식은 사람과 짐승을 가릴 것 없이 그 밤에 모두 죽었다. 이집트의 '모든 장자의 죽음'이라는 재앙으로 큰 충격을 받은 파라오는 한 밤중에 모세와 아론을 불러들였다. 횃불에 비친 파라오의 얼굴은 자식을 잃은 비탄과 슬픔으로 기괴해 보였다. 모세와 아론을 향해 파라오는 넋이 나간 얼굴로 말했다.

"너희와 너희 이스라엘 자손들은 어서 내 백성에게서 떠나라. 너희의 요구대로 가서 너희들의 신을 섬겨라. 너희가 요구한 대로 양과 소도 몰고 가라. 가서 너희들의 신에게 제발 내가 복을 받도록 빌어라."

죽음의 밤이 지나고 날이 밝자 이집트 사람들이 거리로 쏟아져 나왔다. 그들은 "이스라엘 사람들은 이집트에서 떠나라." 하고 외치기 시작했다.

"우리 모두 다 죽게 생겼다. 제발 히브리인들은 이 땅을 떠나라."

이스라엘 백성들은 떠나기에 앞서 이집트 사람들에게 은과 금, 의복 등을 요구했는데, 이집트 사람들은 이스라엘 자손의 요구대로 그들의 재산을 내어주었다. 10가지의 재앙으로 피폐해진 이집트 사람들은 은, 금 등을 아낄 처지가 아니었다.

결국 이스라엘 백성들은 이집트의 재물과 자신들의 재산, 가축과 동물들을 데리고 당당하게 이집트를 떠날 수 있게 되었다. 모세가 요구했던 모든 것은 하나도 남김없이 이뤄졌다. 이집트의 노예가 된 지 430년 만에 일어난 이 기적의 중심에는 80년간 준비된 리더 모세가 있었다.

거절이라는 정보

피터 드러커는 "조직은 자신의 목적을 '명확히' 규정하면 할수록 강해진다"라고 말했다. 이 말은 리더에게도 그대로 적용된다. 리더는 자신의 목적을 명확히 규정해야 하고, 성과를 평가하는 척도와 측정법을 명확하게 구체화할 줄 알아야 한다.

모세는 하나님이 자기를 보낼 때 자기가 갈 수 없는 이유를 명확하게 말했다. 아무도 자기를 믿어주지 않을 것이고, 자기의 말주변이 변변치 못하다는 것이 이유였다. 그러자 하나님은 지팡이를 증거로 주고, 말이 어눌한 모세를 위해 말에 능한 조력자 아론을 붙여준다. 갈 수 없는 이유를 명확하게 말했기 때문에, 명확한 대안이 제공된 것이다.

모세는 파라오에게 가서도 요구사항을 명확하게 전달했다. 파라오가 절대 들어주지 않을 것을 알았지만, 주저하거나 망설임 없이 명확하게 요구사항을 전달했다. 모세가 두리뭉실하게 요구했다면 거절도 승낙도 아닌 애매한 대답을 들었을 것이다. 그가 명확한 요구를 했기 때문에, 파라오도 명확하게 거절했던 것이다.

사람들은 자기가 원하는 것을 '직접적으로' 요구하기를 꺼린다. 두렵기 때문이다. 거절당하는 것은 누구나 두렵다. 우리는 예의 바른 사람으로 인식되기 원하고 합리적인 사람으로 비춰지길 원한다. 그러나 리더는 원하

는 것이 무엇이든 명확하고 정확하게 요구해야 한다. 요구사항을 해결해
줄 실무 책임자에게 직접적이고 명확하게 요구하는 능력은 리더가 가져
야 할 필수적인 능력이다.

'거절'은 현재 상황에 대한 정확하고 냉정한 정보이다. 따라서 리더는
자존심을 버리고 거절당할 준비를 해야 한다. 거절을 많이 당할수록 성
공확률은 올라간다. 상대의 거절은 '원하는 것을 얻기 위해 다음으로 무
엇을 해야 하는가'를 알려주는 생생한 정보이기 때문이다. 두려워하지
말고 원하는 바를 명확하게 요구하라. 당신의 요구를 직선적으로 말하라.
비록 거절당한다고 하더라도 이전보다 승낙에 한 걸음 더 가까워진 것은
분명하다.

♟ 한계를 인정하라

기적이 일어났다. 압제와 노동으로 자신들을 놓아줄 것
같지 않았던 파라오가 마침내 이스라엘 백성들을 놓아주었다. 이집트의
노예로 산 지 430년 만에 이스라엘 백성들은 마침내 해방되었다. 그들이
이집트를 나올 때 장정만 60만 명이었고, 아이들과 여자들, 노인들까지
합하면 족히 300만이 넘는 수였다. 거기에 여러 민족들도 이스라엘 백성
들과 함께 동행했다.

그들의 일차 목적지는 시내산이었고, 최종 종착지는 가나안이었다. 가
나안은 처음 아브라함이 하나님으로부터 받은 '소명의 땅'이며 '약속의
땅'이었다. 그 땅은 '젖과 꿀이 흐르는 땅'이라고 불렸다. 모든 것이 풍부

하고 넉넉하며 더 이상 노예처럼 살지 않아도 되는 땅이었다. 그러나 그 땅으로 가기 위해서는 강한 군사력을 가진 잔인한 민족 블레셋을 거쳐야 했다. 가까운 길이 있었지만 그들은 전쟁을 피해 홍해로 가는 사막길을 택했다. 그들의 앞에는 구름기둥과 불기둥이 길을 인도해주고 있었다.

사막의 길은 낮에는 뜨겁고 밤에는 영하로 떨어지는 날씨였기에, 하나님은 이들을 보호하기 위해 낮에는 구름으로 햇빛을 막아주었고, 밤에는 불로 따뜻하게 보호해주었다. 이스라엘 백성들은 구름이 떠오르면 출발할 채비를 했고, 구름이 내려앉으면 머물 준비를 하며, 느린 속도로 사막을 건너 홍해로 향하고 있었다.

급박한 상황

파라오는 아들의 장례식을 마친 후 비탄에 빠져 있었다. 히브리인들이 빠져 나간 이집트는 적막하고 공허한 느낌마저 들었다. 건설 중이던 비돔과 라암셋의 공사도 중단되었다. 파라오와 그의 신하들은 "우리가 히브리인들을 너무 쉽게 놓아주었다"는 생각에 뒤늦은 후회를 하고 있었다. 이집트가 히브리인들을 정착시켜주었고, 그동안 먹이고 입혀준 은혜를 배반하고 도망쳐 나갔다는 생각이 들자, 파라오와 신하들은 분노하기 시작했다. 이런 저런 계산을 하던 파라오가 마침내 입을 열었다.

"최정예 전차부대를 준비시켜라. 내가 직접 지휘하여 이스라엘을 추격할 것이다."

파라오는 특수 전차 600대로 편성된 정예부대와 장교들이 지휘하는 이집트 기마부대를 모두 이끌고 추격에 나섰다. 최신 기계화 부대인 특수 전차부대는 이집트 전력의 핵심이었다. 파라오는 이집트의 핵심병력을 모두 이끌고 이스라엘 백성들을 다시 잡아오기 위해 추격에 나섰다. 만에 하나 이들이 저항한다면 모두 죽일 계획이었다.

　이스라엘 백성들을 추격하는 전차부대가 홍해 앞까지 다가왔을 때, 백성들은 지축을 울리는 말발굽 소리와 전차 바퀴 소리를 들으며 두려움에 떨고 있었다. 그들은 모세에게 "이집트에 묘 자리가 없어서 우리를 이 사막에다 끌어내어 죽이려는가? 우리를 왜 이집트에서 끌어내서 이런 일을 당하게 하는가?"라며 원망을 쏟아내고 있었다. 모세가 다급한 상황 앞에서 하나님께 기도하자, 즉시 하나님의 명령이 떨어졌다.

　"지팡이를 들고 바다 위로 너의 팔을 내밀어 바다가 갈라지게 하여라. 그러면 이스라엘 자손들이 바다 한가운데로 마른 땅을 밟으며 지나갈 수 있을 것이다. 파라오와 그의 모든 군대와 전차와 기병들은 오늘 전멸당할 것이다."

　급박한 상황이었다. 모세가 서둘러 지팡이를 들고 팔을 내밀자 거짓말처럼 바다가 갈라지고 길이 생겼다. 강력한 바람이 불어 물벽이 생기며 마른 땅이 드러났다. 수 킬로미터의 넓이로 바닷길이 생겨났고, 그날 밤에 100만이 넘는 이스라엘 백성들이 홍해를 건너갔다. 곧바로 파라오의 말과 전차와 기병들도 이스라엘 백성들의 뒤를 쫓아 바다 한가운데로 들어왔다.

　모세는 이스라엘 백성들이 다 건넌 것을 확인하자 바다 위로 다시 팔을 내밀었다. 바닷물은 집체만한 파도가 되어 다시 맹렬하게 덮쳐왔다. 이집트 군사들은 되돌아오는 물결을 보며 어떻게 해서든 벗어나 보려고 발버둥 쳤다. 그러나 바닷물은 너무도 빨리 덮쳐 왔고, 이집트 병력의 핵심전력은 바다 속으로 모두 가라앉았다.

　모세를 원망하기 급급했던 이스라엘 백성들은 바닷가에서 춤추고 뛰놀며 기뻐했다. 자기들이 본 일이 믿어지지 않았다. 이 일 이후로 이스라엘 사람들은 모세를 믿고 의지했으며 모세는 그들에게 절대적인 존재가 되었다. 이스라엘 백성들은 작은 일도 모세에게 조언을 구했으며, 법적인 문제나 시비를 가려야 할 일도 모세의 판결을 듣기 위해 줄을 섰다. 그들에게 모세는 법이었고 지혜였으며 삶의 인도자였다.

쌓여 있는 문제들

이스라엘 백성들은 시내산 근처에 텐트를 치고 머물러 있었다. 모세의 텐트 앞에는 항상 사람들이 길게 줄 서 있었다. 이 사람들은 저마다의 문제들을 가지고 있었다. 해가 뜰 때부터 해가 질 때까지 모세를 찾아오는 사람들로 인해 모세의 텐트는 인산인해를 이뤘다. 중재가 필요한 사람, 물질적 손해를 입은 사람, 인간관계 문제, 결혼 문제, 가정 문제 등의 사소한 시시비비를 가리고자 사람들은 모세를 찾았다.

모세는 쌓여 있는 문제들을 해결하기 위해 아침부터 밤까지 일해야 했고, 모세의 가족들은 정상적인 가정 생활을 영위할 수가 없었다. 결국 모세는 자기의 가족들을 장인이 있는 미디안으로 돌려보냈다. 300만이 넘는 이스라엘 백성들은 이미 한 국가를 이루었다. 그러다 보니 그 안에서 발생하는 문제들을 한 사람이 감당한다는 것은 말도 되지 않는 일이었다. 하지만 모세는 그 일을 혼자서 감당하고 있었다.

이스라엘 사람들도 당연히 모세만을 절대적인 권위자요 책임자로 받아들였기에, 다른 사람에게 찾아간다는 것은 생각지도 못했다. 모세만이 하나님과 대면하여 대화를 나누는 유일한 사람이었기 때문이다.

경험 많은 연장자

어느 날 모세는 친정으로 갔던 가족과 장인이 모세를 방문하기 위해 이스라엘 사람들이 진 치고 있는 시내산으로 넘어오고 있다는 전갈을 받았다. 그는 장인과 가족을 맞이하기 위해 잠시 업무를 중단해야 했다. 모세 앞에 줄을 길게 늘어선 사람들은 모세가 일을 마치고 올 때까지 계속 기다려야만 했다. 장인과 가족을 만난 모세는 과중한 업무에서 해방되어, 가족들의 안부와 이집트를 빠져나올 때 있었던 놀라운 일들을 이야기하느라 시간 가는 줄 몰랐다.

오랜만에 가족들과 함께 먹는 음식과 대화는 업무 스트레스로 지쳐 있는 모세에게 꿀같이 달콤한 휴식을 선물해주었다. 다음 날 모세는 백성들의 문제를 해결하기 위해 자리에 다시 앉았다. 어김없이 아침부터 저녁까지 백성들의 행렬은 끊이지 않았다. 모세의 장인은 그 광경을 지켜보고 있었다. 왜 모세가 자신의 딸과 손자들을 처갓집으로 보냈는지, 왜 그가 가족과 함께 시간을 보낼 수 없을 만큼 바쁜지 알게 되었다.

모세의 장인은 경험 많은 리더였다. 그는 모세에게 부여된 하나님의 축복을 인정했고, 모세의 리더십이 탁월하다는 것도 인정했지만, 모세가 일하는 방식만은 인정할 수 없었다. 장인은 자신의 사위와 딸과 손자들이 지금처럼 사는 것은 건강하지 못하다고 판단했다. 모세에게는 지혜로운 충고가 필요했다. 모세의 장인이 입을 열었다.

"자네는 일을 왜 그렇게 비능률적으로 처리하는가?"

모세가 대답했다.

"이스라엘 백성들은 하나님의 뜻을 알려고 저를 찾아옵니다."

'하나님의 뜻'을 앞세운 모세의 대답은 자기도 어쩔 수 없다는 식의 묘한 자만심이 깔려 있었다. 하나님은 모세만 대면하여 말씀하시기에, 자기만이 이 일을 감당할 수 있다는 뜻이었다. 나만이 할 수 있는 일이라는 만족감, 자기만이 이스라엘 백성의 문제를 해결할 수 있다는 '메시아 콤플렉스'가 여전히 모세에게 남아 있었다. 슈퍼맨이 되려고 하는 모세에게 장인은 지혜로운 조언을 아끼지 않았다.

"그렇게 하는 것은 좋지 않네. 백성들 가운데 능력과 덕을 함께 갖춘 사람, 곧 하나님을 두려워하며 참되어서 거짓이 없으며, 부정직한 소득을 싫어하는 사람을 뽑아서 백성들 위에 세우고, 그들이 사건이 생길 때마다 백성들을 재판하도록 하게. 크고 중요한 사건은 모두 자네에게 가져 오게 하고, 작은 사건은 모두 그들이 스스로 재판하도록 하게. 이렇게 그들이 자네와 짐을 나누어지면, 자네의 일이 훨씬 가벼워질 걸세."

한계를 가진 존재

그동안 모세가 일하는 방식은 모세와 백성들 모두를 진 빠지게 하는 방식이었다. 모세는 위대한 리더였지만, 효율적으로 일하는 법은 알지 못했다. 그는 자신의 한계를 인정하고 리더십의 구조를 재편성하는 법을 배워야 했다. '자신만이 올바르게 통솔할 수 있다'는 생각, 모든 것을 '직접 통솔해야 한다'는 생각은 리더를 지치게 한다. 휴식과 재충전 없이 일하는 리더는 영웅적으로 보일 수는 있겠지만, 정작 당사자는 무기력에 빠지게 된다. 아무리 열심히 움직여도 인간이라면 누구나 한계를 가지고 있기 마련이다.

내 몸을 가지고 움직일 수 있는 범위와, 내 몸으로 맺을 수 있는 인간관계의 수에는 한계가 있다. 내가 쓸 수 있는 시간에도 한계가 있고, 내가 가진 에너지에도 한계가 있다. 사람은 지나치게 일하면 지치고, 제때에 먹지 않으면 배가 고프며, 갑자기 병에 걸릴 수도 있고 예기치 않은 사고로 다칠 수도 있다. 뛰어난 리더일수록 이러한 한계를 인정하고, 조직의 규모가 거대해 질수록 집중도를 분산시킨다. 자신의 한계를 인정하기 때문이다.

리더가 한계를 인정한다는 것은 무력하다거나 절망적이 된다는 뜻이 아니다. 오히려 인간의 존재론적 한계를 인정하는 것이고, 가장 중요한 일에만 집중한다는 뜻이며, 현재의 정신, 체력, 인격의 단계에 맞춰서 삶을 살아간다는 뜻이다. 리더는 자신의 한계를 인정하고, 한계를 가진 존재로서 일과 삶을 재편성할 수 있어야 한다. 모든 것을 직접 통솔하고 관여하는 리더는 자신과 공동체를 지치게 만드는 위험 요소일 뿐이다.

♟ 리더가 겪는 고통

사막을 횡단하고 있는 이스라엘 민족은 수많은 문제들에 부딪혔다. 가장 큰 문제는 '먹고 마시는 문제'였다. 사막은 물이 극도로 부족한 곳이다. 이스라엘 사람들은 목이 마를 때마다 모세를 원망했다. "왜 우리를 이집트에서 데리고 나와서 우리와 가족들과 집짐승들을 목말라 죽게 하느냐?"라며 모세에게 대들었다.

그때마다 모세는 지팡이를 들어 바위를 쳐서 물이 터지게 하고, 먹지 못하는 썩은 물을 먹을 수 있는 물로 바꾸기도 하면서, 때마다 그들의 요구를 만족시켰다. 한 번은 이스라엘 자손들이 단체로 모세와 아론을 원망하기 시작했다.

"우리가 이집트 땅 고기 가마 곁에 앉아 배불리 음식을 먹던 때가 좋았다. 왜 우리를 이 사막으로 끌고 나와서 다 굶어 죽게 만드느냐?"

끝없는 요구

얼핏 정당해 보이는 이 주장은 사실 거짓이었다. 그들은 이집트의 모진 학대와 중노동으로 비참한 삶을 살던 사람들이다. 그런 사람들을 이끌고 자유와 해방을 주었건만, 백성의 요구는 끝이 없었다. 모세가 이 일로 하나님께 기도하자 하나님은 하늘에서 음식을 내려주었고, 이스라엘 백성들은 가나안에 들어가기 전까지 편하게 음식을 구할 수 있게 되었다. 하늘을 뒤덮을 만큼의 메추라기떼를 이스라엘 진으로 날아들게 해서 원 없이 고기도 먹을 수 있게 해주었다. 그러나 백성들의 요구와 원망은 끝이 없었다. 그때마다 모세는 하나님께 엎드렸다.

백성들의 원망은 도를 지나쳐 모세의 리더십에까지 도전해왔다. 그들은 모세 몰래 새로운 리더를 뽑으려는 계획도 서슴지 않았으며, 모세의 형과 누이조차 모세의 리더십을 질투하다가 죽임을 당할 뻔했다. 모세가 십계명을 받기 위해 시내산으로 올라갔을 때는 형 아론을 중심으로 '금송아지'를 만들어 자기들의 신이라고 축제를 벌이기도 했다.

그들은 반항적이고 변덕스러웠으며, 불평 많고 감사할 줄 모르는 이기적인 집단이었다. 더 심각한 문제는 모세였다. 백성들의 원망을 잠재우고 중재할수록 모세는 점점 지쳐가고 있었다. 모세의 기도를 보면 그가 얼마나 힘들고 고통스러웠는지 알 수 있다.

"이 백성들을 제가 어떻게 해야 합니까? 그들은 지금이라도 곧 저를 돌로 쳐서 죽이려고 합니다."

"어찌하여 종을 이렇게도 괴롭게 하십니까? 어찌하여 이 모든 백성들을 저에게 짊어지우십니까?"

"이 모든 백성들을 제가 배기라도 했습니까? 제가 그들을 낳기라도 했습니까? 어찌하여 저더러 주님께서 그들의 조상에게 맹세하신 땅으로, 마치 유모가 젖먹이를 품듯이, 그들을 품에 품고 가라고 하십니까?"

"백성들은 저를 보고 울면서 '먹을 수 있는 고기를 달라!' 하고 외치는데, 이 모든 백성들에게 줄 고기를 제가 어디서 구할 수 있습니까?"

"저 혼자서는 도저히 이 모든 백성들을 짊어질 수 없습니다. 저에게는 너무 무겁습니다."

"주님께서 저에게 정말로 이렇게 하셔야 하겠다면, 그리고 제가 주님의 눈 밖에 나지 않았다면, 제발 저를 죽이셔서, 제가 이 곤경을 당하지 않게 해주십시오."

모세의 기도에는 처절한 고통 가운데 몸부림치는 리더의 마음이 고스란히 녹아 있다. 그는 고독했다. 그가 할 수 있는 일은 자신의 감정을 고스란히 기도로 쏟아 내는 일밖에 없었다.

고독의 자리

리더의 고립은 다양한 이유로 인해 불특정하게 발생한다. 정서적인 문제, 일적인 문제, 관계적인 문제 등 원인은 다양하다. 이유야 어찌 됐든 간에 리더는 고독을 피해갈 수 없다. 리더의 자리는 언제나 희생을 요구한다. 리더의 희생이 없는 성공은 존재하지 않기 때문이다. 가장 빈번한 리더의 희생은 '고독'이다. 역사에 위대한 족적을 남긴 지도자들은 하나같이 고독했으며, 일부러 고독한 시간을 만들어 내기도 했다.

리더는 바쁘게 움직일 수밖에 없는 사람이다. 행동해야 하고 책임져야 한다. 그들에게는 사색하고 정리하는 시간이 필요하다. 정리하고 질문하며 검증하고 개선해야 한다. 고독은 리더를 멈춰 서게 만든다. 스스로를 냉정하고 솔직한 시선으로 바라보게 만든다. 자신의 능력으로 할 수 없음을 인정하게 하고, 움켜쥐려 했던 손을 펴게 만든다. 고독한 환경 속에 노출되는 것을 두려워하는 사람은 리더의 자리에 오래 머물 수 없다. 리더는 그 속성상 고독할 수밖에 없기 때문이다.

리더는 고독을 두려워해서는 안 되며, 고독 속에서도 냉정함을 잃지 말아야 한다. 고독 속에서 자신의 판단을 끝까지 밀고 가는 뚝심이 있어야 하며, 감정을 통제할 줄 알아야 하고, 끓어오르는 감정을 건강하게 쏟아낼 줄도 알아야 한다. 무리를 짓지 않는 맹수처럼, 리더는 고독 속에서 자신의 감정과 상황을 다룰 줄 알아야 한다.

고통의 자리

리더가 되기로 결단한 사람은, 리더가 아니라면 마주하지 않았을 고통의 세계로 들어섰다는 것을 명심해야 한다. 리더가 서 있는 곳은 '고통의 자리'이다. 이유는 명확하다. 다른 사람들이 보지 못하는 것을 보기 때문이며, 끝까지 사람들을 인도해야 하는 책임 때문이다.

모세의 경우를 보자.

여정을 시작할 때는 열광적으로 지지하던 사람들도 시간이 지나면서 반대파로 변한다. 날씨가 살인적으로 더웠다가 다시 영하로 떨어지고, 먹을 음식과 마실 물도 쉽게 구하기 어려워진다. 전쟁의 위기는 여정 내내 따라다니고, 사람들은 '이집트에서 노예로 살던 시절이 더 안전하고 좋았다'라고 불평하기 시작한다. 급기야는 리더가 말하는 '약속의 땅'이 정말 존재하는지 의구심마저 들기 시작하고, 결국 '고통스런 사막에서 죽느니, 차라리 이집트로 돌아가서 노예로 살자'고 선동한다. 결국에는 리더를 교체하자는 주장이 대두되고, 실제로 실행에 옮기기도 한다.

모세는 이러한 과정을 모두 경험했다. 그럼에도 불구하고 그는 이스라엘 백성들을 약속의 땅 목전에까지 인도했다. 사실 모세는 약속의 땅을 밟아 보지도 못했다. 모세에게는 약속의 땅을 멀리서 바라보는 것만이 허락되었기 때문이다. 그는 약속의 땅을 성취한 리더로서, 약속의 땅이라는 비전을 꿈꾸었고 자신의 공동체를 비전의 길로 인도했다.

남은 여정은 모세가 아니라 그의 후손들이 마무리 지을 것이다. 모세는 약속의 땅을 바라보며 자신의 여정이 끝났음을 알았고, 고통을 견뎌 낸 리더의 영혼이 얼마나 자유로운가를 알게 되었다. 고통이 자신을 얼마나 성장시켰는지도 깨달았다. 리더가 고통을 견뎌야 하는 가장 중요한 이유가 여기에 있다. 오직 고통을 견뎌 낸 리더에게만 성장이라는 하늘의 선물이 주어지기 때문이며, 그것이 약속의 땅보다 더 값지고 의미 있는 리더의 보상이기 때문이다.

5

성장하는 리더

[여호수아]

여호수아

여호수아는 '구원'이라는 뜻을 가지고 있는 모세를 계승한 부관이며 후계자로, 태어날 때부터 '이집트의 노예' 신분이었다. 모세가 이스라엘을 해방시키고 국가의 근간을 만든 지도자였다면, 여호수아는 가나안 정복 전쟁을 수행한 군 사령관이었다. 여호수아는 전쟁과 협상을 상황에 따라 적용하며 가나안을 정복해 나갔던 카리스마적 리더였지만, 죽을 때까지도 가나안 정복을 완벽하게 완수하지는 못했다. 당시의 상황을 보여주는 고고학적 자료에 의하면 여호수아의 가나안 정복은 BC.13세기 후반으로 보인다.

12지파

12지파는 아브라함의 손자인 야곱의 열두 아들을 족장으로 하는 이스라엘의 열두 가문을 말하며, 이스라엘 민족은 야곱의 열두 아들을 시조로 한 12지파로 이루어진다.

여리고

여리고는 세계에서 가장 오래된 성읍으로 예루살렘 북동쪽 36km에 위치하고 있다. 여리고는 지중해 해수면보다 250m 낮다. 성벽으로 둘러싸인 이 도시는 가나안으로 들어가는 관문 역할을 했으며, 여호수아가 이끄는 이스라엘에 의해서 함락되었다.

모세는 약속의 땅을 바라본 후 120세의 나이로 생을 마감했다. 40년은 이집트 왕자로, 40년은 양치기로, 40년은 이스라엘의 위대한 영도자로 불꽃같은 생을 살았던 모세는, 홀로 산에서 죽음을 맞이했다. 모세의 죽음은 큰 충격이었다. 모세 홀로 올라가서 죽음을 맞이했기 때문에 이스라엘 백성들은 그의 무덤도 찾을 수 없었다. 다행스럽게도 모세는 여호수아를 후계자로 남겼다.

사람들의 관심은 후계자로 선정된 여호수아에게 집중되었다. 어떤 사람은 여호수아가 지도자감으로 부족하다고 평가했고, 어떤 사람은 여호수아만큼 적임자가 없다고 평가했다. 문제는 사람들의 평가가 아니었다. 여호수아 스스로가 자신을 믿지 못하는 것이 가장 큰 문제였다.

사실 여호수아만큼 적합한 사람은 없었다. 그는 모세의 심복이었으며 비서관이었다. 모세가 십계명을 받을 때, 누구도 접근하지 못했던 시내산 중턱까지 동행했던 유일한 사람이었고, 강력한 군사력을 가진 아말렉과의 전투에서는 선봉에 서서 이스라엘을 지휘했던 용맹한 전사였다. 오랫동안 모세의 일거수일투족을 지켜보면서 리더의 자리가 어떤 자리인지, 어떻게 살아야 하는지를 실제적으로 배웠고, 이스라엘 백성이 어떤 사람들인지도 잘 파악하고 있었다. 그런데 여호수아는 주저앉아 있었다. 자신에게 맡겨진 사명과 위치가 주는 두려움 때문이었다.

♟ 두려움을 두려워하지 마라

　　2차 세계대전이 막바지에 다다랐던 1945년 4월 12일, 미국인들은 극심한 충격에 사로잡혔다. 32대 대통령 루스벨트가 갑작스럽게 사망했기 때문이다. 그때 가장 큰 충격에 휩싸인 사람은 33대 대통령에 취임해야 했던 헤리 트루먼 부통령이었다. 당시 루스벨트는 신화같은 존재였다. 미국 역사상 처음으로 12년 간 3회 연속 대통령의 자리에 올랐고, 1929년부터 시작된 경제 대공황을 탁월한 정책으로 극복해냈다.

　수많은 실업자를 구제하고 미국의 국가 경제를 살려낸 루스벨트 대통령은 소아마비와 싸우면서도 늘 웃음을 잃지 않고, 독일, 일본과의 전쟁에서도 강한 결단력으로 전쟁을 이끌었던 탁월한 리더였다. 그런데 아직 끝나지 않은 세계대전 중에 루스벨트 대통령이 갑자기 사망했다. 뒤를 이어 미국을 이끌어야 했던 트루먼 부통령은 두려움에 휩싸였다. 트루먼은 당시 기자들에게 이렇게 말했다.

　"하늘의 달과 별과 모든 행성이 나에게 떨어지는 것 같습니다. 여러분, 만약 일생에 단 한 번이라도 기도하신다면 지금 나를 위해 기도해주십시오."

　여호수아의 심정이 헤리 트루먼의 심정과 같았다.

　'하나님은 모세에게 함께했던 것처럼 나와도 함께하실까?'

　'모세처럼 내가 이스라엘을 지도할 수 있을까?'

　'가나안의 강력한 원주민들과 전쟁을 할 수 있을까?'

　'높게 쌓아진 성벽들을 우리가 정복할 수 있을까?'

　여호수아는 자신의 텐트 안에서 홀로 두려움과 싸우며, 하나님의 도움을 요청하고 있었다.

두려움에도 불구하고

누구나 알지 못하는 것을 두려워한다. 알 수 없는 미래는 두려움의 대상이다. 실패에 대한 두려움, 부끄러움에 대한 두려움, 인정받지 못함에 대한 두려움, 관계에 대한 두려움, 직장에 대한 두려움, 결혼에 대한 두려움. 두려움의 대상은 두려워하는 사람의 수만큼이나 다양하다. 그렇다고 두려움 자체가 잘못된 것은 아니다. 두려움이란 외부의 위험에 대한 자연스러운 반응이기 때문이다.

그러나 두려움에 굴복하는 것은 전혀 다른 문제다. 특별히 리더에게 있어서 두려움이란 절대 굴복해서는 안 되는 대상이다. 리더가 두려움을 드러내놓는 것은 두려움에 굴복하는 행위이다. 공동체가 위기에 처하면 구성원들은 리더만을 바라보고 의지하게 된다. 위기상황에서 리더의 반응은 공동체의 결집과 와해를 결정하는 중요한 요소가 된다. 리더가 평정심을 잃어버리면 구성원들은 극심한 공포감에 사로잡히게 된다. 반면에, 리더가 무게중심을 잡고 강인한 모습을 보이면 공동체의 구성원들도 마음의 안정을 가지고 위기를 돌파해 내려는 용기를 가지게 된다.

위기상황이 왔을 때 두려움을 쉽게 드러내는 리더는, 위기가 지나간 후에 더 심각한 위기를 맞이하게 된다. 두려워하는 리더는 구성원들이 더 이상 신뢰하거나 존경하지 않으며, 이것이 리더에게 있어 가장 큰 위기가 되기 때문이다. 탁월한 리더는 두려움이 없는 사람이 아니라, 두려움을 관리할 줄 아는 사람이다.

중요한 것은 '두려움에도 불구하고'이다. 두려움을 무릅쓰고 과감하게 한 발을 내디딜 수 있는가? 하는 것이다. 아무리 변화무쌍한 지형이라도 반드시 길은 있기 마련이다. 위기상황일수록 냉정함을 유지하는 리더는 상황을 객관적으로 파악하고 분석할 수 있기에 길이 보이기 시작한다.

두려움 관리

두려워하고 있는 여호수아에게 마침내 하나님의 말씀이 임했다. 하나님은 모세에게 하던 방식 그대로 여호수아에게 나타나 말씀하셨고, 여호수아는 그로 말미암아 큰 격려를 받았다. 여호수아에게 하신 하나님의 말씀은 여호수아가 얼마나 두려움에 사로잡혀 있었는지 잘 보여준다.

"나의 종 모세가 죽었으니, 이제 너는 이스라엘 자손 곧 모든 백성과 함께 일어나, 요단강을 건너서, 내가 그들에게 주는 땅으로 가라."

"네가 사는 날 동안 아무도 너의 앞길을 가로막지 못할 것이다. 내가 모세와 함께하였던 것과 같이 너와 함께하며, 너를 떠나지 아니하며, 버리지 아니하겠다."

"오직 너는 크게 용기를 내어, 나의 종 모세가 너에게 지시한 모든 율법을 다 지키고, 오른쪽으로나 왼쪽으로 치우치지 않도록 하여라. 그러면 네가 어디를 가든지 성공할 것이다."

"이 율법 책의 말씀을 늘 읽고 밤낮으로 그것을 공부하여, 이 율법 책에 쓰인 데로, 모든 것을 성심껏 실천하여라. 그리하면 네가 가는 길이 순조로울 것이며, 네가 성공할 것이다."

"내가 너에게 굳세고 용감하라고 명하지 않았느냐! 너는 두려워하거나 낙담하지 마라. 네가 어디로 가든지, 너의 주, 나 하나님이 함께 있겠다."

두려워하지 않는 사람에게 반복적으로 '두려워 마라'고 하는 경우는 없다. 여호수아가 얼마나 두려움에 떨었던지 하나님은 "내가 너와 함께하겠다.", "아무도 너의 앞길을 가로막지 못한다.", "모세와 함께했던 것 같이 내가 너와 함께하겠다.", "너를 떠나지 않으며 버리지 않겠다.", "크게 용기를 내라.", "네가 성공할 것이다.", "두려워 마라.", "낙담하지 마라"고 반복적으로 격려했다.

슬럼프에 빠진 운동선수는 스스로 슬럼프를 극복할 수 없다. 선수가 흔들릴 땐 옆에서 중심을 잡아줄 코치가 필요하다. 그래서 훌륭한 운동선수 옆에 훌륭한 코치가 있는 것이다. 여호수아에게 필요한 것은 두려움에도 불구하고 한 발을 내디딜 수 있도록 격려할 코치였다.

아무리 뛰어난 리더라도 극심한 두려움으로 휘청거릴 땐 의지할 대상이 필요하다. 두려움에 빠진 상태에서는 객관성을 상실할 수 있으므로 상황을 객관적으로 봐줄 누군가가 필요하다. 자신을 코치해줄 존재가 있다면 위기상황에서 큰 도움을 받을 수 있다. 때로는 과감하게 도움을 요청하는 것이 두려움을 이겨 내는 강력한 방법이다.

♟ 핵심가치를 기억하라

이스라엘 백성이 노예로 사는 400년 동안 가나안 땅은 죄로 물들어 가고 있었다. 그동안 가나안 땅에 살고 있던 '가나안 족속'들은 잔인하게 주변 민족들을 학살했고, 우상에게 인신제사를 드리는가 하면, 동성애 등 성적인 타락이 극에 달해 있었다.

하나님은 그들의 죄가 너무도 잔인하고 완악하여 가나안 족속을 진멸

하기로 하셨고, 이스라엘 백성이 그 땅을 차지하도록 하셨다. 그것은 이스라엘의 조상 아브라함 때부터 예언되어 지금까지 내려온 것이었다. 여호수아는 모세를 통해 전달된 하나님의 명령을 되새겼다.

"내가 너희 땅 경계를 홍해에서 블레셋 바다까지, 광야에서 유프라테스 강까지로 정하고, 그 땅에 사는 사람들을 너희 손에 넘겨줄 터이니, 너희가 그들을 쫓아 내어라. 너희는 그들과 언약을 맺지 마라. 그들의 신들과도 언약을 맺지 마라. 너희는 그들을 너희 땅에서 살지 못하게 하여라. 그렇게 하지 않으면, 그들이 너희를 유혹하여 나에게 죄를 짓게 할까 봐 염려가 된다."

여호수아는 깊은 생각에 잠겼다. 아브라함부터 내려온 명령이 자신을 통해 실행된다는 것이 실감 나지 않았다. 목숨을 걸어야 하는 일 앞에 서자, 모세가 떠올랐다.

'모세도 처음에는 나와 같았을까?'

'모세도 자신을 믿지 못했을까?'

'그가 있었다면 나에게 뭐라고 조언해 줄까?'

40년 간 함께했던 모세가 없다는 것이 여호수아를 서글프게 했다. 금방이라도 모세가 들어와 자신을 격려하며 "자네는 할 수 있네." 하며 어깨를 다독여줄 것만 같았다. 여호수아는 세차게 머리를 흔들었다.

'약해져서는 안 된다. 수백 만의 백성이 나를 기다리고 있다. 가나안 전쟁을 시작하려면 그들에게 힘과 용기를 주어야 한다.'

여호수아가 텐트 밖으로 나왔다. 백성들의 얼굴에 긴장이 흘렀다. 잠시후 여호수아는 백성의 지도자들을 불러들여 명령을 내렸다.

"양식을 예비하고, 이스라엘 백성들에게 지금부터 사흘 안에 우리가 이 요단강을 건너, 주 우리 하나님이 우리에게 주셔서 우리가 소유하게 될 땅으로 들어가, 그 땅을 차지할 것이라고 말씀하시오."

이스라엘 백성의 지도자들은 결연한 눈빛으로 여호수아의 명령을 하달했다. 일사분란한 움직임으로 전령들이 각 지파로 흩어졌다. 긴장감이 감돌기 시작했다. 그 후에 여호수아는 르우벤 지파와, 갓 지파와, 므낫세 반쪽 지파를 불러들였다. 전쟁을 시작하기 전에 확인해야 할 것이 있었다. 바로 이스라엘의 지파 중 두 지파 반에 관한 일이었다.

안주를 넘어

이스라엘에는 12개의 지파가 있었다. 야곱이 아내들과 여종들을 통해서 낳은 아들 12명은 이집트에 정착한 후 수많은 후손들을 낳았고, 각 지파의 조상들이 되었다. 모세는 이 12지파들에게 가나안 땅을 정복한 후 땅을 공평히 나누도록 명령해 두었다. 문제는 르우벤 지파와, 갓 지파와, 므낫세 반쪽 지파였다. 이 지파들은 전쟁이 있을 때마다 선봉에 서는 지파들이었다. 늘 전쟁의 선봉에서 싸웠기 때문에 전리품으로 얻은 가축들과 짐승들 대부분을 이들이 차지했다.

획득한 가축과 짐승들이 많아지자 이 지파들은 가나안으로 들어가지 않고 요단강 동편에 정착하겠다고 떼를 썼다. 가나안 땅의 입구인 요단 동편은 비옥한 목초지가 풍성한 땅이었다. 전리품인 짐승들과 가축들로 부유해진 지파들에게 그보다 좋은 땅은 없었다. 모세는 이 지파들에게 "당신들의 동족 이스라엘은 전쟁하러 나가는데, 당신들만은 여기에 머물러 살겠다는 말이오? 어찌하여 당신들은 동족의 사기를 꺾으시오?"라며 호통을 쳤다.

그러나 그들은 막무가내였다. 그들의 요구가 계속되자 모세는 허락할 수밖에 없었다. 대신에 모세는 요단강을 건넌 후 전쟁이 시작되면 "너희들이 반드시 앞장서야 한다"라는 조건을 내걸었다. 여호수아는 가나안 전쟁이 시작되기 전에 모세와의 약속을 잊지 말 것과, 그들이 전쟁의 선봉에 설 것을 다시 한 번 확인해야 했다.

"당신들의 아내들과 어린 아이들과 집짐승들은, 모세가 당신들에게 준 요단강 동쪽 땅에 머물러 있게 하십시오. 그러나 당신들의 모든 용사들은 무장을 하고, 당신들의 동족들보다 앞서 건너가서, 그들을 도와주십시오. 당신들과 마찬가지로 당신들 동족들도 하나님이 마련해주신 땅을 차지할 때까지 그들을 도우십시오. 그런 다음에 당신들은 당신들의 소유지, 곧 주님의 종 모세가 당신들에게 준 요단강 동쪽 해 돋는 땅으로 돌아가서, 그곳을 차지하도록 하십시오."

경계를 넘어

여호수아가 세 지파의 지도자들을 불러들여 모세와의 약속을 다시 한 번 상기시킨 이유는 그들이 경계선에 머물러 있었기 때문이다. 가나안 전쟁의 시작은 요단강을 건너서부터 시작이다. 그런데 부유해진 세 지파는 요단강을 건너 전쟁이 시작되기도 전에 비옥한 동편 땅을 보금자리 삼아 정착해버렸다. 본격적인 전쟁을 하기도 전에 부유해졌고, 요단 동편의 기름지고 비옥한 목초지를 만나자 욕심이 생겼다. 그들은 방만해지고 안락해졌다.

여호수아는 그들이 머물고 있는 곳이 이스라엘의 목표지점이 아님을 다시 한 번 상기시켜야 했다. 경계선에 머물러서 안주하고 있는 세 지파에게 가야 할 정확한 목표를 다시 한 번 제시한 것이다. 안정적인 자리에 정착하게 되면 경계선을 넘기가 싫어지기 마련이다. 이때 공동체에게 위기가 다가온다. 예상치 않게 만난 좋은 일들이 본질적인 목표를 사라지게 만드는 것이다.

'전쟁을 하지 않아도 괜찮지 않을까?'

'요단강 동편 땅이 넓고 비옥한데, 우리도 요단강 동편 땅에 정착하는 것은 어떨까?'

이처럼 모험을 감수하지 않으려는 사람들이 생겨나면 공동체의 분위기는 급격하게 와해된다. 땅을 받지 못한 나머지 지파들도 영향을 받고, 경계선을 넘지 않으려는 분위기가 순식간에 퍼지기 시작했다.

이때 리더는 선을 넘지 않으려는 사람들을 경계선 너머까지 이끌고 가야 한다. 알을 깨고 나가지 않으면 새가 될 수 없고, 번데기에서 탈출하지 않으면 나비가 될 수 없다. 안전지대는 안전하고 안락하지만, 더 높은 차원의 목표를 이루려면 경계선을 넘어야 한다. 이를 위해 리더는 공동체의 정확한 목표를 다시 한 번 주지시켜야 한다. 정확한 목표는 현재의 상태를 객관적으로 보게 하고, 해야 할 것과 버려야 할 것을 알려주기 때문이다.

또한 리더는 목표를 위한 발판으로 안전지대를 활용할 수 있어야 한다. 안전지대는 거점으로 활용할 수 있는 매우 유용한 발판이다. 발판이 생겨야 더 넓은 지역으로 전진해 갈 수 있고, 이 전략을 반복하면 전체를 점령할 수 있게 된다. 구성원들이 안전지대의 안락함 속에 안주하려 할 때, 안전지대를 발판 삼아 더 넓은 지역으로 나아가도록 도전하는 것이 리더의 역할이다.

시간을 넘어

여호수아는 모세의 리더십을 그대로 승계했으며, 자신의 리더십을 모세의 리더십과 자연스럽게 연결할 줄 아는 리더였다. 요단강 동편 지파들을 움직인 것은 현재의 리더십이 아니라 '과거의 리더십'이었다.

여호수아는 자신의 생각으로 동편 지파의 도움을 이끌어 내지 않았다. 대신에 그는 모세의 약속 앞으로 그들을 데리고 갔다. 과거의 영웅 모세는 이스라엘 백성이 같은 목표, 같은 방향으로 움직이기를 원했다. 그것이 이스라엘의 문화였고 가치이며, 의식이었다. 역사는 현재의 나침반이고 지도다. 어디서 출발해서 어디를 향해 가고 있는지, 현재의 위치가 어디쯤인지 알 수 있게 해준다.

자신이 새로운 역사를 쓸 위대한 영웅이라고 착각하는 리더들은 과거의 역사를 무시하는 경향이 있다. 어리석은 리더는 과거에 활약했던 뛰어난 구성원의 말을 무시하고 독불장군처럼 자신의 생각을 강요하려고 한다. 그러나 현명한 리더는 과거에 귀를 기울인다. 자신의 리더십을 역사와 연결하고, 그를 통해 자연스럽게 권위를 획득한다.

여호수아는 과거의 영웅 모세와 단절되지 않았고, 그의 정체성을 고스란히 이양했으며, 그것이 여호수아 리더십에 권위를 부여했다. 요단 동편 지파들은 충성을 맹세할 뿐만 아니라, 그의 명령에 불복종하는 자들은 가만히 두지 않겠다고 대답했다.

"지금 우리에게 명령하신 것은 무엇이든지 다 하고, 어디로 보내시든지 그리로 가겠습니다. 우리는 모두 모세에게 복종하였던 것과 같이 모세의 뒤를 이어 우리의 지도자가 되신 분께도 복종하겠습니다. 오직 주 하나님이 모세와 함께 계셨던 것과 같이, 여호수아 어른과도 함께 계시기만 바랍니다. 여호수아 어른의 명령을 거역하고, 지시하는 말에 복종하지 않는 사람은 누구든지 모두 죽임을 당할 것입니다. 여호수아 어른께서는 오직 굳세고 용감하시기를 바랍니다."

♟ 리더의 어깨는 무겁다

3일 후에 진군한다는 여호수아의 명령에 이스라엘 백성들은 분주하게 움직이기 시작했다. 40년 동안 하늘에서 양식으로 내리던 만나가 그쳤기 때문에, 백성들은 양식을 스스로 준비해야 했다. 전쟁과 양식 준비를 하는 이스라엘 백성들은 모두 이집트에서 탈출해서 광야 생활을 했던 '광야 1세대'의 후손인 '광야 2세대'들이었다. 이들 중 '광야 1세대'는 여호수아와 갈렙만이 남아 있었다. 그 많았던 광야 1세대의 사람들 중 여호수아와 갈렙, 이 두 사람만 가나안 땅에 들어가게 된 데는 그럴만한 이유가 있었다.

지금으로부터 40년 전, 모세가 가나안 땅을 정복하기 전에 미리 그 땅을 정탐하려고 보냈던 12명의 정탐꾼들이 있었다. 12명의 정탐꾼들은 가나안 땅을 40일 동안 정탐하고 돌아왔고, 12명의 정탐꾼들 중 여호수아와 갈렙을 제외한 10명의 정탐꾼들은 절대로 가나안 족속을 이길 수 없다는 부정적인 답변을 내놓았다. 거기서 거인족의 후손들을 보았기 때문이다. 거인족은 보통 사람의 두 배 크기와 덩치를 가진 족속들이다. 그들은 강했고, 그들이 사는 성읍은 하늘에 닿을 듯 견고하고 거대한 요새였다. 그것을 본 정탐꾼들은 자기들의 힘으로는 절대 이길 수 없다고, 그들에 비하면 이스라엘은 '메뚜기'같다는 부정적인 소문을 퍼뜨렸다. 그러나 여호수아와 갈렙만은 다른 의견을 내놓았다.

"올라갑시다. 올라가서 그 땅을 점령합시다. 우리는 반드시 그 땅을 점령할 수 있습니다."

여호수아와 갈렙의 말에도 불구하고 이스라엘 백성들은 부정적인 소문에 선동되었다. 군중들의 원망과 불평이 시작되더니 급기야 밤새도록 통곡이 이어졌다. 그들은 모세와 아론을 원망하기 시작했다.

"차라리 우리가 이집트에서 죽었더라면 더 좋았을 것이다. 아니면 차라리 우리가 이 광야에서라도 죽었더라면 더 좋았을 것이다. 그런데 주님은 왜 우리를 이 땅으로 끌고 와서, 칼에 맞아 죽게 하는가? 왜 우리의 아내들과 자식들을 사로잡히게 하는가? 차라리 이집트로 돌아가는 것이 좋겠다! 다른 리더를 세우자. 그리고 이집트로 돌아가자."

여호수아와 갈렙은 안타까운 마음으로 백성들을 설득하려 했으나 백성들은 그들을 죽이기 위해 돌을 집어 들고 있었다. 그때 하나님의 영광을 나타내는 구름이 나타나지 않았다면 모세와 아론, 여호수아와 갈렙은 돌에 맞아 죽었을 것이다. 그들은 하나님의 노여움을 샀고, 결국 징계가 내려졌다.

"이 악한 세대의 사람들 가운데는, 내가 너희의 조상에게 주기로 맹세한 좋은 땅을 볼 사람이 하나도 없을 것이다. 갈렙은 그 땅을 볼 것이다. 그가 정성을 다 기울여 나를 따랐으므로, 나는 그와 그 자손들에게 그가 밟은 땅을 주겠다. 너의 보좌관 여호수아도 그리로 들어갈 것이다. 그는 이스라엘을 그 땅으로 인도하여 그 땅을 유산으로 차지하게 할 사람이니, 너는 그에게 용기를 불어넣어주어라."

하나님은 부정적인 보고를 한 10명과 그들에게 동조한 광야 1세대는 가나안 땅에 들어가지 못한다고 판결했다. 덕분에 '광야 2세대'는 '광야 1세대'들의 불신과 원망 때문에 15일이면 갈 수 있는 길을, 40년 동안 방황해야 했다. 그리고 다음 세대의 리더인 여호수아와 갈렙도 다시 시작된 40년 동안의 사막 생활을 고스란히 견뎌 내야 했다.

공동체 속의 리더

리더가 아무리 뛰어나도 공동체와 동떨어지면 리더가 되지 못한다. 여호수아와 갈렙은 사람들 속에 있어야 했고, 40년 간의 사막 생활을 고스란히 살아 나가야 했다. 리더는 '사람들 속에' 있어야 한다. '사람들 속에서' 리더가 먼저 솔선하는 것이 리더십이다. 리더 앞에는 해결되지 않은 도전과제가 언제나 놓여 있다. 이 과제를 공동체가 함께 돌파하여 비전을 이루기 위해서는 살아 있고 생동감 넘치는 동기부여가 이루어져야 한다.

동기부여는 그럴듯한 구호나 비전 선언문을 읽는다고 해서 생기지 않는다. 오히려 리더가 먼저 헌신할 때 가장 강력한 동기부여가 일어난다. 비전만 제시하고 일하지 않는 리더가 공동체의 발전을 저해하는 가장 큰 원인이다. 리더의 자리는 일이 면제되는 자리가 아니다. 오히려 더 열심히 움직여야 하고 솔선수범해야 한다.

위대한 리더들은 전쟁터에서도 자기의 목숨을 아끼지 않는다. 알렉산더가 광활한 영토를 지배할 수 있었던 것은 목숨이 위태로운 상황에서도 솔선수범하며 병사들을 가족처럼 아꼈기 때문이다. 그는 병사들과 함께 소박한 식단을 즐겼고, 그들과 함께 먹고 마셨다. 자기 혼자 따뜻한 곳에 있지 않고, 추운 곳에서 병사들과 함께 잠을 청했다. 전장의 선봉에 서서 병사들을 지휘했고, 상처 입은 병사들의 치료를 최우선으로 여겼다. 자신이 입은 상처는 병사들이 치료를 다 받은 후에 마지막으로 치료했다.

알렉산더는 다른 어떤 것보다 병사들을 가장 귀하게 여겼고, 그들을 위해 자신을 포기했다. 싸우지 않는 리더는 싸움을 요구할 수 없고, 헌신하지 않는 리더는 헌신을 요구할 수 없다. 아무리 내용이 옳아도 리더가 솔선하지 않으면 사람들은 절대 움직이지 않는 법이다.

리더의 솔선수범

여호수아와 갈렙은 하나님의 약속을 믿은 유일한 사람들이었다. 그들에게만 가나안 땅에 들어가는 것이 허락되었다. 그렇다고 해서 그들에게 40년 간의 징계가 면제되지는 않았다. 그들이 이스라엘 백성의 새로운 리더십이었기 때문이다.

훗날 가나안 땅에서 전쟁을 수행할 때도, 여호수아는 군사들과 함께 자고 먹고 생활했다. 군사들을 매복시킬 때도 매복한 군사들과 함께 거하고, 그들 가운데서 잠을 청했다. 때로는 여호수아 혼자 위험을 무릅쓰고 골짜기 사이로 돌아다니기도 했다. 그는 명령만 내리는 리더가 아니라, 솔선하여 움직이는 리더였다. 리더는 솔선해야 하고, 위험하고 어려운 전쟁일수록 선봉에 서야 한다.

2012년에 타계한 미 육군의 노먼 슈워츠코프 장군은 대령 시절에 베트남에 파견된 적이 있었다. 그의 부대는 30년 간 전쟁이 치러진 곳에 배치되었는데, 그곳은 지뢰와 부비트랩으로 덮인 지역이었다. 1970년 5월 28일에 한 병사가 지뢰에 부상을 당했다는 소식에 슈워츠코프는 현장으로 달려갔다. 전용 헬기로 병사를 후송하는 동안 또 다른 병사가 지뢰에 의해 심한 부상을 당하고 쓰러져 울부짖고 있었다. 자신들이 지뢰밭 한가운데 있다는 것을 뒤늦게 깨달은 나머지 병사들은 꼼짝도 하지 못하고 서 있었다. 슈워츠코프는 그의 자서전 《영웅은 필요없다It Doesn't Take a Hero》에서 다음과 같이 회상했다.

'나는 지뢰밭을 통과하기 시작했다. 미심쩍은 둔덕이나 가닥이 있지 않은지 땅을 찬찬히 살펴보며 한 번에 한 걸음씩 천천히 발을 뗐다. 그 사병에게 가기까지 천 년은 걸린 것 같다.'

그가 병사에게 다가갈 때 20미터 거리에서 또 다른 지뢰가 터졌다. 이때 슈워츠코프도 부상을 입었다. 겨우 병사에게 도착한 슈워츠코프 대령은 뒹굴고 있는 부상병을 붙잡고 진정시켰다. 그가 움직이다가 다른 지뢰를 건드릴 수 있었기 때문이다. 그 덕분에 부상병은 목숨을 건질 수 있었다. 마침내 도착한 공병팀의 도움으로 그들은 지뢰밭을 가까스로 빠져나왔다. 이 사건 이후로 노먼 슈워츠코프 대령은 전설적인 인물이 되었다. 그의 휘하에 있는 모든 장병들이 자신의 상관을 자랑스럽게 여기고 그의 리더십에 충성을 다했다. 슈워츠코프 대령은 죽기 전에 다음과 같은 말을 남겼다.

"분명한 사실은, 어떤 상황에서 어떻게 해야 옳은지를 당신은 잘 알고 있다는 것이다. 그러나 그것을 행하는 것은 어렵다."

리더가 사람들 앞에서 권위를 획득하는 길은 직위가 아니라 솔선수범과 희생에 있다. 공동체는 '자신들이 열심히 하는 만큼 리더도 열심히 하는지', '자기들에게 희생을 요구하는 리더가 얼마만큼 희생하고 있는지' 항상 시험한다. 이 시험을 통과하지 못한 리더는 절대 공동체의 지지를 얻을 수 없다.

♟ 실제적인 전략을 세워라

여호수아는 요단강을 사이에 두고 여리고 성을 바라보고 있었다. 가나안 땅으로 들어가는 관문, 주변은 온통 황량한데 여리고 만은 녹색 카펫이 깔린 듯 녹음이 우거져 있었다. 이 비옥한 땅은 토질이 기름지고 물이 풍부해서 대추야자나 오렌지와 바나나같은 과일이 풍성했다. 젖과 꿀이 흐르는 땅의 전형적인 모습이 여리고였다.

문제는 여리고를 둘러싸고 있는 성이었다. 도시를 감싸고 있는 성은 외벽과 내벽의 이중구조였고, 외벽의 높이가 5m, 내벽의 높이가 14m였다. 그야말로 난공불락, 저 성을 함락하기 위해 정면으로 달려든다면 호랑이 굴로 들어가는 것과 같았다. 성벽에 닿기도 전에 활과 창이 날아들 것이 뻔했다. 허술한 부분이나 무너진 곳을 찾아내지 않는 한 이곳을 함락하기는 불가능해 보였다.

곰곰이 생각하던 여호수아는 정탐꾼을 보내기로 했다. 싸워 이기려면 현재의 상태를 알아야 했기 때문에, 여리고성 뿐만 아니라 주변 가나안 땅의 정보도 필요했다. 여호수아는 은밀하게 두 명의 정탐꾼을 선출했다. 가장 믿음직스럽고 기민한 두 사람을 여리고성으로 보내면서 그는 당부했다.

"가서, 몰래 그 땅을 정탐해라. 특히 여리고 성을 잘 살펴라."

여리고는 가나안의 관문으로 외지 사람들의 출입이 잦았기 때문에 정탐꾼들은 과감하게 성벽 위 술집으로 들어갔고 거기서 라합이라는 창녀를 만났다. 당시 여리고 왕은 이스라엘 백성들의 접근으로 인해 긴장하고 있었고, 수상한 사람이 보이면 누구든지 신고하도록 명령했다. 경계령이 떨어진 여리고에서 두 명의 외지인은 금방 눈에 띄었다. 그들에 관한 소식은 즉각 보고되었고, 라합이 운영하는 술집을 경비병들이 둘러싸더니, 이내 거칠게 술집 곳곳을 수색하기 시작했다.

"오늘 너의 집에 온 외지인들을 당장 데리고 와라. 그들은 우리를 정탐하러 온 자들이다."

라합이 대답했다.

"그 사람들이 저에게 오기는 했지만, 어디서 왔는지 저는 잘 몰라요. 그리고 날이 어두워져서 성문을 닫을 때쯤 떠났는데, 어디로 갔는지도 모르겠어요. 빨리 사람을 풀어서 뒤쫓게 하시면, 따라잡을 수 있을 거예요."

미심쩍은 표정으로 라합을 바라보던 경비병들은 요단강을 따라서 나루터까지 수색해 올라갔다. 여리고의 성문은 굳게 닫혔다. 주변이 조용해지자 라합은 지붕 위로 올라갔다. 경비병들이 들이닥치기 바로 전에 라합은 정탐꾼들을 옥상에 숨겨 놓았다. 왜 그녀가 그들을 숨겨줬는지, 그리고 지금 여리고 사람들의 상태가 어떤지 라합은 정탐꾼들에게 설명하기 시작했다.

"나는 하나님이 이 땅을 당신들에게 주신 것을 알고 있습니다. 우리는 당신들 때문에 공포에 사로잡혀 있고, 이 땅의 주민들은 모두 하나같이 당신들 때문에 간담이 서늘해졌습니다. 당신들이 이집트에서 나올 때, 홍해의 물이 어떻게 말랐는지 우리가 듣고 정신을 잃을 정도였습니다. 내가 당신들을 숨겨줬으니 당신들도 우리 집안에 은혜를 베풀어주시기 바랍니다. 나와 우리 부모와 형제자매들과 그들의 모든 식구들을 살려주신다는 확실한 징표를 주시기 바랍니다."

정탐꾼들은 라합과 그녀의 가족들을 살려주겠다는 징표로 붉은 줄을 주었다. 붉은 줄이 창가에 매달려 있는 집은 아무도 죽지 않을 것임을 약속했다. 라합은 성벽 위에 있는 자신의 집 창문으로 밧줄을 내려 정탐꾼들의 탈출을 도왔다. 강가를 따라가면 경비병과 마주치게 되니 산길로 가라는 것과, 산에서 사흘 동안 숨어 있다가 돌아가면 안전할 것이라는 말도 잊지 않았다. 그들의 그림자가 산 쪽으로 사라지자 라합은 들고 있던 붉은 줄을 창문에 매달았다.

정탐꾼들은 3일 동안 산에서 숨어 있다가 다시 내려와 강을 건넜다. 그리고 그들이 보고 듣고 겪은 모든 정보를 여호수아에게 보고했다. 보고의 핵심은 "그 땅의 모든 주민들이 우리를 무서워하고 있다"라는 것이었다.

정보관리 능력

'그 땅의 모든 주민이 두려워하고 있다'는 말은 여호수아에게 힘을 더해주는 정보였다. 자신이 두려워하고 있는 것보다, 여리고 성의 모든 거민들이 훨씬 더 두려워하고 있음을 여호수아는 정보를 통해서 깨달았다. 리더가 목표를 이루기 위해서는 먼저 전략을 수립해야 한다. 전략 없이 전쟁에 나가서 싸우는 장수는 싸움에서 질 확률이 높다. 전략을 수립하기 위해서는 실제적인 정보가 필요하다. 실제적인 정보 없이 세우는 전략은 비현실적인 전략이 될 확률이 높기 때문이다.

현대사회는 네트워크와 스마트폰 기술의 발전으로 인해 누구나 정보를 가질 수 있는 시대이다. 따라서 쏟아지는 정보들 중 어느 것을 취하고 어느 것을 버려야 하는지를 냉정하게 분석할 줄 알아야 한다. 이를 위해서는 평소에 꾸준하게 정보분석 능력을 키워야 한다.

윈스턴 처칠은 아침식사 때마다 아홉 개의 신문을 읽었다. 비서진이 간추린 정보를 읽지 않고 스스로 읽고 선별하여 정보를 간추렸다. 나폴레옹은 전쟁 중에도 책을 놓지 않는 왕성한 독서가였다. '그가 정복한 땅보다 읽은 책의 영역이 더 넓었다'고 말할 만큼 나폴레옹은 왕성한 독서가였다. 미국의 33대 대통령 트루먼은 가난한 어린 시절, 마을 도서관의 책을 거의 다 읽다시피 했다. 수학자요 물리학자였던 파스칼은 잠을 못잘 만큼의 치통과 두통, 위와 기관지에 생긴 질병과 뇌의 장애에도 불구하고 독서에 몰두했다.

수많은 리더들은 정보분석 능력을 키웠다. 정보를 수집하고 재편집하여 전략을 수립할 때 리더십은 빛을 발한다. 정보의 우선순위를 결정하고 공동체의 특별한 상황에 맞추어 해석하는 능력은 리더의 필수 능력이다. 이러한 과정을 거친 리더의 결정에 공동체의 역량이 투입되면 좋은 결과를 얻을 수 있다. 문제는 전략을 수립하기 위해서 정보를 재편집할 지적 능력이 리더에게 준비되어 있는가? 하는 것이다.

창조적 모방

처음부터 뛰어난 대가는 없다. 누구나 처음에는 스승이 필요하다. 그런 의미에서 모방은 좋은 스승이 될 수 있다. 그러나 맹목적인 모방은 오히려 독이 된다. 상황은 유기적으로 변하기 때문이다. 여호수아는 스파이를 보내 정탐하는 모세의 방법을 모방하긴 했으나, 단순하게 복제만 한 것은 아니었다. 그는 모세의 방법에서 문제가 되었던 요소들을 제거하고 창조적으로 모방했다.

그는 모세처럼 12지파에서 공개적으로 정탐꾼을 선발하지 않았다. 은밀하게 두 명의 정탐꾼만을 선발했고, 백성들 모르게 적진에 침투시켰다. 모세가 12명의 정탐꾼을 보냈을 때, 무엇이 문제였는지, 왜 실패했는지 여호수아는 잘 알고 있었다. 공개적인 스파이 작전 때문에 이스라엘의 여론이 들끓었고 결국 모두가 선동되어 40년 간 사막을 떠돌지 않았던가?

여호수아는 그때의 일을 반면교사 삼았다. 순수하게 자신의 힘만으로 새로운 것을 창조하는 사람은 없다. 우리는 과거의 지혜에 연결되어 있다. 그것을 밟고 일어서기 때문에 더 멀리 볼 수 있는 것이다. 존 솔즈베리는 이렇게 말했다.

"우리는 거인들의 어깨 위에 있는 난쟁이들과 같다. 그래서 거인보다 더 많이, 그리고 더 멀리 있는 사물을 볼 수 있다. 하지만 이는 우리가 시력이 좋기 때문도 아니고, 우리 신체가 뛰어나기 때문도 아니다. 거인의 거대한 몸집이 우리를 들어 올려 높은 위치에 올려 놓았기 때문이다."

♟ 핵심가치로 돌아가라

가나안 땅에는 수많은 부족국가가 있었다. 부족국가들은 자신들만의 왕을 가지고 있었기 때문에 성읍들 간의 결속력이 약했다. 여호수아를 선두로 한 이스라엘은 가나안 땅의 관문인 여리고 성을 함락시킨 후부터, 그 땅의 나머지 성읍들을 대상으로 정복전쟁을 시작했다.

여호수아는 언제나 선봉에 서서 전장을 누비는 리더였다. 그의 용맹함과 강한 지도력을 중심으로 이스라엘은 가나안 땅을 점령해 나갔다. 예기치 못한 패배와 경험 부족으로 인한 실수도 있었지만, 그들은 결국 승리했다. 하나님이 처음 아브라함에게 했던 약속이 여호수아 때에 이루어졌다.

여호수아에게 남은 일은 백성들에게 땅을 골고루 분배하는 일이었다. 아직 정복하지 못한 일부 지역이 있었지만, 그 지역은 그 지역을 분배받은 지파의 사명으로 남겨주었다. 평화와 안식이 찾아온 가나안 땅에서 여호수아는 회한에 젖었다.

이집트의 노예로 태어나 비참한 삶을 살다가, 모세라는 걸출한 리더의 수종이 되는 영광을 누렸고, 모세의 죽음 후에 그 뒤를 잇는 리더가 되어, 전장을 누비는 용사로서 남은 일생을 불태웠다. 여호수아의 머리와 수염은 어느새 백발이 돼 있었다. 더 이상의 전쟁은 무의미했다. 상비군을 유지해야 할 이유도, 자신들의 경계선을 넘어가서 더 많은 땅을 정복해야 할 명령도 없었다. 이제 각자의 땅으로 들어가 평화롭게 살 일만 남았다.

그는 군대를 해산하기 위해 요단강 동쪽 지파인 르우벤, 갓, 므낫세 반쪽 지파 사람들을 불렀다. 전쟁의 선봉 역할을 감당한 동쪽 지파들도 자기들의 지역으로 돌아갈 때가 되었다. 늙은 여호수아는 강을 사이에 두고 넘어가서 살 지파들이 이스라엘과 분리되지 않을까 염려가 되어 당부의 말을 남겼다.

"당신들은 모세가 명령한 것을 모두 지켰고, 나에게도 순종하여 내가 명한 모든 것을 지켰습니다. 이제는 모세가 요단강 동쪽에서 당신들에게 준, 당신들의 소유의 땅으로 돌아가도 좋습니다. 다만, 모세가 당신들에게 명령한 계명과 율법을 꼭 지키십시오."

여호수아와 이스라엘 백성들은 그들을 축복하며 환송했다. 그들은 막강한 전투력으로 전투의 선봉에서 싸웠기 때문에 많은 전리품들을 가지고 자기들의 소유지로 돌아갔다. 맡겨진 사명을 끝낸 여호수아는 자신의 죽을 날이 가까움을 알았다. 그는 온 이스라엘의 장로들과 우두머리들과 재판장들과 관리들을 불러들여서 고별인사를 남겼다.

"나는 나이가 많이 들었고, 이렇게 늙었습니다. 당신들은 하나님이 당신들의 편이 되시어 어떻게 싸우셨는지 다 봤습니다. 나는 요단강으로부터 지중해까지, 아직 남아 있는 모든 나라와 이미 정복한 모든 나라를 당신들의 유산으로 나누어주었습니다. 하나님이 당신들 앞에서 남아 있는 자들까지 모두 쫓아내실 것입니다. 그때에 당신들은 하나님이 약속하신 그 땅을 소유하게 될 것입니다."

이야기를 사용하라

여호수아는 모든 백성을 한 곳에 모아놓고, 과거의 역사로부터 미래에 약속된 일까지 들려주기 시작했다.

"하나님이 여러분의 조상 아브라함을 가나안으로 인도했고, 아브라함의 아들 이삭을 통해 야곱과 에서를 주었으며, 그들에게 많은 후손과 땅을 주었습니다. 이스라엘이라는 이름을 얻은 야곱의 후손은 12지파가 되어 자손의 수가 모래알처럼 많아졌습니다. 그 후 이집트에서 고통받고 있던 이스라엘 자손들에게 모세와 아론을 보내 이집트에서 인도하여 냈으며, 여러분에게 '젖과 꿀이 흐르는 땅'을 주어 안식하게 하였습니다. 그러니 이제부터는 모세의 율법에 기록된 모든 것을 담대하게 지키고 행하며, 그것을 벗어나지 마시기 바랍니다."

이스라엘 백성들은 여호수아의 이야기를 들으며 자신들이 누구인지를 되새겼다. 우리 민족이 어떻게 시작되었으며 어떤 정체성을 가지고 있는지, 그리고 어떻게 살아왔는지 되새기며 마음을 다잡아 갔다. 누구도 여호수아의 말을 거부하려는 사람이 없었고, 모든 백성이 여호수아의 말대로 하겠다고 약속했다. 여호수아는 그들이 지킬 법을 만들어서 책에 기록하고, 큰 돌을 가져다가 나무 아래 두고 백성에게 말하였다.

"보십시오. 이 돌이 우리에게 증거가 될 것입니다. 이 돌이 증거가 되어 여러분이 배반하지 못하게 할 것입니다."

여호수아의 고별설교와 유언, 백성들의 약속과 헌신이 이루어졌다. 여호수아는 자신이 할 수 있는 모든 일을 수행했다. 이제 나머지는 후손들의 몫이었다. 그는 백성들을 각자 유산으로 받은 땅으로 돌려보냈다. 그의 나이 110세에 모든 사명을 마치고 숨을 거두었다. 백성들은 여호수아가 유산으로 받은 북쪽의 산간 지방에 그를 장사지냈다. 전장의 영웅 여호수아는 모세가 명한 모든 것을 성실하게 수행한 위대한 리더였다.

그러나 여호수아는 자신이 죽고 난 뒤에 이스라엘 백성이 중심 가치에서 벗어날 것을 염려했다. 그는 자신의 공동체를 사랑했기에 어떻게 해서든 그들의 이탈을 막고 싶었다. 여호수아는 후손들의 지속적인 가치 공유를 위해 이야기를 사용했다.

리더는 과거에 어떤 일이 있었으며, 현재에는 어떤 일이 일어나고 있는지, 앞으로는 어떤 일이 일어나게 될 것인지를 말할 수 있어야 한다. 이야기는 감동을 일으키고 가슴을 뜨겁게 하며, 동기를 부여해 주기 때문이다.

하워드 가드너는 그의 책《통찰과 포용》에서 다음과 같이 말했다.

"리더란 많은 사람들의 사고와 감정, 행동에 의미심장한 영향을 미치는 사람이다. 또한 리더는 훌륭한 이야기 전달자Storyteller가 되어야 하지만, 그 이야기대로 사는 것도 똑같이 중요하다."

리더는 능숙한 이야기꾼messenger인 동시에, 이야기message 자체가 되어야 한다. 자신이 한 말대로 움직이지 않는 리더는 나쁜 리더의 전형적인 모습이다. 그런 리더에게는 아무도 따르지 않는다.

상징의 힘

여호수아는 "계명을 지키라." 하는 약속의 상징으로 큰 돌을 세웠다. 그 돌을 볼 때마다 자신과 한 약속을 기억하라는 상징이었다. 하나님은 모세를 처음 부를 때 '젖과 꿀이 흐르는 땅'이라는 상징을 사용하셨다. 모세도 그 이미지를 차용했으며, 여호수아도 그 이미지를 그대로 사용했다.

젖과 꿀이 흐르는 그림을 통해 이스라엘 백성들은 자신들이 도착할 땅이 얼마나 평화롭고 기름지며 풍성한지를 상상할 수 있었다. 한가로이 소들이 풀을 뜯고, 양과 염소들이 물가에 누운 모습을 머릿속으로 그렸다. 사막이라는 척박하고 가혹한 환경과 젖과 꿀이 흐른다는 풍성한 이미지는 극명한 대조를 이루는 강력한 동기부여였다.

고대 로마의 정치인들은 자신들과 평민들을 구분 짓기 위해 몸에 '붉은 천'을 둘렀다. 그것은 귀족의 상징이며 권력의 상징이었다. 그 후로도 붉은색은 로마의 상징이자 권력의 상징이 되었고, 붉은색 천은 신성함과 고귀함의 상징이 되었다. 상징은 건물의 3D 조감도와 같다. 조감도는 상상만 했던 건물의 실제 모습을 구체적인 형태로 보여주어, 사람들이 실제 건물을 보는 것과 같은 효과를 준다.

비폭력 운동으로 유명한 인도의 간디는 물레를 상징으로 사용해 국민들의 단결을 이끌어 냈다. 인도가 영국의 식민지 아래에 있던 때 간디는 모든 인도 사람들이 매일 한두 시간만이라도 물레질을 할 것을 권했다. 간디는 인도 전 지역에서 물레질을 통해 직물을 짠다면 지금처럼 비싸게 면직물을 재수입할 필요가 없으며, 물레질의 가치가 경제적 이유 이상의 것이라고 생각했다. 간디는 물레를 영국으로부터 정신적, 실제적인 독립을 이뤄 내는 상징으로 사용한 것이다.

실제로 그는 옥중에 수감된 기간 중 대부분의 시간을 실을 짜거나 명상하면서 보냈다. 인도의 한 정당 깃발에 물레가 들어가 있을 만큼, 간디는 인도인들의 정신에 지대한 영향을 미쳤다. 이와 같이 상징은 사람들의 일체감을 유지시키는데 탁월한 효과를 발휘한다. 공동체의 정체성이 무엇인지, 왜 여기에 있는지, 어떤 목표를 향해서 가고 있는지를 기억하게 해주기 때문이다.

리더는 상징을 사용함과 동시에 스스로가 상징이 되어야 한다. 에디슨, 나폴레옹, 링컨, 알렉산더, 아인슈타인 등은 어떤 분야와 공동체에 상징적인 사람들이었다. 그들이 상징이 된 이유는, 공동체의 희망을 정확하게 파악하는 능력과, 대중이 아직 인식하지는 못했지만 희망을 걸 만한 목표를 정확하게 제시했기 때문이다.

자신의 삶의 이야기를 통해서 감동을 주고, 공동체의 구성원들이 자신의 어깨를 밟고 일어서도록 헌신한다면, 상징적인 리더가 될 수 있다. 훌륭한 업적이나 결과물이 아니라 삶의 이야기로 상징적인 리더가 되는 것이기 때문이다. 당신이 공동체의 역량을 모으고 싶다면 상징을 사용하되, 동시에 상징적인 리더가 되어라. 우리가 오늘날까지 여호수아를 기억하는 이유는 그가 상징을 잘 사용했을 뿐만 아니라 그 스스로가 상징적인 리더였기 때문이다.

6

준비된 리더

다윗

[   ]

다윗

다윗은 용맹한 전사이고 위대한 왕인 동시에 시인이며 음악가였다. 예루살렘을 정복하여 국가적, 종교적 수도를 세웠고, 이스라엘 역사상 가장 성공한 왕으로 대중들의 인기와 영광을 누렸다. 그는 어떤 왕보다도 많은 영토를 차지했으며, 후세의 사람들은 다윗이 통치하던 시대를 회복하려는 열망을 가지고 있었다. 많은 사람들이 다윗을 전설의 주인공으로 여겼지만, 2006년, 예루살렘 남서쪽 30Km 지점에 위치한 엘라 골짜기, 즉 다윗과 골리앗이 싸웠던 지역의 부근에서 다윗 왕 시대의 도시 '키르벳 키야파'가 발견되었고, 텔 단(Tel Dan)에서 '이스라엘의 왕, 다윗 왕가'라는 비문이 발견됨으로써 다윗 왕이 역사적 실존 인물임을 증명하고 있다. 이스라엘의 왕 중에 다윗과 같은 왕은 없었으며, 예수 그리스도를 '다윗의 자손'이라고 표현할 만큼 위대한 왕으로 평가받고 있다.

사사

사사는 이스라엘이 가나안 땅을 정복한 후부터 왕국을 건설할 때까지 백성들을 다스리던 지도자들을 말한다. 이들 사사가 다스리던 시대를 '사사 시대'라고 하며, 그들을 기록한 책이 《구약성경》의 〈사사기〉이다.

수금

수금은 성경에 최초로 언급된 악기의 이름이다. 고대의 수금은 여러 가지 형태와 모양을 가지고 있었고, 휴대할 수 있을 만큼 가벼웠던 것으로 추측된다. 다윗은 이 악기를 능숙하게 연주했다. 수금은 기쁨과 즐거움을 위한 악기이기 때문에 슬픔과 진노의 때에는 수금 소리를 그치도록 했다.

무릿매

무릿매는 다윗이 골리앗과의 단판싸움을 할 때 사용한 도구로, 양털로 만든 투석기이다. 계란보다 약간 큰 돌을 400m 이상 날릴 수 있다. 주로 중동 지방의 목자들이 사용하는 것으로, 수천, 수만 번의 훈련을 거쳐야 정확하게 돌을 날릴 수 있다.

여호수아가 죽은 뒤 이스라엘 백성들은 각 지파 별로 땅을 분배받아 정착했다. 남아 있는 가나안 땅 사람들 중 일부는 이스라엘의 노예가 되었다. 몇몇 지역들은 강하게 저항했고, 여전히 정복해야 할 땅이 남아 있기도 했지만, 대부분의 지역에는 평화가 찾아왔다.

여호수아가 죽은 후 이스라엘에는 수많은 지도자들이 등장했는데, 사람들은 그들을 '사사'라고 불렀다. 사사들은 전쟁을 이끌었고, 백성을 치리하며 영향력을 발휘했다. 사사가 있을 때는 평화의 시기였지만, 사사가 죽고 나면 이스라엘은 주변 열강의 침략 때문에 괴로운 삶을 살았다. 열강의 침략과 사사의 등장이 계속 반복되자 이스라엘 내부에서 '왕'의 필요성이 강력하게 대두되기 시작했다. 백성들의 요구는 대대로 이어지는 왕가를 만들어 달라는 것이었다.

"주변 모든 국가는 왕이 있는데, 우리에게는 왜 왕이 없을까? 왕이 세워지기만 하면 대대로 이어지는 왕권 아래 이스라엘은 강력한 나라가 될 것이다. 우리에게는 왕이 필요하다."

이스라엘은 신정국가였다. 그들의 유일한 왕은 하나님이었고, 당시 제사장 사무엘이 리더로서 백성들을 이끌고 있었다. 사무엘은 자신이 늙자 자신의 두 아들을 제사장과 재판관으로 세웠다. 그런데 두 아들은 아버지와 같지 않아서 뇌물을 받고 그릇된 재판을 하는 일이 빈번했다. 이스라엘의 장로들은 사무엘에게 찾아가서 아들들의 잘못을 고발했다. 그리고 나서 왕을 세워달라고 강력하게 요구했다. 그들의 요구를 무시할 수 없었던 사무엘은 사울이라는 청년을 초대 왕으로 세웠다.

사울은 훤칠한 키와 잘 생긴 외모 덕에 왕으로서 적합하다는 평가를 받았다. 그러나 사울은 사람들의 인기에 연연하면서 제멋대로 왕권을 남용했다. 결국 사울은 하나님에게 버림을 받았고, 사무엘은 사울을 대신할 새로운 왕을 찾아 나서야만 했다. 하나님의 명령에 따라 제사장 사무엘은 왕을 세우기 위해 베들레헴으로 갔고, 거기서 이새의 아들들 7명을 만났다. 그들 중에 한 사람을 왕으로 세우라는 하나님의 명령 때문이었다.

베들레헴에 도착한 사무엘이 이새에게 아들들을 보여 달라고 요구하자 장남 엘리압이 사무엘 앞에 등장했다. 그를 보자마자 사무엘은 "참으로 뛰어난 용모를 가졌구나. 왕으로 세워질 적임자다"라고 감탄했다. 훤칠한 키와 다부진 몸매를 가진 장남은 이새의 후계자 다운 카리스마와 리더십을 가진 듯 보였다. 사무엘은 얼른 가지고 온 기름병을 꺼내어 들었다. 이스라엘의 왕은 기름을 머리에 부어야만 정당성을 인정받을 수 있기 때문이었다. 사무엘이 이새의 장남에게 기름을 부으려 하자, 갑자기 하나님의 음성이 사무엘을 막았다.

"사무엘아! 너는 그의 준수한 겉모습과 큰 키만을 보아서는 안 된다. 그는 내가 세운 사람이 아니다. 나는 사람이 판단하는 것처럼 그렇게 판단하지는 않는다. 사람은 겉모습만을 따라 판단하지만 나는 중심을 본다."

사무엘은 당황했다. 자기의 눈으로 볼 때 장남인 엘리압이라면 초대 왕 사울에 비해서도 손색이 없었다. 사무엘이 "다른 아들들은 어디 있느냐?"라고 묻자, 이새는 차남을 불러들였다. 사무엘의 눈에는 차남도 장남에 버금가는 왕의 재목이었다. 그러나 하나님은 그도 아니라며 기름을 부으려는 사무엘을 막았다. 이새의 아들들이 차례로 사무엘 앞을 지나갔지만,

병 속의 기름은 부어지지 않았다. 사무엘은 이새에게 근심스럽게 물었다.

"당신의 아들들이 다 온 것입니까?"

"막내가 남아 있기는 합니다만, 지금 양떼를 치러 나가고 없습니다. 그 녀석은 집에 안 들어 온 지 1년이 넘었지요. 양떼를 지키느라 들판에서 먹고 잡니다."

사무엘은 사람을 보내 그 아들을 데리고 오라고 재촉했다. 이새는 달갑지 않은 표정이었다. 양을 치면서 들판에서 잠을 자며 지내는 시골뜨기 막내가 왕이 될 리 없다고 생각했다. 그러나 제사장의 말을 거역할 수는 없었기에, 이새는 막내를 불러오라고 사람을 보냈다.

♟ 자기 자리에서 성실하라

얼굴에 홍조가 가시지 않은 소년이 광야를 질주하고 있었다. 아버지의 양을 물어간 들짐승을 추적하는 중이었다. 소년은 아버지의 양을 지키기 위해서라면 무슨 일이라도 했다. 핏자국을 따라서 들짐승을 추적하는 소년의 눈은 "감히 내 아버지의 양을 물어가다니 반드시 그 대가를 치르게 하겠다"라는 결의로 빛나고 있었다. 심부름을 보낸 하인이 막내를 가까스로 찾아냈을 때, 소년의 손에는 들짐승에 물려 죽은 양 한 마리가 들려져 있었다. 피와 땀으로 범벅이 된 막내가 급히 집으로 돌아오자, 소년의 머리 위로 기름이 부어졌다. 아버지와 일곱 형들은 물론 베들레헴의 장로들도 깜짝 놀랐다.

사무엘은 이 소년이야말로 '왕이 될 적임자'임을 단호하게 말하고 즉시 자기의 거처로 돌아갔다. 그 누구도 이 소년이 왕이 될 운명이라고 믿지 않았다. 집안에서도, 동네에서도 인정받는 아이가 아니었기 때문이다. 그러나 이스라엘 역사상 가장 강력하며, 가장 존경받는 왕이 누구냐고 묻는다면, 누구나 주저 없이 이 소년의 이름을 말할 것이다. 이 소년의 이름은 이스라엘에서 가장 위대했던 왕 다윗이다.

다윗은 왕으로 '기름 부음'을 받았지만, 여전히 아버지의 양을 지키는 들판의 목동일 뿐이었다. 언제 왕이 될지, 어떻게 왕위에 오를지, 왜 자신이 왕으로 선택되었는지 알 수 없었지만, '자신이 왕으로 세워졌다'는 것만은 분명히 알고 있었다.

들판에서 지내던 다윗은 자연 속에서 혹독하게 훈련을 했다. 양들이 한가롭게 풀을 뜯을 때면 투석기 던지는 연습을 했고, 한낮의 태양 아래에서는 인내하는 법을 배웠으며, 비가 오고 바람이 불어도 게으름을 피우지 않았다. 언젠가 자신이 왕위에 올라야 한다는 것을 기억하면서 다윗은 끊임없이 자신을 단련시키고 준비시켰다. 덩치도 작고 힘도 세지 않았기에 다윗은 자신만의 방법이 필요했고, 성실하게 자신만의 길을 찾아야 했다. 홀로 있으면서 그는 끊임없이 물었다.

'나는 왕이 될 만한 사람인가?'

'사람들을 이끌 수 있는가?'

'그들에게 실망을 주지 않을 수 있는가?'

'내가 할 수 있는 최선을 다하고 있는가?'

다윗은 끊임없는 훈련과 성장의 시간을 보내고 있었다. 반면에, 초대 왕 사울은 이스라엘의 첫 번째 왕이라는 영광을 거머쥐었지만, 삶은 영광스럽지 못했다. 그는 지나치게 사람들의 인기에 연연했으며, 우울증과 발작 증세로 고통을 당하면서 하나님과 제사장 사무엘에게까지 버림받은 비운의 왕이었다.

사울은 '사람들이 자신을 죽이려 한다'는 망상에 시달리며 폭력적인 성향을 보였다. 다른 사람들보다 어깨 위만큼 더 큰 훤칠한 키를 가졌고, 이스라엘 사람들 가운데 그보다 더 잘 생긴 사람이 없을 만큼 위풍당당했지만, 그의 내면은 달랐다.

처음 사무엘이 사울을 왕으로 세우기 위해 찾았을 때도, 그는 짐짝 사이에 숨어 있었다. 외모는 잘 생긴 용사였고 전투 능력도 뛰어났지만, 그에게는 자신감과 신념이 부족했다. 게다가 사울은 사람들의 평가에 연연해했고, 스스로를 부족하다고 여겼다. 낮은 자존감 때문에 사람들의 눈치를 보며 과대망상에 빠진 사울은 심한 우울증까지 앓고 있었다. 겉으로 보기에는 왕의 자리에 앉아 있었지만, 이미 사울은 폐위된 왕과 다름없었다.

사울의 우울증이 갈수록 심해지자, 신하들은 왕의 마음을 달래기 위해 고대 악기인 수금을 잘 타는 사람을 구해서 왕의 마음을 위로하자고 제안했다. 사울 왕도 신하들의 의견을 좋게 받아들여 수금 잘 타는 사람을 데리고 오라고 명령했다. 이때 추천받은 사람이 바로 다윗이다. 다윗을 추천했던 젊은 신하는 다윗을 이 같이 소개했다.

"제가 베들레헴 사람 이새의 한 아들을 알고 있습니다. 그는 수금을 잘 탈 뿐만 아니라, 용사이며, 용감한 군인입니다. 말도 잘하고 외모도 준수한데다가, 주님께서 그와 함께 계십니다."

젊은 신하의 말을 들은 사울은 다윗의 아버지인 이새에게 전령을 보내 명령을 내렸다.

"양떼를 치고 있는 네 아들 다윗을 내게 보내라."

왕의 명령을 받은 이새는 나귀 한 마리에, 빵과 가죽 부대에 담은 포도주 한 자루와 염소 새끼 한 마리를 실어서, 자기 아들 다윗을 사울에게 보냈다. 다윗이 사울을 섬기기 시작하자, 사울은 다윗을 무척 사랑했으며 자기의 무기를 맡은 부하로 삼았다. 사울은 이새에게 다시 전령을 보내서 일렀다.

"다윗이 나의 마음에 꼭 드니, 나의 시중을 들게 하라."

사울에게 우울증과 발작이 올 때마다 다윗은 수금을 연주했고, 그때마다 사울은 안정을 찾았다. 다윗의 연주와 노래는 마음을 안정시키는 신비한 힘이 있어 미쳐 가던 사울을 제정신으로 돌려놓았다. 그는 왕의 딸과 결혼했다. 왕의 아들 요나단과도 깊은 우정을 나누는 사이가 되었다. 이때까지만 해도 사울은 평생 다윗을 두려워하고 증오하게 될 줄은 생각도 못한 체, 다윗을 사위로 맞아들였다. 다윗도 사울 왕이 그토록 자신을 증오하며 죽이려 할 줄은 모른 체 사울의 가족이 되었다.

선을 넘은 왕

이스라엘의 왕 자리는 무소부재의 권력을 가지는 자리가 아니었다. 이스라엘은 신정국가이기 때문에 왕보다 중요한 것이 제사장의 역할이다. 왕이라도 제사장의 역할을 대신할 수는 없었다. 어느 날 사울의 아들 요나단이 블레셋의 수비대를 공격하자, 블레셋의 군대가 이스라엘과 싸우기 위해 병력을 소집했다. 블레셋은 전차가 삼 만, 기마병이 육 천이나 되었고, 보병은 바다의 모래알처럼 많아서 셀 수가 없을 정도였다. 이스라엘 백성들은 자신들의 왕을 위해 전쟁터로 모여들었다.

그러나 끝없이 펼쳐진 블레셋의 병력을 눈으로 보자, 굴과 숲, 바위틈과 구덩이 속으로 기어들어가 숨기 시작했다. 어떤 사람들은 요단강을 건너

달아났고, 나머지 군대는 사울 왕과 함께 남아서 벌벌 떨고 있었다. 사울은 서른을 갓 넘긴 젊은 왕이었다. 그는 빨리 이 전투를 승리로 이끌어 자신의 존재를 과시하고 싶었다. 전투를 시작하려면 제사장이 먼저 제물을 드려야 했는데, 제사장 사무엘은 전쟁을 시작하지 말고 7일 동안 기다리라는 소식을 보내왔다.

7일이 지났는데도 제사장이 오지 않자, 백성들이 사울 왕을 떠나 흩어지려는 조짐이 보였다. 사울은 급히 사람들에게 제물을 가져오라고 시켜, 자신이 직접 제사장의 역할을 하며 제물을 바쳤다. 그가 막 그 일을 끝내자마자 제사장 사무엘이 도착했다. 사울 왕이 사무엘을 마중 나가자 사무엘이 심각한 표정으로 사울에게 물었다.

"도대체 무슨 일을 한 것입니까? 어쩌자고 이런 짓을 했습니까?"

"백성은 내게서 흩어지고 당신은 약속한 날짜에 오시지도 않고, 블레셋 사람의 병력은 계속 불어나고 있었습니다. 이러다가는 저들이 먼저 나를 공격할 것 같아서 할 수 없이 제사를 드렸습니다."

사무엘이 사울 왕에게 대답했다.

"당신은 어리석은 짓을 했습니다. 하나님이 명령하신 것을 왕께서는 지키지 않으셨습니다. 만일 지켰다면 왕과 왕의 자손이 이스라엘을 영원히 다스리도록 굳게 세워주셨을 것입니다. 그러나 이제 당신의 왕조는 몰락할 것입니다. 명령을 지키지 않으셨기 때문에, 백성을 다스릴 다른 왕을 찾아서 그를 통치자로 삼으실 것입니다."

사울 왕의 얼굴이 잠깐 일그러졌다가, 다시 현실로 돌아왔다. 당장 눈앞의 전쟁에서 자신의 존재감을 드러내야 했고, 다음 왕이 될 사람은 전쟁 후에 암살하면 그만이었다. 자신이 버려진 왕이라는 소리를 들었음에도 불구하고 사울 왕은 이 전쟁에서 큰 승리를 얻었다. 이 전쟁을 시작으로 그는 일생 동안 전장을 누비며 모압, 암몬, 에돔, 소바, 블레셋, 아말렉과 맞서 싸웠다. 사울 왕은 어느 민족, 어느 장소에서 싸우든 늘 승리하는 용맹을 떨쳤다. 그러나 그는 이미 버려진 왕이었다. 겉으로 보기에는 이스라엘을 대적에게서 구원한 용맹스러운 왕이었지만, 넘지 말아야 선을 넘고, 하지 말아야 할 일을 함부로 하는 불안한 왕이었다.

모든 자리에는 넘지 말아야 할 선이 있다. 리더라고 해서 함부로 선을 넘나들면 공동체의 균형이 깨진다. 리더가 선을 쉽게 넘으면 구성원들도 쉽게 선을 넘는다. 리더는 무소불위의 권력을 가진 사람이 아니다. 지위가 높을수록 자신의 한계를 인정하고, 선을 넘지 않는 겸손이 필요하다. 겸손한 리더는 함부로 나서지 않는다. 그것은 비겁함이 아니라 '완급 조절'이다. 리더는 '자신에게 주어진 권리와 혜택 안에서' 움직여야 한다. 튀어나온 못이 망치를 맞듯, 함부로 자신의 선을 넘는 오만한 리더는 결국 버려지게 된다.

자리를 지킨 왕

다윗은 아버지와 형들에게 인정받지 못하는 시골뜨기 목동이었다. 그가 있던 자리는 시골 변방의 벌판이었고, 거기에서 다윗은 양들을 돌보는 일을 성실하게 수행했다. 아버지가 자신에게 맡긴 양들을 잃지 않기 위해 최선을 다해 자리를 지켰다. 다윗 외에 양을 지키는 어떤 사람도 없었던 들판에서, 다윗은 홀로 여러 가지 기술을 익혔다. 홀로 양을 지키기 위해 맹수와 싸워도 지지 않을 만큼 몸을 단련시켜야 했다. 사자나 곰이 양떼에 달려들어 한 마리라도 물어 가면, 다윗은 곧바로 쫓아가서 사자와 곰을 쳐죽이고, 그 입에서 양을 꺼내 왔다. 때때로 사나운 짐승이 자신에게 달려들 땐, 턱수염을 붙잡고 때려죽이기도 했다. 다윗에게 맡겨진 자리는 양떼를 지키기 위해 목숨을 걸어야 하는 자리였다.

성공하는 리더들은 작지만 승리했던 실적들을 가지고 있다. 처음부터 크게 승리하는 법은 없다. 삶 속에서 작은 승리가 이어져야 큰 일도 시도할 수 있는 법이다. 리더로서 먼저 승리해야 할 영역은 '보이지 않는 영역'에서의 승리이다. 즉, '자기관리', '성실', '책임감'에서 먼저 승리해야 한다. 형들은 양떼를 돌보는 다윗을 무시했지만, 다윗은 양떼를 돌보는 일에 책임감과 성실함을 가지고 그 일을 완수했다. 그것은 다윗의 '성공 실적'이었다.

높은 자리나 중요한 자리에 앉은 적은 없을지라도, 리더는 작은 성공의 이력들을 가지고 있어야 한다. 여기서 성공이란 성과가 아니라, 혼신의 힘을 다해서 의무를 완수하는 것이며, 자기에게 맡겨진 자리를 이탈하지 않는 것이다. 책임감과 성실성을 가지고 자기의 자리를 지켜 내는 리더야말로 이 시대가 가장 요구하는 리더상이다.

자리를 지킨 사람들

1912년 4월 10일, 2,200명 이상의 승객과 승무원을 태운 타이타닉호가 빙산에 충돌하여 침몰하는 사건이 발생했다. 갑자기 나타난 거대한 빙하가 배의 우현을 스치고 지나가면서 아래쪽 측면부에 큰 구멍을 내고 말았다. 에드워드 존 스미스 선장과 승무원들은 마지막까지 승객을 살리기 위해 자신들의 자리를 지켰다.

선장은 배 침몰 직전 바다에 뛰어들어 헤엄치는 생존자들을 구명보트로 인도한 후 다시 배로 돌아갔다. 일등항해사는 풀리지 않는 구명보트를 풀어 승객들을 구하고 마지막에 자기 구명조끼마저 남에게 벗어주고 타이타닉과 함께 가라앉았다. 기관장·기관사들도 마지막 순간까지 전기를 작동시켜 탈출을 돕다가 전원 배와 최후를 함께했다. 이들의 목숨을 건 희생정신, 책임감, 성실성 덕분에 711명의 목숨을 구할 수 있었다.

침몰하는 타이타닉과 끝까지 운명을 함께하며 책임을 다한 선장과 기관사, 어린이와 노약자와 여성들에게 구명선의 자리를 양보하고 죽음을 맞이한 남자들, 죽음의 공포를 이겨 내며 음악가로서 다른 사람들을 연주로 위로했던 8명의 악사들은 끝까지 자신의 책임과 의무를 다하며 자기의 자리를 지킨 승리자들이었다. 이들이야말로 자기의 자리를 끝까지 지킨 존경받는 리더들의 모습이라 할 수 있다.

♟ 필승의 전략을 가져라

어느 날 블레셋 사람들이 이스라엘과 전쟁하기 위해 집결했다는 소식이 전해지자, 사울 왕과 이스라엘 사람들은 블레셋과 싸우기 위해 모여 대형을 갖췄다. 블레셋은 이스라엘의 국경을 끊임없이 치고 들어오는 이스라엘의 골칫거리였다. 블레셋과 이스라엘 사이에는 엘라 골짜기가 있었고, 양측은 골짜기를 중심으로 언덕 위에 대치 중이었다. 양 진영 모두 언덕 위에 있었기 때문에 먼저 공격하려고 내려오다가는 활과 돌을 맞을 수밖에 없는 상황이었다.

이러지도 저러지도 못하는 상황이 계속되는 가운데, 블레셋 진영에서 골리앗이라는 장수가 등장했다. 그의 키는 3미터에 달했고, 머리에는 놋

투구를 썼으며, 놋으로 만든 비늘 갑옷을 입고 있었다. 갑옷 무게는 57킬로그램이었고, 다리에도 놋으로 만든 보호대를 착용하고 있었다. 등에는 놋창을 메었고, 그가 가진 창날의 무게만 7킬로그램이었다. 그의 앞에는 커다란 방패를 든 자가 서 있었다. 골리앗이 앞으로 나와 서서 이스라엘 군대에게 외치기 시작했다.

"한 사람을 내게 보내라. 그가 나와 싸워서 나를 죽이면 우리가 너희의 종이 되고, 내가 그를 죽이면 너희가 우리의 종이 되어 우리를 섬겨야 한다."

골리앗은 40일 동안 하나님과 이스라엘을 동시에 모욕하고 저주했지만, 이스라엘 사람들은 놀라서 떨기만 할 뿐 누구도 그 앞으로 나서지 못했다. 사울은 자신과 병사들에게 분통이 터졌다. 블레셋에는 용사가 있는데 왜 우리에게는 용사가 없느냐며 분노했다. 다윗의 형들도 이 전쟁에 참여하고 있었다. 아버지 이새는 다윗에게 볶은 곡식 42리터와 빵 10덩이를 형들에게 가져다주고, 형들의 상관에게도 치즈 10덩이를 가져다주라고 심부름을 시켰다.

다윗은 자신의 양떼를 잠시 다른 목자에게 맡기고, 엘라 골짜기로 들어갔다. 마침 골리앗이 대열에서 나와서 전과 똑같은 말로 이스라엘과 하나님을 모욕하며 말로 싸움을 걸어왔다. 다윗은 그 소리를 들었다. 동시에 이스라엘 사람들이 그 소리에 벌벌 떨면서 자기들끼리 말하는 소리를 듣게 되었다.

"저기 올라온 자를 봤나? 또 올라와서 우리를 모욕하는군. 왕께서 누구든지 저자를 죽이면 많은 돈을 주고 자기의 딸도 주고, 그 집안에는 세금을 면제해주기로 했다는구먼."

다윗은 속에서 끓어오르는 분노를 누르면서, 병사들과 사울 왕에게 외쳤다.

"저 자 때문에 사기가 꺾이면 안 됩니다. 임금님의 종인 제가 나가서, 저 블레셋 거인과 싸우겠습니다. 임금님의 종인 저는 아버지의 양떼를 지켜 왔습니다. 사자나 곰이 양떼에 달려들어 한 마리라도 물어 가면, 저는 곧 바로 뒤쫓아 가서 그 놈을 쳐 죽이고, 그 입에서 양을 꺼내어 살려 내곤 하였습니다. 그 짐승이 저에게 덤벼들면, 그 턱수염을 붙잡고 때려죽였습니다. 제가 이렇게 사자도 죽이고 곰도 죽였으니, 저 블레셋 사람도 그 꼴로 만들어 놓겠습니다. 살아 계시는 하나님의 군대를 모욕한 자를 어찌 그대로 두겠습니까?"

사울 왕은 만류했다. 크기와 경험 면에서 다윗이 상대가 되지 못한다고 판단했기 때문이다. 그러나 다윗이 끈질기게 요구하자, 왕은 전투에 나가도 좋다는 허락을 내렸다. 사울 왕은 자기의 군 장비로 다윗을 무장시켜 주었으나, 몇 걸음을 움직여 본 다윗은 "이런 무장에는 제가 익숙하지 못합니다. 자유롭게 한 걸음도 걸을 수 없습니다." 하고는 그것을 다 벗어 버렸다. 다윗은 목동의 지팡이를 들었다. 그리고 시냇가에서 돌 5개를 골라서 주머니에 넣었다. 평소에 쓰던 개인용 투석기인 '무릿매'를 꺼내든 다윗은 천천히 골리앗 앞으로 다가갔다. 골리앗은 멀리서 나오고 있는 다윗을 멍하니 바라보고 있었다. 잘 생기긴 했지만 아직 앳된 모습이었다. 40일을 기다려온 도전자가 자기의 투지를 깨우는 용사가 아니라, 젖비린내 나는 소년임을 본 골리앗은 기가 막혔다. 그는 어이가 없어 웃으며 다윗에게 말했다.

"여기가 어디라고 어린아이가 막대기를 들고 나온단 말이냐. 네가 나를 동네 개쯤으로 여기는 것이냐? 이리 와 보거라. 내가 너의 살점을 뜯어서 새와 들짐승의 밥으로 만들어주겠다."

살기 어린 골리앗의 기세에도 다윗은 전혀 위축되지 않았다.

"너는 칼을 차고 창을 메고 투창을 들고 나에게로 나왔지만, 나는 네가 모욕하는 이스라엘 군대의 하나님의 이름을 의지하고 너에게로 나왔다. 그분이 너를 나의 손에 넘겨주실 테니, 내가 오늘 너를 쳐서 네 머리를 베고, 블레셋 놈들을 모조리 공중의 새와 땅의 들짐승에게 밥으로 주겠다."

다윗의 말을 듣던 골리앗이 화가 나서 다윗을 공격하기 위해 다가오자, 다윗도 재빨리 골리앗에게 돌진하기 시작했다. 다윗은 민첩하게 주머니에 손을 넣어 돌을 하나 꺼낸 다음 투석기에 장착했다. 투석기를 돌리면서 느슨하게 풀어 점점 더 큰 원을 그렸다. 원이 커지면서 점점 빠르게 돌더니 줄의 한 쪽을 놓자, 돌은 빠르게 날아가 골리앗의 이마에 박혔다.

갑자기 정적이 흘렀다. 구경하던 사람들은 순식간에 일어난 상황에 아무 말도 하지 못했다. 도대체 무슨 일이 일어난 것인가? 골리앗과 다윗 모두 그 자리에 멈춰 섰고, 잠시 시간이 멈춘 것 같더니만, 골리앗의 거구가 얼음 녹듯 흐물거리며 땅으로 곤두박질쳤다. 멈춰 있던 다윗이 재빠르게 달려가서 골리앗의 머리를 짓밟고 서더니, 골리앗의 칼집에서 칼을 빼들었다. 잠시 칼을 하늘 높이 치켜들었다가, 이내 결심한 듯 칼을 내리쳤다. 투구가 벗겨지지 않은 골리앗의 둔탁한 머리가 몸에서 분리되며 피를 뿜었다.

갑자기 이스라엘 진영에서 승리의 함성소리가 울려 퍼지더니, 군사들이 골짜기 아래로 물밀듯 쏟아져 내려왔다. 블레셋 진영의 군사들은 자기들의 리더가 죽자 혼비백산하여 달아나기 시작했다. 40일이 넘도록 깨지지 않았던 힘의 균형이 소년 목동 다윗에 의해 한 쪽으로 기울어지는 순간이었다. 이날 블레셋 사람들의 시체가 산을 이루었다. 다윗은 골리앗의 머리를 예루살렘으로 가져갔고, 골리앗의 무기들은 자기의 천막에 간직해

두었다.

강한 리더의 오만

골리앗은 싸움의 기술과 경험, 규칙에 대해서 잘 알고 있었다. 일대일 대결에 있어서만큼은 절대적인 강자였다. 골리앗은 노련한 전사 간의 결투를 기대하고 있었다. 양치는 막대기를 들고 자신에게 오는 다윗을 보고 있자니 울화통이 터졌다. 전사답게 칼과 창, 방패를 다루는 기술로 힘 싸움을 하고 싶었다. 하지만 애석하게도 다윗은 처음부터 힘 싸움을 할 생각이 전혀 없었다. 《아웃라이어》의 저자 말콤 글래드웰이 쓴 《다윗과 골리앗》에서, 다윗의 무기에 대한 상세한 설명이 등장한다.

"숙련된 투석병이 던지는 무릿매는 아주 치명적인 무기였다. 중세 시대의 그림을 보면 투석기로 날아가는 새도 떨어뜨릴 정도였고, 투석병은 눈으로 볼 수만 있다면 어떤 거리에 있는 동전이든 맞힐 수 있었다고 했다." 구약성경 〈사사기〉에서는 투석병의 정확도를 '머리카락 굵기' 안이라고 묘사할 정도였다.

골리앗은 근접 전투를 원했지만, 다윗이 하려고 했던 싸움은 근거리 전투가 아니라, 원거리에서 적을 제압하는 전투였다. 이런 대결 구도에서는 당연히 원거리 전투 능력을 가진 자가 승리할 수밖에 없다. 골리앗은 처음부터 지고 시작하는 전투를 했다. 자기의 강한 힘과 전투 경험 때문에, 다윗의 싸움 방법과 무기를 주의 깊게 지켜보지 않은 것이 패배의 원인이었다.

지나친 강함은 오만함이 되고, 오만함은 눈을 가린다. 자신의 강점을 아는 것은 중요한 일이다. 그러나 강함이 오만이 되면 정확한 안목과 냉정한 판단을 잃어버리게 된다. 아무리 강해도 모든 상황에서 같은 방법이 통한다는 환상을 버려야 한다. 어제의 성공 요인도 하루아침에 성공의 걸림돌이 된다는 것을 기억해야 한다.

리더의 필살기

고대 세계의 전쟁은 '신과 신의 전쟁'이라는 개념이 강했다. 어느 신이 이기는 가에 따라서 땅의 전쟁도 승패가 결정되었다. 그렇다면 땅 위의 전쟁에서 많은 사상자를 내면서 싸우는 것보다, 양측의 대표가 일대일로 싸우는 것이 경제적인 일이었다. 그래서 골리앗이 일대일 대결을 요구한 것이다. 보통 일대일의 대결에서는 다윗처럼 싸우는 법이 없었다.

먼저 창을 던져 결판이 나지 않으면, 다음에 칼과 방패를 써서 승패를 가르는 것이 통상적인 방법이었다. 다윗은 통상적인 방법을 따르지 않았다. 그렇다고 비겁한 방법을 쓴 것은 아니었다. 그는 당시에 통상적으로 따르던 일대일 대결의 패러다임을 뒤집었을 뿐이었다. 다윗은 상대가 미처 대응하지 못할 필살기를 사용했다. 필살기란 상대를 반드시 죽이는 기술이다.

일본의 사무라이들은 자신만의 필살기 하나를 완벽하게 단련하였다. 일단 한 기술의 달인이 되어 그 기술을 쓰면 상대는 대응하지 못하고 죽는다. 상대 외에 이 장면을 목격한 사람이 없다면, 그 사람이 어떤 필살기를 가지고 있는지는 아무도 모르게 된다. 따라서 필살기란 한 번 보여주면 반드시 적을 죽여야 하는 기술이다. 맹수의 위험이 있는 들판에서 양 떼를 지키기 위해 오랫동안 훈련하고 연마한 정교한 기술이 다윗의 필살기였다. 사울 왕이 다윗을 싸움에 내보낸 이유도 다윗의 필살기 외에는 골리앗을 이길 방법이 없다고 판단했기 때문이었다.

리더라면 자신만의 필살기가 있어야 한다. 불가능해 보이는 중요한 일이 가로막고 있다면, 그때가 자신만의 필살기를 써야 할 때이다. 소통을 잘하는 겸손한 리더가 인정받는 시대에도 사람들은 강한 리더를 원한다. 나약한 리더를 좋아하는 사람은 없다. 탁월한 문제해결 능력과 카리스마가 있어야 겸손과 온유도 빛을 발하는 법이다. 따라서 리더는 자신만의 필살기를 반드시 가지고 있어야 한다.

오늘날 리더의 필살기는 상대를 죽이기 위한 기술이 아니다. 위기의 순간을 극복하기 위해 꺼내 드는 히든 카드이며, 공동체의 역량을 키우고 구성원들을 자발적으로 움직이도록 인도하는 방법이 필살기이다. 경우에 따라서 리더가 스스로 영향력을 발휘하지 않는 것이 공동체를 살리는 필살기가 될 때도 있다. 리더는 공동체의 역량과 구성원의 특성을 잘 파악하여 필살기를 구사해야 한다. 때로는 강하게, 때로는 유연함으로 능수능란한 필살기를 구사할 줄 알아야 한다.

현대의 리더십은 결투하는 리더십이 아니다. 공동체의 지속적인 성장 촉진과, 위기상황의 해결을 위해 리더십 역량을 발휘해야 한다. 또한 결정적인 상황에서는 꼭 한 번만 쓸 수 있는 필살기를 준비해 두어야 한다. 자금, 정책, 사람, 어떤 분야이든지 리더가 한 번의 필살기로 공동체를 살려낼 때, 구성원들의 신뢰감이 급상승하게 된다. 꾸준하게 비축하고 쌓아놓은 나만의 필살기를 가져라. 아무도 알지 못하는 리더만의 필살기는 결정적일 때 위기를 탈출하도록 도와줄 것이다.

♟ 반칙과 원칙 사이

다윗은 전설이 되었다. 사울 왕의 군대가 큰 승리를 거뒀다는 소식이 온 이스라엘에 퍼지자, 환영하는 인파가 가득 찼고, 멀리 군대의 행렬이 보이자 각 마을의 여자들이 북과 꽹과리를 동원해 춤을 추며 노래를 부르기 시작했다.

"사울이 죽인 자는 수천 명이요, 다윗이 죽인 자는 수만 명이라네."

"사울이 죽인 자는 수천 명이요, 다윗이 죽인 자는 수만 명이라네."

기분 좋게 개선 행진을 하던 사울은 이 노래를 듣자마자 몹시 언짢아졌다. 생각할수록 화가 치밀어 올랐다.

"사람들이 다윗에게는 수만 명을 주고, 나에게는 수천 명을 주는군. 좀 있으면 다윗에게 나라까지 넘기겠구나."

사울은 그날부터 다윗을 의심하고 시기, 질투하기 시작했다. 사람들의 인기가 다윗에게로 쏠렸으니, 다윗이 언제 자기를 죽이고 왕위에 오를지 알 수 없었다. 사울은 불안함에 짓눌려 잠을 잘 수 없었고, 한동안 잠잠하던 우울증과 발작이 점점 심해지기 시작했다.

다음 날 심각한 우울증을 앓고 있던 사울이 섬뜩할 정도로 발작 증세를 보이자, 다윗은 왕을 안정시키기 위해 수금을 연주하기 시작했다. 그런데 사울 왕은 "다윗 저 놈을 벽에 박아 버리겠다." 하며 손에 들고 있던 창을 다윗에게 던졌다. 다윗은 두 번이나 창을 피하며 급히 다른 장소로 도망갔고, 발작이 가라앉은 사울 왕은 두려움과 자괴감으로 범벅되어 얼굴을 감싸 쥐고 있었다.

자기를 제외하고는 모든 사람이 다윗을 사랑하고 왕이 되기를 바라는 것 같았다. 골리앗을 죽인 다윗은 이스라엘의 스타가 되었다. 사울 왕의 아들 요나단도 다윗을 자기 형제처럼 사랑했으며, 이스라엘의 여인들 모두가 다윗을 사랑했다. 누구 하나 다윗에게 호감을 느끼지 않는 사람이 없었다. 사울 왕은 자신이 한없이 초라해짐을 느꼈다.

차라리 다윗을 안 보는 것이 마음 편할 것 같았다. 사울 왕은 다윗을 장관으로 임명하여 멀리 떠나 있도록 했다. 전쟁을 계속 시켜서 적을 통해 다윗을 죽이거나, 전쟁에 패하면 문책하여 죽일 생각이었다. 그런데 다윗은 지는 법이 없었다. 그가 승리하면 할수록 백성들은 더욱 다윗을 사랑했고, 그때마다 다윗을 향한 사울 왕의 미움은 커져만 갔다. 결국 왕은 꾀를 내어 자기 손에 피를 묻히지 않아도 되는 방법을 찾아냈다. 사울 왕이 다윗을 불러들였다.

"그대가 많은 공을 세우고 나를 이롭게 하였으니, 내 딸을 아내로 주겠노라. 너는 나의 사위가 되어 더 열심히 전쟁에 나가서 나를 위해 싸우기 바란다. 대신, 신부를 맞는 몸값으로 블레셋 사람들을 죽인 증거 100개를 가져오너라."

다윗은 처음에는 사양하다가, 목숨을 보존하기 위해서는 왕의 사위가 되는 것이 좋겠다고 판단했다. 결혼 날짜가 다가오자 다윗은 부하들을 데리고 나가 블레셋 사람 200명을 죽이고 그들의 포피(생식기의 피부)를 베어 사울 왕에게 가져갔다. 사울 왕은 기가 찼다. 아무리 다윗을 죽이려 해도 그럴 수 없었다. 블레셋 사람들은 계속해서 이스라엘을 공격했지만, 그때마다 다윗은 그들과 맞서 싸워 승전고를 울렸고, 그의 명성과 인기는 날로 높아져만 갔다.

이후로도 사울 왕은 다윗을 죽이려는 시도를 끊임없이 되풀이했다. 다윗에게 창을 던지는 일이 비일비재했고, 자객을 보내어 다윗을 죽이려 했다. 다윗을 사랑하는 사울 왕의 아들 요나단과 사울 왕의 딸인 다윗의 아내 미갈은 왕이 다윗을 죽이려는 음모를 다윗에게 미리 알려주었다. 자신의 자녀들이 다윗을 돕자 사울 왕의 광기는 극에 달했고, 다윗은 결국 적국인 블레셋으로 망명할 수밖에 없었다.

한참 후 사울 왕에게 다윗이 엔게디 광야에 있다는 소식이 전해졌다. 사울 왕은 3천 명의 군대를 이끌고 다윗을 죽이기 위해 출정했다. 어느 날수색에 지친 사울 왕은 잠을 자기 위해 동굴 안으로 들어갔다. 공교롭게도그 동굴은 다윗과 부하들이 숨어 있는 동굴이었다. 사울 왕이 잠이 들자그곳에 있었던 다윗의 부하들이 말했다.

"드디어 하나님이 대장님에게 약속하신 날이 왔습니다. '내가 너의 원수를 너의 손에 넘겨줄 것이니, 네가 마음대로 그를 처치하여라.' 하신 그날이 바로 오늘입니다. 이제 대장님 마음대로 하십시오."

다윗은 사울에게 다가갔다. 잠들어 있는 사울 왕의 얼굴을 보자 여러 가지 감정이 스쳐 지나갔다. 왕관의 무게를 견디며 우울증에 시달리면서, 사위인 자신을 시기하여 여기까지 추격해 온 사울 왕이 불쌍하기까지 했다. 자신의 장인인 사울 왕을 차마 죽일 수는 없었다. 다윗은 가만히 사울 왕의 겉옷을 잘라 냈다.

"왕은 하나님이 기름 부어서 세우신 자인데, 감히 하나님이 세우신 왕을 해칠 수 있겠는가? 그것은 금지된 일이다."

다윗이 사울 왕을 죽이지 않자, 다윗의 부하들이 대신 사울 왕을 죽이려고 했다. 다윗은 부하들을 막아 왕을 해치지 못하게 하며, 사울 왕의 겉옷조각만 가지고 동굴 깊숙한 곳으로 숨어 들어갔다. 잠시 후, 사울 왕이 잠이 깨어 동굴을 나가자, 다윗과 부하들도 동굴을 나왔다. 사울 왕이 자신의 병사들과 길을 떠나는 찰나에 다윗은 사울 왕의 뒤에서 소리쳤다.

"아버님. 어찌하여 다윗이 아버님을 해하려 한다는 사람들의 말을 믿으

십니까? 오늘 굴 속에서 모든 사람이 아버님을 죽이라고 했지만, 나는 아버님을 아껴 '하나님이 기름 부어 세우신 왕이므로 해칠 수 없다'고 했습니다. 아버님, 내 손에 있는 왕의 옷자락을 좀 보십시오. 나의 손에는 악이 없으며, 아버님께 반역하거나 잘못한 일이 없다는 것을 아실 것입니다."

사울은 크게 당황했다. 자신이 잠들어 있던 동굴에 다윗이 있었다는 것을 깨닫자, 가슴이 철렁했다. 그런데도 다윗은 자신을 해하지 않았다. 사울 왕은 울면서 다윗에게 대답했다.

"내 아들 다윗아. 이것이 정말 너의 목소리더냐? 나는 너를 괴롭혔는데, 너는 내게 이렇게 잘해주었으니, 네가 나보다 의로운 사람이구나. 주께서 나를 네게 넘겨주셨는데, 너는 나를 죽이지 않았다. 이것 하나만 보아도 네가 나를 얼마나 생각하는지 알겠다. 나도 분명히 안다. 너는 틀림없이 왕이 될 것이고, 이스라엘 나라가 네 손에서 굳게 설 것이다. 너는 이제 맹세하라. 너는 내 자손을 멸절시키지도 않고, 내 아버지의 집에서 내 이름을 없애지 않겠다고 맹세해다오."

다윗은 사울이 말한 것 그대로를 맹세했다. 사울 왕은 그날만은 다윗을 쫓는 것이 무의미하다고 생각하며 병력을 철수시켰다.

신뢰의 다른 이름, '원칙'

어떤 사회건 '본이 되는 지도자 상'이 있기 마련이다. 역사적인 위인을 존경하는 이유는 그들이 본이 될 만한 '지도자 상'을 가지고 있기 때문이다. 존경받는 리더들은 자연스럽게 이런 생각을 갖게 한다.

'저 사람과 함께라면 어떤 일도 할 수 있을 것 같다.'

'저 사람의 말이라면 신뢰할 수 있을 것 같다.'

다윗은 골리앗을 죽인 뒤로 전 국민적인 사랑을 받는 국민적 영웅이 되었다. 하지만 지도자감으로서의 검증을 받아야 했다. 자신을 죽이려 하는 사울을 두 번이나 살려 줌으로써 다윗은 무난히 이 검증을 통과했다. 다윗은 '왕으로 기름 부음 받은 사람을 함부로 해하지 않는다'라는 원칙을 가지고 있었다. 하나님이 세우신 왕은 하나님이 다스리고 다루셔야 한다는 원칙이다.

다윗도 왕으로 기름 부음을 받았으니, 사울을 죽이면 빠르게 왕이 될 수 있었다. 그렇게 하면 빠르게 왕이 될 수는 있겠지만, 다윗은 반칙이라 생각했다. 왕은 스스로 서는 것이 아니라 하나님이 세우시는 것이기 때문이다. 사울을 죽일 수 있는 두 번의 기회가 왔음에도, 다윗은 원칙에 따라 행동했다. 부하들이 사울 왕을 죽이라고 부추겨도 다윗은 그들을 만류하며 원칙을 지켰다.

리더는 '명확한 원칙이 있고, 반드시 그것을 지킬 때 사람들은 리더에게 카리스마를 느낀다. 예외적인 특별한 케이스가 아니라면 리더는 반드시 원칙에 입각하여 문제를 해결해야 한다. 지키기 어려운 상황일수록 더욱 '원칙을 지켜 내는 용기'가 필요하다. 헨리 블랙커비는 그의 책 《영적 리더십》에서 "용기란 두려움이 없는 상태가 아니라 두려움에도 불구하고 옳은 일을 행하는 것이다"라고 말했다. 훌륭한 리더는 자기가 무엇을 해야 하는지를 아는 것을 넘어서, 그것을 반드시 지키는 용기를 가져야 한다는 사실, 우리는 꼭 기억해야 할 것이다.

위기를 이기는 원칙

SAS의 설립자 짐 굿나잇 회장은 '정년과 정리해고가 없으며, 모든 직원의 정규화'를 원칙으로 세웠다. 그는 '직원들 개인의 가치를 인정해줄 때

놀라운 능력을 발휘한다'는 신념을 가지고 있었다. 그는 회사가 직원들을 소중히 여기고 있다는 것을 표현하는데 가장 효과적인 표현 수단이 '복지'라고 생각했다. 실제로 복지를 누리는 직원들은 자신이 '회사의 단순한 도구가 아니라 중요한 가치를 지닌 사람'이라고 느꼈다.

2007년에 발생한 서브프라임 모기지 사태로 미국을 비롯한 전 세계에 금융위기가 찾아왔을 때도 짐 굿나잇 회장은 원칙을 지켜 냈다. 구조조정도 없었고, 복지 프로그램의 중단도 없었다. 대신에 직원들에게 '비용 지출을 줄여 달라'고 부탁했다. 직원들은 기꺼이 회사의 요구에 응답했다. 놀랍게도 SAS는 그 해에 흑자를 기록했다. 어떤 위기상황에서도 회사가 자신들을 버리지 않고, 전과 같이 대우해줄 것이라는 믿음이 있었기에 직원들은 자발적으로 열심히 일했고, 회사는 직원들의 도움으로 위기를 빠르게 벗어났다.

원칙을 지키면 리더와 공동체 모두가 성장하고, 성장은 위기상황에 빛을 발한다. 위기를 극복하는 것은 편법이 아니라 '원칙'이다. 원칙은 리더를 성장시키며, 리더십에 안정감을 부여한다. 원칙을 지키는 리더에게 공동체의 구성원은 신뢰감을 느낀다. 원칙을 지키는 리더는 원칙의 보상을 받는다. 원칙의 보상이란, '리더가 원칙을 지키면, 원칙도 리더를 지켜준다'는 것이다.

♟ 경청하라

다윗은 살아남기 위해 몸부림쳤다. 블레셋 왕 앞에서 미친 연기를 해야 했고, 블레셋으로 망명했으니 블레셋 왕의 신하라고 거짓 증명을 하기도 했다. 그러나 계속해서 그런 식으로 살 수 없었던 다윗은 아둘람 동굴로 도망쳤다. 다윗이 아둘람 동굴에 있다는 소식을 들은 다윗의 형들과 아버지 집안의 모든 사람들이 아둘람으로 갔다.

그때부터 이스라엘의 빚진 사람, 원통한 일을 당한 사람, 어려움에 처한 사람들도 다윗이 있는 아둘람으로 모여들기 시작했다. 그들은 사울 왕을 떠나 다윗에게로 온 사람들이었다. 또한 각 지파 중에 다윗을 지지하는 용사들도 다윗에게 모여들었다. 다윗에게 찾아온 용사들만 400명을 넘어섰고, 그들 가운데 가장 낮은 사람은 100명을, 가장 높은 사람은 1,000명을 지휘했던 지휘관들도 있었다. 그들은 다윗과 함께하며 다윗에게 충성을 맹세한 사람들이었다. 사울은 다윗이 나타났다는 제보를 받으면 지체 없이 군사를 동원해 추격했다. 그러나 다윗은 빠른 기동성을 이용해 매번 사울의 손길을 벗어났다.

어느 날 다윗은 자신이 거주하는 지역의 갑부 목장주에게 10명의 부하를 보냈다. 그날은 목장에서 양털을 깎는 날이었는데, 목장에서 양털을 깎는 날이면 항상 큰 잔치가 벌어져 먹을 것이 풍성하였기 때문이다. 다윗은 그들에게 이렇게 말하라고 일러주었다.

"어르신의 만수무강을 빕니다. 어르신의 집안이 평안하고 모든 소유도 번창하기를 빕니다. 지금 일꾼들을 데리고 양털을 깎고 있다는 소식을 들었습니다. 어르신의 목자들이 우리와 함께 광야에서 있을 때, 우리가 그들을 위험에서 지켜주었습니다. 어르신의 종들이 그 사실을 증언해줄 것입니다. 어르신께서 잔치를 벌이시는 이 좋은 날에 우리가 찾아왔으니, 어르신의 종들과 당신의 아들이나 다름없는 다윗에게 어르신께서 가지고 있는 것을 좀 나눠주시기 바랍니다."

다윗의 부하들이 목장 주인 나발에게 말을 전하자 나발이 대답했다.

"도대체 다윗은 누구고, 이새의 아들이란 자는 또 누구냐? 요즘 자기 주인에게서 도망치는 종들이 많다던데, 내가 어찌 내 빵과 물과, 양털 깎는 종에게 주려고 잡은 짐승의 고기를 가져다가, 어디에서 왔는지 알지도 못하는 자들에게 준단 말이냐!"

이 말은 다윗을 모른다는 말이 아니라, 사울 왕에게서 도망 다니고 있는 주인을 떠난 다윗을 모욕하는 말이었다. 다윗의 부하들은 치욕적인 나발의 말을 듣고 돌아가 그대로 다윗에게 전달했고, 분노한 다윗은 즉각 병사들을 소집했다.

"모두 칼을 차라. 우리가 광야에서 나발의 재산을 지켜주고, 도둑맞지 않게 보살펴준 것이 다 헛된 일이었구나. 내가 내일 아침까지 그에게 속한 사람들 가운데 한 놈이라도 살려 둔다면 차라리 내가 벌을 받겠다."

다윗은 나발을 치기 위해 무장한 군대를 이끌고 목장을 향했다. 다행히 나발의 일꾼 중 한 사람이 이 모든 사실을 그의 아내 아비가일에게 급히 알렸다.

"다윗이 우리 주인에게 문안 인사하려고 광야에서 사람들을 보내왔는데, 우리 주인이 그들에게 호통만 치고 욕보였습니다. 그 사람들은 우리에게 아주 잘해주었습니다. 우리를 해치지 않았을 뿐 아니라, 도둑이나 사나운 짐승들로부터 밤낮으로 우리를 보호해주었습니다. 그런데 주인님이 그를 모욕했습니다. 다윗과 그의 부하들이 틀림없이 앙갚음을 할 텐데, 주인어른의 성격이 너무 불같으시니, 말도 못 붙이겠습니다. 이제 마님께서 무엇을 어떻게 해야 할지를 어서 생각해보시기 바랍니다. 이러다 우리 모두 죽습니다."

아비가일은 서둘러서 빵 200덩이와 포도주 두 가죽 부대, 요리한 양 5마리와 볶은 곡식과 건포도 100송이, 무화과 200덩이를 준비하여 나귀 등에 실은 후 자기 종들에게 말했다.

"너희들 먼저 가거라. 나는 뒤따라가겠다."

아비가일은 남편에게는 이 일을 알리지 않았다. 그녀는 나귀를 타고 산골짜기로 내려가다가 맞은편에서 내려오고 있던 다윗과 그의 부하들을 만났다. 그녀는 급히 나귀에서 내려 얼굴을 땅에 대고 절하며 다윗에게 간청하기 시작했다.

"죄는 바로 저에게 있습니다. 제 말에 귀를 기울여주십시오. 나의 몹쓸 남편 나발에게 조금도 마음을 쓰지 마시기 바랍니다. 장군께서 보내신 젊은이들이 왔을 때, 제가 거기 없어서 그들을 만나지 못했습니다. 여기에 가져온 선물은 장군님을 따르는 젊은이들에게 나누어주시라고 제가 가져온 선물입니다. 이 선물을 받으시고 종의 허물을 용서해주시기 바랍니다. 장군께서는 언제나 하나님의 전쟁만 하셨으니, 장군님을 거역하는 원수들은 돌팔매로 던지듯이 하나님께서 팽개쳐 버릴 것입니다. 이제 장군님은 이스라엘의 영도자가 되실 것인데, 지금 공연히 사람을 죽인다든지, 몸소 원수를 갚는다든지 하여, 왕이 되실 때에 후회하시거나 마음에 걸리는 일이 없도록 하시기 바랍니다. 그리고 장군님이 왕이 되시는 날, 이 종을 기억해주시기 바랍니다."

그녀는 다윗의 부하들이 지켜보고 있는 가운데서 자신을 부단히 낮추면서 다윗에게 극존칭을 썼다. 그리고 암시적으로 훗날을 약속하며, 손에 피를 묻히면서 왕이 되지 말 것을 호소력 있는 말로 부탁했다. 가만히 듣고 있던 다윗이 입을 열었다.

"내가 오늘 사람을 죽이거나 나의 손으로 직접 원수를 갚지 않도록, 그대가 나를 지켜주었으니, 당신의 지혜를 칭찬하고 감사하오. 그대가 급히 와서 이렇게 나를 맞이하지 않았더라면, 나발의 집안에는 내일 아침이 밝을 때에 남자는 하나도 살아남지 못했을 것이오. 선물은 기쁘게 받겠으니, 걱정하지 말고 평안히 집으로 돌아가시오."

아비가일이 집으로 돌아와 나발에게 가보니, 그는 왕이나 차릴 만한 술잔치를 베풀고, 취할 대로 취해서 흥겨운 기분이 되어 있었다. 아비가일은 다음날 아침까지 아무 말도 하지 않았다. 아침이 되어 나발이 술에서 깼을 때, 그의 아내가 모든 일을 말했다. 그러자 그의 심장과 몸이 돌처럼 굳어졌다. 충격을 받은 나발은 열흘 동안 앓다가 결국 심장마비로 죽음을 맞이했다.

나발의 죽음 소식을 접한 다윗은 아비가일을 자신의 아내로 삼기 위해 사람을 보냈다. 아비가일은 얼굴이 땅에 닿도록 절을 한 다음에 '기꺼이 다윗의 종이 되겠다'라고 말한 다음 다윗의 시종을 따라가서 그의 아내가 되었다. 아비가일과의 결혼으로 인해 나발의 영지는 다윗의 것이 되었다. 늘 도망만 다니던 다윗은 처음으로 땅과 재산을 가진 재력가가 되었고, 그곳을 기반으로 그의 세력은 확장되기 시작했다.

경청의 유익

다윗은 리더로서 여러 가지 탁월함을 가졌는데, 특히나 경청하는 자세에서 다윗의 탁월함은 빛을 발한다. 나발의 대답에 다윗은 피가 거꾸로 솟구치는 것 같았다. 그는 즉시 칼을 찼다. 모욕과 분노의 감정이 끓어올랐다. 자신에게 모욕을 준 나발을 박살 내고 싶었다. 이러한 흥분 상태에서 다른 사람의 말을 듣는다는 것은 쉬운 일이 아니다. 게다가 상대가 나발의 아내라면 말할 필요도 없다.

그러나 다윗은 침묵한 채로 아비가일의 말을 경청했다. 아비가일의 말을 경청한 다윗은, 자기가 하려는 일이 불필요한 일임을 깨달았다. 사실, 다윗이 나발을 죽이는 것은 범죄이다. 다윗이 아비가일의 말을 경청하지 않았다면 무고한 나발의 종들까지 모두 살육하는 죄를 저질렀을 것이다. 다행히 다윗을 그런 죄를 짓지 않았는데, 그것은 경청하는 자세 때문이었다. 그는 왕으로 기름 부음을 받았지만, 여전히 누구와도 소탈하게 대화할 수 있는 사람이었다.

경청하는 리더는 누구에게든 배울 수 있다. 아무리 오랫동안 리더의 자리에 있었다 해도, 리더가 무엇인지 완전하게 이해하는 사람은 없다. 세상은 끊임없이 변화하고, 시대마다 요구되는 리더의 모습 역시 변하기 때문에 리더는 평생 배우기로 결단해야 하며, 그러기 위해서 경청하는 자세를 가져야 한다.

열린 자세로 듣는 사람은 계속해서 배우게 되고, 배울수록 성장하고 역량이 증진된다. 무엇이든 다 아는 것처럼 행동하고 말하는 사람은 자신의 성장 기회를 제 발로 차버리는 사람이다. 공동체 안에서 리더의 역할은 모든 질문에 대답하는 만능형 인간이 되는 것이 아니라, 질문과 경청을 통해 끊임없이 배우는 사람이 되는 것이다.

또한 경청하는 리더는 소통하는 리더이다. 소통의 중요성은 아무리 반복해도 지나치지 않는다. 모두가 소통이 중요하다고 말하지만 소통이 되지 않는 이유는, 소통의 핵심이 '말하기'가 아니라 '듣는 것'임을 모르기 때문이다. 모두가 말만 하고 듣지 않기 때문에 소통이 되지 않는 것이다. 상대의 감정과 생각을 알 수 있게 해주는 유일한 통로는 '듣는 것'이다.

듣지 않으면 알 수 없고, 알지 못하면 이해할 수 없다. 경청할 줄 안다는 것은 침묵할 줄 안다는 의미이다. 리더는 침묵할 줄 알아야 하고, 성실한 마음으로 상대의 내면의 소리를 듣는 진정성을 가져야 한다. 그렇지 않으면 사람들은 마음의 문을 열지 않는다. 사람들의 닫힌 마음을 열려면 진정성을 가져야 한다.

SNS의 발달로 리더가 소통할 수 있는 창은 다양해졌다. 구성원의 인원이 많은 공동체라면 SNS를 적극 활용하여 다수의 구성원들과 소통할 수 있다. 그렇더라도 마음을 주고받는 소통은 얼굴을 대면할 때 비로소 가능하다. 때로는 일대다수로 소통하고, 때로는 일대일로 변화무쌍하게 소통을 구사하는 리더는 공동체의 강력한 지지를 얻을 수 있다. 그것이 바로 경청을 통한 소통의 힘이다.

♟ 성공 뒤에 찾아오는 적

블레셋이 또 이스라엘을 공격해 들어왔다. 사울과 그의 아들들은 무기를 갖추고 병사들과 함께 블레셋과 싸우고 있었지만, 전세는 이스라엘에 불리하게 돌아가고 있었다. 수많은 이스라엘 사람들이 길보아 산에서 블레셋의 칼에 쓰러졌다. 사울과 아들들이 후퇴하다가 요나단과 다른 두 아들이 전사했고, 사울은 화살에 맞아 큰 부상을 당했다. 블레셋 병사들은 사울 왕을 죽이기 위해 집요하게 추격해 들어오고 있었다.

사울은 자신의 죽음이 임박했음을 직감하고, 무기를 들고 다니는 부관에게 말했다.

"네 칼을 뽑아서 나를 찔러라. 블레셋 사람들이 와서 나를 찌르고 치욕을 주지 못하게 해다오."

그러나 그의 무기를 든 부관은 두려워하며 감히 사울을 찌르지 못했다. 그러자 사울은 자기 칼을 뽑아 세우더니 그 위에 몸을 던졌다. 몸을 부르르 떨던 사울이 죽자, 그의 부관도 자신의 칼에 몸을 던져 사울 왕과 함께 생을 마감했다. 이날 사울 왕과 그의 세 아들, 사울 왕의 무기를 든 부관과 왕의 모든 부하들이 함께 생을 마감했다.

한편, 다윗의 군대는 날마다 그 수가 늘어나 블레셋과 맞서 싸울 수 있을 만큼의 병력이 되어 있었다. 사울과 그의 아들들의 전사 소식을 들은 다윗은 침통해하며 애곡했다. 그는 진심으로 사울 왕과 그의 아들 요나단의 죽음을 슬퍼했다. 사울을 지지하는 세력과 다윗을 지지하는 세력 간에 오랫동안 계속 되어온 전쟁은 이날, 사울의 죽음으로 종지부를 찍게 되었다. 다윗의 세력이 날로 커져 가던 어느 날, 이스라엘의 모든 지파의 장로들이 헤브론을 거점 삼고 있는 다윗에게 찾아왔다.

"왕이시여, 전에 사울이 우리의 왕이었을 때에도 이스라엘을 이끌고 전쟁하신 분은 왕이었습니다. 그리고 하나님께서 왕에게 '네가 나의 백성 이스라엘의 목자가 될 것이며, 네가 이스라엘의 통치자가 될 것이다'라고 말씀하셨습니다. 이제 우리의 왕이 되어주시기 바랍니다."

다윗은 이스라엘 장로들과 헤브론에서 언약을 맺었고, 그들은 다윗에게 기름을 부어 이스라엘의 왕으로 세웠다. 다윗의 나이 서른에 드디어 그는 이스라엘의 왕이 되었다. 각 지파에서 다윗의 왕권을 강화하기 위해 사람들이 몰려오기 시작했다. 전투 정예병들과 용사, 그들의 지휘관과 각종 무기를 공수하여 다윗에게 보내기 시작했는데, 그 수가 50만 명에 이르렀다. 그들은 전투 준비를 한 뒤, 다윗을 이스라엘의 새 왕으로 세우기 위해 한마음으로 나왔고, 이스라엘 백성들과 함께 3일 동안 잔치를 벌였다.

다윗 왕과 그의 부하들은 예루살렘으로 가서 시온성을 함락시켰고, 그 성의 이름을 다윗성이라 바꿔 부르며 거주하기 시작하였다. 다윗의 세력이 막강해지자 주변국인 두로의 왕 히람은 다윗에게 사절단을 보냈다. 두로의 왕은 백향목과 목수와 석공을 함께 보내어 다윗이 살고 있는 왕궁을 아름답게 짓도록 했다. 다윗이 왕이 됐다는 소식에 블레셋이 침공했으나, 다윗은 블레셋과 대결하는 전쟁마다 승리했다. 다윗에게는 목숨을 바쳐 충성하는 30명의 용사와 막강한 군사력이 있었고, 이들을 기반으로 블레셋, 모압, 소바, 아람, 에돔에 이르는 광대한 지역까지 정복했다. 그는 모든 이스라엘 백성을 정의와 공의로 다스렸으며, 그의 명성은 날로 높아져만 갔다.

리더의 나태함

다윗은 평안한 시기를 보내고 있었다. 사울 왕에 비하면 그는 성공한 왕이었다. 그의 군사력, 재물, 영토, 성품은 사울 왕과 비교불가였다. 일 년이 지나고 봄이 찾아와, 하늘이 맑아지고 땅이 굳어져 전쟁하기에 알맞은 계절이 돌아왔다. 말을 먹일 풀들이 지천에 깔리고 새로운 생명력이 대지 위에 피어오르면, 각 나라마다 군대를 정비하기 시작한다. 새로운 도전이자 사명인 전쟁을 시작하는 시기가 온 것이다. 다윗도 부하들과 군인들을 전쟁터로 내보냈다. 다윗의 장군들과 군인들은 용맹을 떨치며 주변국을 정복하고 있을 때, 다윗은 성에 머물러 있었다.

어느 날 저녁, 다윗은 선선한 바람이 불어오는 왕궁의 옥상을 거닐고 있었다. 뛰어노는 아이들, 장사하는 사람들, 경비를 서고 있는 군인들까지 하나하나 볼 수 있는 곳에서, 다윗은 한가로운 시간을 보내고 있었다. 이곳저곳을 바라보던 다윗의 눈이 갑자기 번쩍 뜨였다. 한 여인이 옥상에서 목욕을 하고 있었는데, 그 모습이 너무도 아름다워서 정신을 차릴 수 없었다. 다윗은 그 여인에게서 눈을 떼지 못하다가 신하를 시켜 누구인지 알아보라 명했다. 다윗은 그녀를 자신의 첩으로 들이고 싶었으나, 신하의 보고는 다윗에게 실망을 안겨주었다. 그 여인은 자신의 충직하고 용감한 부하 우리아의 아내 밧세바였다.

그러나 다윗은 이미 그 여인에게 마음을 빼앗겼다. 그는 사람을 보내 그 여인을 데려오게 했고, 그 여인과 잠자리를 함께했다. 겉으로 보기에는 아무 일도 일어난 것 같지 않았고, 왕도 밧세바도 아무 일 없다는 듯이 지냈다. 한 달이 조금 지나자 밧세바는 자신의 몸에 변화가 생겼음을 알았다. 왕의 아이를 임신한 것이었다. 밧세바는 다윗에게 사람을 보내 이 사실을 알렸다.

다윗은 당황했다. 어떻게든 이 사태를 무마해야 했다. 그는 군대장관인 요압에게 우리아를 궁으로 보내라고 명령했다. 우리아가 전쟁터에서 돌아오자 다윗은 "집으로 가서 목욕을 하고 쉬라"고 권했다. 그러나 우리아는 충직하고 고매한 인품을 가진 사람이었다. 그는 집으로 가지 않았는데, 그 이유를 왕에게 이렇게 말했다.

"저의 동료들이 장막에서 지내고 있고, 나의 상관인 요압 장군과 그의 부하들도 들에서 진을 치고 있습니다. 그런데 어떻게 제가 집으로 가서 먹고 마시며 아내와 잠자리를 가질 수 있겠습니까? 왕의 살아 계심과 왕의 생명을 두고 맹세합니다만, 저는 절대로 그렇게 하지 않겠습니다."

다윗은 필사적으로 여러 가지 수를 쓰기 시작했다. 강제로 술을 먹여도 봤지만, 그는 집으로 돌아가지 않았다. 결국 다윗은 우리아의 상관인 요압에게 편지를 썼다.

"우리아를 전투가 가장 치열한 곳에 선두로 내세우고, 너희는 뒤로 물러나서 그를 맞아 죽게 하여라."

요압은 성을 살피다가 적군의 용맹한 장수들이 있는 곳을 알아내 우리아를 그곳으로 보냈다. 적군들이 성 밖으로 나와서 싸우는 과정 중에, 부하들 몇 명이 죽었는데 그때 우리아도 같이 죽었다. 우리아의 아내 밧세바는 남편의 전사 소식을 듣고 애곡했다. 그녀의 애곡 기간이 끝나자마자 다윗은 종들을 보내어 밧세바를 왕궁으로 데리고 들어왔다. 다윗은 자신의 간통을 은폐시키기 위해 살인교사를 내렸고, 그의 뜻대로 우리아를 죽이고 아내를 차지했다.

현장을 떠난 리더

어떤 조직이든 리더가 가장 열심히 일해야 한다. 아무리 성공가도를 달리고 있는 조직이라고 해도 앞서 있어야 할 리더가 뒤에서 휴식만 즐기고 있다면 그 공동체는 점점 뒤처질 수밖에 없다. 직원들이 현장에서 땀 흘리고 있을 때, 휴식만 즐기고 있는 리더의 조직은 급격하게 무너진다. 가장 먼저 무너지는 것은 '리더 자신'이다. 전쟁을 하기 위해 주변 모든 왕들이 출정하는 시기에 다윗은 혼자 성에 남아 있었다. 전쟁의 시작부터 단추를 잘못 뀐 것이다.

다윗의 강점은 '현장'에 있었다. 그는 어려서부터 양을 치는 현장에 있었고, 왕으로 기름 부음을 받을 때도 현장에서 급하게 달려왔다. 한 마리의 양도 잃지 않기 위해 현장에서 맹수들과 싸우는 체력과 기술을 연마했다. 다윗이 국가적인 영웅이 된 것도 현장에서 익힌 기술을 바탕으로 골리앗을 쓰러뜨렸기 때문이다. 훗날 사울 왕의 추적을 피해 다닐 때도 그가 있던 곳은 피눈물 나는 현장이었다. 사막, 광야, 동굴, 적진, 전쟁터의 현장에서 늘 앞장서서 움직이던 다윗은, 강력한 왕권과 군사력이 생기자 현장에서 벗어났다.

평화의 시기라면 다윗의 산책은 문제될 것이 없었다. 그러나 전쟁의 시기에 병사들을 전쟁터에 내보내고 성에 남아 한가롭게 산책을 즐겼다. 나태함에 빠져 현장을 벗어나자 빠르게 유혹이 찾아왔고, 속절없이 유혹에 무너졌다. 리더가 현장을 떠나는 이유는 초심을 잃었기 때문이다. 초심을 잃으면 특권의식이 생기고, 특권의식은 남들이 누리지 않는 즐거움과 쾌락을 추구한다. 그래서 지혜로운 리더는 현장에서의 치열함을 떠나지 않는다. 리더는 현장에서 배우며 현장에서 성장하기 때문이다.

많은 리더가 자리에서 밀려나는 이유는 나이 때문이 아니다. 배우지 않기 때문이고, 성장하지 않기 때문이다. 그들의 마음 자세가 굳어졌기 때문이며, 그로 인해 냉소적으로 변했기 때문이다.

리더가 성공 뒤에 오는 나태함에 빠지지 않으려면 더욱 치열하게 현장을 누비고 배워야 한다. 사고의 확장을 위해 읽고 생각하며, 통찰력을 길러야 한다. 이 정도면 됐다는 교만, 여유와 안락함을 누릴 자격이 있다는 착각을 버려라. 치열하게 현장을 누비고 배우는 리더만이, 충분한 혜택을 누릴 자격도 있다는 것을 반드시 기억해야 한다.

7

인정받는 리더
다니엘

[   ]

다니엘

다니엘은 왕족 혈통이거나 귀족 가문 출신이었을 것이다. 바벨론의 왕 느브갓네살은 정복 국가의 왕족이나 귀족들 중에서 뛰어난 인재들만 선별해 포로로 잡아갔기 때문이다. 그는 포로로 잡혀갔으나, 어린 나이에도 불구하고 모든 일에 뛰어났다. 특히 학문적 탁월함으로 인해 훗날 바벨론의 고위 관직에 전격 등용되었다. 바벨론의 고위 관직에 있었던 다니엘은, 바벨론을 멸망시킨 페르시아 제국에서도 고위 관직에 있을 정도로 제국의 왕들에게 총애를 받았다. 바벨론에 포로로 끌려간 다니엘과 세 친구가 바벨론식 교육을 받았던 건물과 왕의 칙령을 따르지 않는 자들을 사나운 짐승의 먹이로 떠밀어 넣은 웅덩이 등이 고대 바벨론 지역에서 발견되었다. 그로 인해 〈다니엘서〉의 내용이 허무맹랑한 내용이 아님이 증명되었다. 적국의 포로임에도 불구하고 고귀한 인격으로 탁월한 삶을 살았던 다니엘의 무덤은 이란(페르시아)의 '수사'에 지금까지 남아 있다.

바벨론(바빌로니아)

바벨론(바빌로니아)은 메소포타미아 남쪽의 고대 왕국으로, 티그리스강과 유프라테스강 사이의 메소포타미아 남동쪽의 지명이다. 바벨론인들은 시리아와 가나안 등의 여러 도시들과 정기적인 무역을 하였다. 수도 바벨론은 신성한 도시로 여겨졌다.

메데-페르시아제국

메데-페르시아제국은 페르시아의 왕 고레스(키루스) 2세가 메데(메디아)를 지배하면서 생겨난 왕국이다. 이 왕국은 페르시아만 북쪽 지역을 중심으로 이집트, 인도 북서부 및 유대 지역에 이르는 광대한 영토를 차지하게 되었다. 페르시아 제국의 과도기 제국이었던 메데-페르시아는 그리스에게 정복당할 때까지 200년이 넘도록 유대민족을 통치했다.

이스라엘은 다윗 왕의 통치기간 중에 전성기를 맞이했다. 다윗 시대에 이스라엘의 영토는 끊임없이 확장되었고, 주변 국가들은 다윗 왕에게 줄을 대느라 바빴다. 다윗의 아들 솔로몬이 지구상에서 가장 부유했던 사람이었다면, 그 기초를 놓은 사람이 솔로몬의 아버지 다윗이었다. 솔로몬은 아버지의 통치이념을 받들어 이스라엘을 지혜와 공평으로 다스렸고, 아버지 다윗이 짓지 못한 '예루살렘 성전'을 건축했다.

다윗이 전쟁을 통해 영토를 확장했다면, 솔로몬은 '정략결혼'을 통해 자신의 왕권을 공고히 다져 나갔다. 솔로몬은 외국의 귀족들과 여자들을 아내로 데려와, 700명의 후궁과 300명의 첩을 두었다. 여자들이 들어올 때 자기 나라의 신들도 같이 들여왔는데, 솔로몬의 노년에는 그의 아내들이 솔로몬을 꾀어서 다른 신들을 따르게 했다.

이 일 때문에 이스라엘은 하나님의 진노를 받아 남 유다와 북 이스라엘로 갈라지게 되었고, 주변의 강력한 왕들은 이때를 틈타 끊임없이 이스라엘을 괴롭히기 시작했다. 결국 B.C 722년 앗시리아에 의해 북 이스라엘이 먼저 멸망하고, B.C 586년 바벨론에 의해서 남 유다까지 멸망하면서, 찬란했던 이스라엘의 영광은 역사에서 사라졌다.

유다를 멸망시킨 바벨론은 고대 근동을 빠르게 지배했던 강력한 제국이었다. 바벨론 사람들은 왕을 신의 대행자로, 바벨론을 '신성한 도시'로 믿었다. 고대 바벨론의 멸망 후에 '신 바벨론'이 세워졌는데, 2대 왕 느브갓네살 때 전성기를 맞았다. 수도인 바벨론은 고대 근동은 물론 세계 교역의 중심지로 성장했으며, 강력한 군사력과 막대한 부를 바탕으로 상당한 영향력을 행사했다. 그들은 자신들의 신인 마르둑 신전을 건축했는데, 신전의 한 변 길이가 80m, 높이는 85m 규모였으며, 신전 예배소는 금을 세공하여 호화롭게 장식했다. 그들은 정교한 도시계획을 시행했으며, 왕궁에 부속된 요새를 건축하기도 했다.

바벨론의 가장 놀라운 건축물은 세계 7대 불가사의 중 하나인 '공중정원'이었다. 멀리서 보면 마치 중력에 역행해서 공중에 떠 있는 것 같아 보이는 이 정원은, 총 7층으로 꼭대기 층은 바벨론 내부 성벽보다 20m가 더 높았다. 공중정원 내부에는 100여 개의 방이 있고, 내부 한가운데 대규모 광장이 있다. 이 광장에 목욕탕을 만들었고, 천장에는 방수를 위해 두꺼운 납판에 역청을 바른 다음 두꺼운 갈대를 놓고 그 위에 다시 구운 벽돌과 석회를 덮었다. 그들은 공중정원까지 물을 끌어올릴 수 있는 고도의 기술도 가지고 있었다. 당시의 왕들은 자신의 왕권을 과시하기 위해서 대규모 토목공사를 벌이곤 했는데, 바벨론의 건축물들은 불가사의할 정도의 규모를 자랑하고 있었다.

♟ 환경을 탓하지 마라

남 유다가 멸망할 당시 유다의 왕은 이집트의 파라오가 꼭두각시로 세워놓은 여호야김이었는데, 그는 자신을 왕으로 세운 이집트에 줄을 대느라, 떠오르는 신흥 강자 바벨론을 직으로 돌리고 말았다. 바벨론의 강자 느브갓네살 왕은 앗시리아, 드로아, 이집트까지 차례로 격파하고 기수를 돌려 유다로 북상했다. 그러고는 단숨에 예루살렘을 포위해 버렸다.

바벨론의 느브갓네살 왕은 고대 근동 지역 전체를 장악한 전설적인 인물로서 군사력뿐만 아니라 정치, 교육, 문화적으로 뛰어난 업적을 남긴 왕이었다. 그는 정복하는 국가들의 보물들을 모두 약탈해갔는데, 특별히 정복 국가의 젊은 인재들을 모아서 자신의 궁으로 데려갔다. 바벨론 왕궁의 교육 시스템 안에서 '친 바벨론적 인재'로 양성하기 위함이었다. 양성한 인재들을 정복 국가로 파견하여 고대 근동 세계 전체를 자신이 장악하겠다는 계산이었다. 전략적 요충지인 유다는 이 계획을 실현할 발판이었다. 바벨론은 예루살렘을 3년 동안 포위하여 공격했는데, 성 안에 기근이 너무도 끔찍하여 부모들이 자기들의 자식을 삶아 먹는 일까지 발생했다.

결국 유다는 바벨론의 말발굽에 처참하게 짓밟혔다. 느브갓네살은 예루살렘의 보물들과 젊은 인재들을 여지없이 잡아갔다. 귀족으로 태어난 다니엘과 세 친구들도 15세의 어린 나이에 바벨론의 포로로 끌려갔다. 바벨론의 인재 양성 시스템에 입학한 다니엘과 세 친구들은 바벨로니아의 언어와 학문을 배우게 됐다. 이들을 담당하던 환관장은 이들에게 새로운 바벨론식 이름을 지어주었다. 그들에게서 유다 왕족의 뿌리와 유대의 정신적 잔재들을 말끔히 제거하기 위한 첫 번째 조치였다.

또한 그들에게는 왕이 정한 일정한 양의 음식과 포도주도 제공되었다. 그들은 3년 동안 교육을 받은 후에 왕을 모시는 직책을 받게 될 것이었다. 고대 근동의 난다 긴다 하는 인재들이 바벨론 인재 양성 시스템 안에 모여 있었는데, 그 중에 다니엘과 세 친구가 포함돼 있었다. 그들은 몸에 흠이 없고, 용모가 잘 생기고, 모든 일을 지혜롭게 처리하며, 지식이 있고, 통찰력이 있어서 왕을 모실 능력이 있는 소년들이었다. 한마디로 바벨론의 인정을 받은 능력 있는 인재 그룹이었다.

3년의 교육을 마친 후 다니엘은 바벨론의 총리가 되었고, 그의 추천으로 인해 세 친구들도 요직에 앉게 되었다. 이역만리 타국에서 정권이 바뀌고 나라가 바뀌어도 총리직에 머물러 있었던 전설적인 존재가 바로 다니엘이었다.

환경이라는 스승

많은 사람들이 환경 탓을 하며 자신들이 성공하지 못한다고 불평한다. 환경을 탓하자면 다니엘이 겪은 것만큼 가혹한 환경도 없다. 그러나 환경은 근본적인 문제가 되지 않는다. 저술가이자 사업가인 니도 쿠베인은 "인생의 성공과 실패를 좌우하는 것은 '환경'이 아니라 '선택'이다." 하고 말했다. 어떤 선택을 하고 어떤 행동을 하느냐가 성패를 좌우하는 것이지, 환경이 성패를 좌우하지 않는다는 것이다. 환경이 변하면 방향과 구조를 환경에 맞게 변화시키면 된다. 중요한 것은 변화하는 환경에 맞추어 방향을 전환하는 기민함과 판단력이다.

다니엘은 남 유다의 왕족, 귀족 가문 출신에서 하루아침에 적국의 포로로 끌려갔다. 환경의 변화로 따지면 극과 극의 변화였다. 가장 안락한 환경에서 가장 가혹한 환경으로 떨어진 것이다. 가혹한 환경이 찾아왔을 때 가장 하기 쉬운 일이 '남 탓'을 하거나 '현실을 부정하는 것'이다. 그렇게 하면 마음은 편해질 수 있겠지만, 근본적인 문제는 해결되지 않는다.

어떤 사람들은 위기의 순간에 오히려 큰 성취를 이뤄 내는 경우가 있다. 심리학자들도 고통이 정신건강에 해롭기만 한 것이 아니라 오히려 정신적 성장에 필수적이라고 말한다. 암과의 싸움에서 승리한 사람들은 "병과 삶을 바라보는 관점이 바뀌고 성숙한 삶을 살게 되었다"라고 말한다. 전쟁을 겪고 살아남은 사람들도 "삶에 대한 태도가 바뀌었다"라고 말한다. 실제로 노르망디상륙작전에 투입됐다가 살아남은 17세에서 25세의 어린 청년들은 "그날 이후로 우리는 어른이 되었다"라고 회상했다. 평생 동안 받아야 할 스트레스를 그날 하루 만에 경험했고, 인생을 바라보는 그들의 시선에 획기적인 변화가 있었던 것이다. 극심한 스트레스와 한계상황 속에서 그들은 성장했다.

《나는 한국에서 어른이 되었다》라는 책을 쓴 컬린 토머스는 한국에서 영어강사로 활동하던 미국인이었다. 반복되는 단어와 강의의 무료함을 달래보려고 장난처럼 대마초에 손을 댔던 컬린 토머스는 마약 관리법 위반으로 대전 교도소 외국인 수용소에 수감됐다. 운동시간 1시간을 제외한 23시간을 낯선 나라의 교도소에서 갇혀 뜨거운 눈물을 쏟으며 후회와 자기반성을 겪었던 토머스는, 자신의 인생에서 영원히 잊지 못할 체험과 깨달음을 얻게 된다.

그는 자유가 억압되었다는 비통한 심정에 밤마다 눈물을 흘리며 물건을 집어던지고 욕설을 퍼붓기도 했다. 자신의 초라함과 절망으로부터 도망치기 위해 이불 속으로 숨어들어 울던 어느 날에 문득 이런 생각이 들었다고 한다.

'정말 이 속에서 나만 비참하다고 생각하는 것이 맞을까? 나보다 가혹한 벌을 받는 사람도 많은데, 정말 이 속에서 내가 가장 비참한 사람일까?'

토머스의 사색은 깊이를 더해 갔고, 호기심이 발동하면서 깊은 자각과 각성이 내면에서 일어나기 시작했다. 그는 교도소에서 누릴 수 있는 자유가 1,000가지도 넘는다는 사실을 발견했다. 바깥 세상과 비교하는 동안에는 감옥에 억눌렸는데, 자기 앞에 펼쳐진 삶에 집중하자 더 이상 자유를 누리지 못한다는 생각으로 괴롭지가 않았다.

그는 "자유란 환경이 아니라 마음가짐임을 교도소에서 깨달았다"고 했다. 깨달음을 얻자 하늘과 땅이 뒤바뀐 것처럼 세상이 완전히 달라졌고, 교도소 안의 환경은 온통 스승으로 넘쳐났다. 그를 가둔 한국의 교도소는 '인생학교'였다. 교도소가 그에게 자유를 빼앗았고 환경은 열악했지만, 그 안에서 토머스는 '참된 자유'를 얻게 되었다. 네모난 작은 교도소 방은 '자기 자신'으로 들어가는 공간이 되었다. 함께 수용된 외국인들과의 만남도 소중했고, 교도소 내부의 피혁공장에서 나눈 한국인들과의 우정은 그를 성장시켰다. 그의 회상을 통해 교도소라는 가혹한 환경이 어떻게 그를 성장시키고 어른으로 만들었는지 알 수 있다.

"한국인들은 결코 밥을 혼자 먹게 하는 법이 없었다. 그건 예의에 어긋나는 일이었다. 한국인 수용자들은 함께 노래했고 함께 편지를 썼으며 손을 잡거나 팔짱을 끼고 다녔다. 그들은 따뜻하게 서로를 안아주었고 서로를 다독여주었다."

"우리들은 모두 필사적으로 교도소에서 벗어나기를 바라고 있었지만, 그 안에서는 함께 우정을 나누었고 서로 격려했으며 같은 목마름을 품고 있는 사람으로서 서로를 보듬었다."

"사형이 집행되던 날, 그들을 위해 아무것도 할 수 없는 한국인 수용자들은 자신들이 유일하게 할 수 있는 일, 즉 침묵으로 조의를 표했다. 그때 처음으로 한국인 수용자들도 내 형제라는 생각이 들었고, 수용자들에게도 고귀함이 있다는 사실을 알았다."

그는 '한국은 내게 세상의 끝을 보여주었지만, 그것을 극복하고 일어설 힘도 함께 주었다'라고 고백했다. 그가 깨달은 것은 '가혹한 환경은 그것을 극복할 힘과, 극복한 후에 주어질 선물을 함께 가지고 있다는 것'이었다. 컬린 토머스는 현재 뉴욕 브루클린에 살면서 '커런트 바이오그래피' 소속 전기작가로 활동하고 있으며, 뉴욕타임스 매거진, 워싱턴 포스트, 코리아 타임스 등에 칼럼을 기고하고 있다.

♟ 시험이 오면 검증이 된다

바벨론의 느브갓네살 왕은 강하면서도 똑똑한 왕이었다. 정복 지역이 넓어질수록 정복 국가를 관리하는 일이 어려울 것을 예상했다. 그가 바벨론 인재 양성 시스템을 만든 이유는, 정복 지역에 바벨론식 교육을 받은 인재들을 심어놓기 위함이었다. 억압과 폭력만으로 제국을 유지하기에는 한계가 있다. 결국에는 인재들이 제국을 유지하고 이끌어가야 한다. 정복 국가의 인재들을 포로로 잡아오기는 했지만, 느브갓네살 왕은 그들을 바벨론의 핵심인재로 교육했다. 이름을 바꾸고, 언어를 배우고, 바벨론의 각종 학문과 문화를 배우고 익혀 바벨론에 충성하게끔 정신을 개조했다.

사람의 이름이 바뀌면 사상적인 근간 자체가 무너져 내리고 환경에 순응하게 된다. 바벨론의 왕은 자신이 먹는 음식과 똑같은 음식을 정복 국가의 인재들에게 먹을 수 있도록 배려했다. 정복 국가의 포로들이 바벨론의 교육을 받는 동안 각국의 인재들은 왕이 먹는 것과 같은 고기와 포도주를 먹는 특권을 누렸다. 이것은 바벨론 왕의 고도의 전술이었다. 대놓고 말하지 않았지만, 음식에는 바벨론 왕의 메시지가 숨어 있었다.

"왕이 먹는 것과 같은 음식을 먹는 너희들은 바벨론의 특권을 누리고 있다. 너희들이 누리고 있는 바벨론의 영광을 보면서, 너희 나라에 대한 미련을 버리고, 바벨론에게 충성하라. 그것이 살아남을 수 있는 유일한 길이다."

다니엘과 세 친구에게도 왕의 음식이 내려왔다. 일반적인 시각으로 보면 엄청난 특권과 혜택이었다. 포로들에게 출세 길이 활짝 열리는 것이었다. 그러나 이 음식은 단순한 음식이 아니었다. 왕이 먹는 음식은 바벨론의 신에게 바쳐졌던 제사음식이었다. 유대인들에게는 금지된 음식이었고, 하나님이 아닌 바벨론의 신에게 바쳐졌던 제사음식이었다. 다니엘은 이 음식을 먹을 수 없었다. 목숨을 보존하기 위해서 눈 딱 감고 3년만 먹으면 높은 자리에 앉을 수 있었지만, 다니엘은 단호하게 이 음식을 거부했다. 그는 자신을 관리하는 환관장에게 그 음식을 거두고 물과 채소만 먹을 수 있게 해달라고 부탁했다. 그러자 환관장이 말했다.

"너희가 먹고 마실 것을 정해주신 분은 나의 상전이신 느브갓네살 왕이시다. 왕께서, 너희의 얼굴이 다른 젊은이들 보다 더 상해 있는 것을 보시게 되면, 너희 때문에 내 목숨이 위태롭지 않겠느냐? 그러니 그냥 왕이 내리는 음식을 먹도록 해라."

다니엘은 감독관에게 찾아갔다. 감독관은 환관장이 임명한 사람으로서, 다니엘과 세 친구를 직접 감독하고 있었다. 다니엘은 그 감독관에게 다시 요청했다.

"부디 이 종들을 열흘 동안만 시험하여 보시기 바랍니다. 우리에게 채소를 먹게 하고, 물을 주어 마시게 해보십시오. 그런 다음에, 우리의 얼굴과 왕이 내린 음식을 먹는 젊은이들의 얼굴을 비교해보시고, 이 종들의 요청을 처리해주시기 바랍니다."

감독관은 고민했지만, 단지 열흘만 시험하면 되는 일이었기에 흔쾌히 수락했다. 열흘이 지나서 감독관은 그들의 얼굴을 살펴보았다. 그런데 왕이 내린 음식을 먹은 젊은이들의 얼굴보다 다니엘과 세 친구의 얼굴빛이 더 건강하고 아름다워 보였다. 감독관은 다니엘과 세 친구에게 지정된 음식과 포도주를 주지 않고, 채소를 주어서 먹게 했다. 다니엘과 세 친구는 왕이 정한 3년의 교육 기간을 수료한 후에 다른 젊은이들과 함께 왕 앞에 서게 되었다.

느브갓네살 왕은 젊은이들과 대화를 나눠보더니, 그들 가운데 다니엘과 세 친구들이 가장 뛰어난 지혜를 가졌음을 알게 되었다. 왕은 그들을 자기 옆에 두었다. 그리고 온갖 지혜나 지식에 관한 문제를 물어보았다. 왕이 보기에 4명의 소년이 바벨론 제국에 있는 어떤 마술사나 주술사보다 훨씬 더 뛰어난 지혜와 통찰력을 가지고 있었다. 그 일로 그들은 왕의 전폭적인 신임을 얻게 되었다.

바꿀 수 없는 가치

다니엘과 세 친구의 결심은 보통 아무나 할 수 있는 결심이 아니다. 그 결심 때문에 여러 사람이 위험에 빠질 수 있었다. 먼저 환관장의 목이 날아갈 수 있었다. 바벨론의 환관장은 왕을 모시는 환관들의 우두머리였다. 권력 암투가 치열한 바벨론 제국의 환관장 자리는 아무나 오를 수 있는 자리가 아니다. 왕의 기분, 권력의 흐름, 정적들의 움직임을 잘 파악해야 함은 물론, 언제 등 뒤에서 칼이 날아들지 알 수 없는 자리였다. 그런 환관장이 유대인 포로의 부탁을 들어줌으로써 자신의 목이 날아갈지도 모를 위험을 감수할 리 없었다. 감독관도 마찬가지 입장이었다. 평생을 바쳐서 얻은 고위 관리의 정치생명을 위협할 만한 부탁이었다는 것을 다니엘도 잘 알고 있었을 것이다.

잡혀온 나머지 유대 청년들은 다니엘과 세 친구들을 비난했을 것이다. 성전도 파괴되었고, 나라도 망한 판국에 포로로 잡혀 와서 꼭 그렇게 티를 내야만 하는가? 율법을 꼭 지켜야 하는가? 너희 때문에 유대인 포로 전체가 죽으면 어떻게 책임을 질 것인가? 4명의 순수한 청년들은 동료들의 무수한 비난과 질책을 받았을 것이다. 더 놀라운 것은 이들의 나이가 식욕이 왕성한 10대 후반이었다는 것이다. 열흘의 시간은 쉽지 않은 시간이었을 것이며 그들은 최대한 삶을 절제하고 계획적인 삶을 살았을 것이다.

목표가 명확하면 방법도 날카로워져야 한다. 그래야 승리할 수 있기 때문이다. 비록 몸은 포로로 내주었지만, 영혼까지는 줄 수 없다는 것이 그들의 날카로운 목표였다. 산해진미를 먹는 다른 청년들과 채소만 먹는 그들이 어떻게 비교가 될 수 있겠는가? 이긴다 해도 별로 득이 될 것이 없는 싸움이었다. 교육 이수기간인 3년 간 고기를 먹지 못하는 채식주의자가 되는 일이었다. 그러나 그들은 이 시험을 통과하면서 다른 포로와는 다른 강한 인상을 남겼다.

2차 세계대전 당시 태국 콰이강의 포로수용소 이야기를 다룬 《콰이강의 기적》이라는 책에서 작가 어네스트 고든은 자신의 체험을 적었다. 일본은 포로로 들어온 영국 군인들을 이용해 콰이강에 다리를 건설하려는 계획을 세웠다. 50도가 넘는 찜통더위와 부실한 음식, 고된 노동으로 인해 건설 역사상 찾아볼 수 없는 막대한 희생자가 발생했다. 말라리아, 이질, 각기병, 가뭄, 과로로 죽는 환경에서 살아남기 위해 포로들은 점점 인간성을 상실해갔다. 군율, 군기, 명예, 존중이 사라지고, 살아남기 위해 서로가 서로의 것을 도둑질하는 상황이 발생했다. 아픈 포로들을 돌봐주는 법도 없었고, 조금이라도 더 먹기 위해 다른 사람의 음식을 훔쳐 먹기도 했다.

포로로 끌려온 한 중대에 앵거스라는 뚱보 병사가 있었다. 그는 남보다 음식을 배나 먹어야 견딜 수 있는 대식가였기 때문에 늘 허기에 시달리고 있었다. 앵거스의 절친한 친구 사덴이 정글병에 걸려 고열로 신음하며 날마다 몸이 쇠약해지며 죽어 가자 친구를 살리기 위해 앵거스는 최선의 노력을 기울인다. 자기가 먹어야 할 음식을 친구에게 주고, 자기가 덮어야 할 담요를 친구에게 덮어주었다. 그의 최선을 다한 간호와 돌봄 덕분에 친구 사덴은 점차 건강을 회복하지만, 반대로 그를 간호하는 앵거스는 점차 쇠약해지다가 어느 날 쓰러져 죽고 말았다.

사람들은 앵거스가 병 걸린 친구를 간호하다가 정글병에 걸려 죽었다고 생각했다. 앵거스의 시체를 검진한 의사는 사망원인이 병이 아니라, 굶어서였다는 사실을 알게 되었고 나머지 포로들은 충격을 받았다. 한편으로는 부끄러웠다. 그 시간 이후로 포로들은 각자 병든 전우를 한 사람씩 책임지기로 했다. 저녁마다 벌어졌던 절도사건은 수용소에서 사라졌다. 아픈 포로들을 돌봐주기 시작하더니, 앵거스처럼 자신의 음식을 나눠주는 사람이 생겨나기 시작했다.

평범한 포로 한 사람의 희생으로 인해 군율과 명예가 사라졌던 포로들은 다시 군인으로 되돌아갈 수 있었다. 그리고 2차 대전이 끝날 때까지 남은 중대원들은 한 사람도 죽지 않고 모두 살아서 고국으로 돌아올 수 있었다.

누구나 열악한 환경이 되면 자신이 지키고 있던 가치와 신념을 버리고 편법을 쓰고 싶은 유혹을 느끼게 된다. 그런 가운데서도 반드시 지켜야 할 마지노선을 넘지 않는 사람은 있다. 죽음을 무릅쓰고 명예를 지키는 사람, 다른 사람들이 가는 대로 휩쓸리지 않고 동화되지 않는 사람, 그런 사람들이야말로 우리가 마땅히 리더라고 불러야 할 사람들이다.

♟ 언변이 문제가 아니라 태도가 문제이다

고대 사회에서 '박수'와 '술객'은 우주와 천체를 연구하여 이를 토대로 길흉화복을 예언하는 자들이다. 그들은 당시 학문 전반에 걸친 연구와 탁월성을 가진 자들이었기에 왕의 자문 역할을 감당하고 있었고, 다니엘과 세 친구가 그 자리에 등용되었다.

그러던 어느 날, 느브갓네살 왕이 매우 이상한 꿈을 꾸었다. 꿈의 내용이 너무도 복잡하고 난해하여 왕은 잠을 못 이룰 정도로 불안하고 두려웠다. 왕은 즉시 왕궁의 술사들을 불러들였다. 고대 사회에서 꿈은 매우 중요한 계시였고, 박수와 술객으로 구성된 왕의 현자들은 꿈 해석과 점성술에 정통해 있었다. 왕이 현자들을 소집하자, 각국에서 뽑혀온 박수와 술객, 점쟁이와 술사들 모두가 모였다. 그들은 종교 지도자이면서 막강한 정치적 입김을 행사하던 세력가들이었다.

왕은 그들에게 자신이 꾼 꿈의 의미를 알고 싶다고 말했지만, 어떤 꿈을 꾸었는지는 말해주지 않았다. 현자들은 당황했다. 무슨 꿈을 꾸었는지를 말해줘야 해석을 할 텐데, 꿈의 내용까지 맞추라고 하니 눈앞이 캄캄했다. 아무리 꿈을 알아야 해몽을 할 수 있다고 해도, 왕의 명령은 단호했다.

"내 명령은 확고하다. 너희가 꿈의 내용과 해몽, 둘 다를 나에게 말하지 못하면, 너희의 몸은 모두 토막이 날 것이고, 너희의 집은 쓰레기 더미가 될 것이다. 만일 내가 꾼 꿈의 내용과 해몽을 말하면, 너희에게 선물과 상과 큰 명예를 주겠다. 그러니 꿈과 해몽 두 가지 모두를 나에게 말하라."

현자들은 황당했다. 잘못하다가는 그동안 누렸던 부와 권력이 한꺼번에 날아갈 판이었다. 사실 왕의 눈에는, 그들은 가진 능력 이상으로 호의호식하며 부와 권세를 누리는 자들로서, 신들의 계시를 전하는 자들의 한마디에 민심이 일희일비하기 때문에 함부로 내칠 수도 없었다. 자신의 꿈을 빌미로 왕은 그들을 시험하고자 했으며, 집권 초기에 현자들의 버릇을 고쳐놓고 싶은 마음도 있었다. 왕의 의도를 눈치 챈 듯 현자들은 왕에게 저항했다.

"왕께서 아시고자 하시는 바를 알려 드릴 수 있는 사람은 세상에 없습니다. 일찍이 그 어떤 위대한 왕이나 통치자도 마술사나 주술가나 점성가들에게, 이렇게 물어본 적은 없었습니다. 왕께서 물어보시는 것은 너무 어려워서, 신들이라면 몰라도 아무도 그 일을 알려 드릴 수 없을 겁니다."

잠자코 듣고 있던 왕의 분노가 폭발했다. 왕의 얼굴이 변하더니 "바벨론의 모든 지혜자들을 남기지 말고 잡아 죽여라." 하는 명령이 떨어졌다. 어느 누구도 서슬 퍼런 왕의 명령에 제동을 걸지 못했고, 바벨론 왕궁은 피바람이 불기 시작했다. 어전 회의에 있던 박수와 술객들은 그 자리에서 모두 참수를 당했고, 말단인 다니엘과 세 친구들도 곧 참수당할 위기에 처했다. 왕의 근위대장인 아리옥이 바벨론의 지혜자들을 죽이려고 바쁘게 돌아다닐 때, 다니엘은 목숨을 걸고 그를 막아서며 말을 걸었다. 그는 자신을 죽이려고 돌아다니는 군인들을 보면서도 도망가거나 당황하지 않았다.

근위대장에게 조용히 다가가서 '지혜롭고 슬기로운 말로' 이 피바람의 원인이 무엇이냐고 물어봤다. "도대체 왕이 왜 그토록 잔혹한 명령을 내리게 되었는가?"를 질문한 것이다. 그러자 근위대장 아리옥은 그동안 있었던 일을 모두 다니엘에게 말해주었다. 모든 사건의 경위를 들은 다니엘은 빠르게 왕에게 나아갔다. "왕께서 조금만 시간을 주시면 꿈의 내용과 해석을 알려 드릴 수 있습니다."

이 한마디의 말로 바벨론 왕궁의 피바람은 멈췄다. 왕이 듣고 싶어 했던 유일한 대답이 다니엘에게서 나왔기 때문이었다.

말 잘하는 리더, 잘 말하는 리더

리더에 대한 가장 흔한 오해가 '말을 잘해야 한다'는 것이다. 물론 말을 잘하면 유리하지만, 리더가 꼭 언어의 마술사가 될 필요는 없다. '말을 잘하는 것'보다 중요한 것은 '잘 말하는 것'이다. 지혜로운 말이란, 언변의 문제가 아니라 태도의 문제이다. 그 사람이 가지고 있는 '태도의 합'이 말로 나타난다. 그러므로 '잘 말한다'는 것은 좋은 태도를 가지고 있다는 뜻이며, 태도는 말의 내용이 아니라 방식이다.

왕이 꿈의 내용을 말하라고 몰아붙이자 선왕 시절부터 있었던 현자들은 "우리 중 누구도 그런 일을 할 수 없다"라고 저항했다. 겸손하게 능력 없음을 시인한 것이 아니라 "세상 어떤 위대한 왕도 그런 식으로 우리를 밀어붙인 왕은 없었다"라며 비꼬았다. "우리는 그 정도의 일은 하지 못합니다. 그런 능력은 없습니다." 하고 솔직하게 말하는 대신, 선왕과의 관계를 권위로 내세워 자신들의 정당성을 주장하는 바람에 왕의 화를 자초했다. 권위는 내세운다고 해서 세워지는 것이 아니다. 스스로 높이는 것이 아니라 남이 높여주는 것이 권위의 속성이다. 신하들은 '맞는 말'을 했지만, '잘 말하는 법'은 몰랐다.

다니엘은 왕의 어전회의에 참석하지 못했기 때문에 갑자기 불어 닥친 피바람의 이유가 궁금했다. 회의에 참석했던 고위 관료들은 이미 참수를 당했고, 점점 하급 관리들에게까지 처형이 확산되고 있었다. 그는 살기등등한 군인들을 보면서도 당황하거나 숨지 않았다. 침착하고 대범하게 근위대장에게 찾아가 이 난리의 이유를 캐물었다.

왕의 명령에 따라 근위대장은 다니엘을 보자마자 죽였어야 옳았다. 그런데 근위대장은 오히려 다니엘에게 상세하게 이유를 설명해주었다. 이것은 다니엘과 근위대장이 평소에 깊은 친분이 있었음을 알려준다. 겸손하고 온화한 태도는 적을 만들지 않는다. 선왕 때부터 부와 권력을 거머쥐고 있던 박수와 술객들과는 달리, 다니엘은 귀 기울여 경청하고, 지혜롭게 생각하고, 온유하게 말하는 태도를 가지고 있었다.

다니엘이 "조금만 시간을 주시면 꿈의 내용과 해석을 알려 드릴 수 있습니다"라고 말할 수 있었던 이유는, 근위대장의 말을 '잘 들었기 때문'이었다. 그는 사건의 핵심을 근위대장을 통해서 상세히 파악했다. '잘 말하기' 위해서는 먼저, '잘 들어야' 한다. 핵심 문제가 무엇인지를 잘 들어야, 핵심을 간파한 대답을 할 수 있기 때문이다.

다니엘의 한마디 말에 왕은 자신의 명령을 중지시켰다. 단 한마디 말로 왕의 분노를 누그러뜨린 것이다. 다른 사람들은 비겁한 변명을 늘어놓으며 자기의 목숨과 기득권을 지키기에 급급할 때, 다니엘만은 겸손하고 온유한 말로 "조금의 시간만 주시면 꿈의 내용과 해석을 내놓겠다"라고 말했다. 왕은 처음으로 마음에 드는 대답을 들었다.

절체절명의 위기상황에서는 복잡하고 긴 말이 아니라, 짧고 단순한 말로 승부를 내야 한다. 핵심을 찌르는 한마디 말로 위기상황을 극복해 내야 한다. 그러나 짧고 임팩트 있는 말이라고 해서 겸손하고 온유한 태도를 잃어버려서는 안 된다. 핵심을 찌르되, 겸손한 태도를 유지하는 것이 잘 말하는 방법이다. 리더는 시간과 장소, 현재 상황을 고려해서 잘 말하는 법을 연습해야 한다. 리더의 한마디 말이 공동체의 운명을 결정할 수 있기 때문이다.

♟ 혼자서 성공하는 사람은 없다

바벨론 왕궁에 몰아치던 피바람은 멈췄지만, 다니엘에게는 해결해야 할 과제가 남아 있었다. 다음 날 아침이 되면 바벨론의 모든 현자들은 남김없이 처형을 받을 것이었다. 도망을 친다 해도, 어디를 가든지 죽는 것은 시간 문제일 뿐이었다. 다니엘은 기숙사로 돌아가서 친구들을 불러 모았다. 그는 친구들에게 모든 일을 알려주고, "하나님께서 긍휼을 베푸셔서 왕이 꾼 꿈의 비밀을 알게 해주시기를 기도하자"라고 부탁했다.

한참을 기도하던 그날 밤에 다니엘은 왕의 꿈에 대한 환상을 보고 모든 비밀을 알게 되었다. 그것은 감당하기에도 엄청나고 위대한 비밀이었다. 다니엘은 하나님께 눈물의 감사와 찬송을 드렸다. 다음 날, 다니엘이 다시 왕 앞에 나왔다. 침착하고 당당하던 다니엘의 얼굴은 흥분과 떨림으로 상기되어 있었다. 왕이 다니엘에게 물었다.

"너는 내가 꾼 꿈을 말하고, 해몽까지 할 수 있겠느냐?"

다니엘이 왕에게 대답했다.

"왕께서 물으신 비밀은, 어떤 지혜자나 주술가나 마술사나 점성가도 알려 드릴 수 없을 것입니다. 비밀을 알려주시는 분은 오직 하늘에 계시는 하나님뿐이십니다. 하나님이 왕에게 앞으로 일어날 일이 무엇인지를 알려주셨습니다. 왕께서 침상에 누워 앞날의 일을 생각하고 계실 때 보신 환상은 이러합니다."

다니엘은 꿈의 내용을 상세하게 설명하기 시작했다.

"왕께서 꿈에 보신 것은 거대한 신상인데, 머리는 순금이고, 가슴과 팔은 은이고, 배와 허벅지는 놋이며, 무릎 아래는 쇠이고, 발의 일부는 쇠와 진흙이었습니다. 그런데 난데없이 돌 하나가 날아 들어와서 신상의 발을 부서뜨리자, 신상은 다 부서져 날아갔으며, 신상을 친 돌은 큰 산이 되어, 온 땅에 가득 차는 꿈이었습니다."

왕의 몸이 얼어붙었다. 다니엘이 말한 내용이 자신의 꿈과 정확하게 일치했기 때문이다. 왕이 아무런 말이 없자, 다니엘은 곧바로 해석을 시작했다.

"금으로 된 머리는 느브갓네살 왕이며, 왕의 뒤에 왕보다 못한 다른 나라가 일어날 것이고, 그 뒤에는 그보다 못한 놋쇠로 된 셋째 나라가 온 땅을 다스리게 될 것입니다. 넷째 나라는 쇠처럼 강해서 모든 것을 으깨고 박살낼 것이며, 쇠와 진흙이 함께 있음 같이 그 나라는 나누어질 것입니다. 마지막으로 하늘의 하나님이 한 나라를 세우실 것인데 그 나라는 영원히 망하지 않을 것이며, 그 나라가 다른 모든 나라를 쳐서 멸망시키고 영원한 나라가 될 것입니다. 이 꿈은 반드시 이루어질 것이고, 이 해몽은 틀림이 없습니다."

다니엘의 설명이 끝나자 왕좌에 있던 왕이 아래로 황급히 내려왔다. 그는 다니엘 앞에 서더니 그대로 엎드려 절을 했다. 그러고는 신하들에게 명령을 내려 예물과 향품을 가져오도록 하는 한편 다니엘에게 이같이 말했다.

"너의 하나님은 참으로 모든 신 가운데 으뜸가는 신이요, 모든 왕 가운데 으뜸가는 군주이시다. 네가 이 비밀을 드러낼 수 있었으니, 과연 그대의 하나님은 비밀을 드러내는 분이시다."

왕은 다니엘의 지위를 승진시켰다. 그에게 귀한 선물을 많이 주었고, 바벨론 지역의 통치자와 바벨론 모든 지혜자의 최고 어른으로 격상시켰다. 바벨론의 어떤 지혜자도 풀지 못한 비밀을 풀었기 때문에 다니엘이 모든 지혜자, 술객, 마술사, 점성술사들의 어른이 됨이 마땅했다.

다니엘은 자신의 세 명의 친구를 등용해줄 것을 요청했고, 왕은 세 친구를 바벨론 지방의 일을 맡아서 다스리게 했다. 오직 다니엘만은 왕궁에 머물러서 왕의 일을 논의하는 최측근으로 남겨두었다. 이후부터 왕은 다니엘과 모든 문제를 의논했다. 왕은 다니엘을 아끼고 사랑했으며 어렵고 힘든 일일수록 다니엘을 더욱 의지했다. 20세가 되지 않은 어린 나이에 다니엘은 왕의 전폭적인 신임을 받는 바벨론 제국의 2인자가 되었다.

윗사람을 헤아림

자신의 꿈을 해몽하는 것뿐 아니라, 무슨 꿈을 꾸었는지를 맞춰보라는 왕의 요구는 무리해 보일 수도 있다. 그러나 느브갓네살 왕은 무턱대고 무리한 요구를 하는 단순한 왕이 아니었다. 군사, 경제, 정치, 문화적으로 바벨론의 황금기를 가져온 뛰어난 왕이었다. 윗사람이 무리한 요구를 할 때는 반드시 이유가 있다.

느브갓네살 왕은 선왕 때부터 부와 권력을 누려온 술사들을 검증하려 했다. 그들의 말 한마디로 백성과 왕의 운명이 결정될 수 있었다. 술사들이 "왕의 부덕함으로 가뭄이 들었다"라는 신탁을 내리기만 하면 하루아침에 왕의 운명이 바뀔 수 있었다. 이 강력한 세력을 다루려면 견제와 야합

중 하나를 택해야 했는데, 느브갓네살 왕은 견제를 택했고, 견제의 도구로 자신의 심상치 않은 꿈을 이용한 것이다.

왕은 자신의 꿈이 바벨론 제국의 운명을 보여준 꿈이라는 확신이 있었다. 자신의 꿈이 신탁이고, 술사들의 해몽도 신탁이라면, 어떤 꿈을 꾸었는지도 신탁으로 알아낼 수 있어야 했다. 그것만이 꿈의 해몽이 올바른지 알 수 있는 유일한 방법이었다. 더불어 세치 혀로 바벨론을 좌지우지했던 술사들의 실력을 확인할 좋은 기회이기도 했다.

술사들은 왕의 의중을 파악하지 못했다. 그저 "왕의 요구가 무리하다"라는 말로 잘못을 꼬집었다. "어떤 왕도 그런 요구를 하지 않았었다"라는 말은 '무식하고 경우 없는 명령'이라는 뜻이다. 이 말 때문에 왕이 분노하여 처형 명령을 내린 것이다. 윗사람이 무리한 요구를 할 때, 그의 자존심을 건드리면 상황이 악화될 뿐이다. 먼저 할 일은 화를 누그러뜨려야 한다. 이해하지 못할 지시를 내린다 해도, 지시의 부당함과 불합리성에 분개할 것이 아니라, 먼저 존중하고 따르는 태도를 보여야 한다. 아랫사람들은 윗사람의 깊은 의중을 모르는 경우가 많고, 윗사람의 오랜 경험과 안목을 가지기가 힘들다. 불합리해 보여도 깊은 뜻이 있을 것이라 생각하면서 순종하면, 결국 상사로부터 인정을 받게 된다.

다니엘은 왕에게 겸손한 자세로 요청했고, 왕은 화를 누그러뜨리며 다니엘의 요청을 수용했다. 존중과 겸손의 말이 피바람을 멈추게 한 것이다. 나를 대하는 상대의 태도는, 상대를 대하는 나의 태도에 달려 있다. 내가 존중하면 상대도 나를 존중하게 돼 있다. 모두 처형해야 끝날 것 같았던 피바람도 '겸손과 존중의 말'로 멈추게 할 수 있다. 결국, 왕의 입장에서도 손해는 아니었다. 술사들이 왕을 두려워하게 되었을 뿐만 아니라, 자신의 존재감을 강력하게 드러냈으니, 이쯤에서 피바람을 멈추는 것이 왕에게도 유익이었다. 게다가, 만약 다니엘이 꿈을 풀어내지 못하면 다니엘만 희생양이 될 것이니, 자신의 권위에는 아무런 지장도 없었을 것이다.

동료와의 팀워크

왕궁에서 퇴근한 다니엘은 동료들이 있는 기숙사로 돌아갔다. 그는 친구들에게 문제의 심각성을 설명하고, 해결의 실마리를 찾기 위해 기도해 달라고 부탁했다. 그들은 그날 밤새도록 다니엘과 자신들을 위해 힘써 기도했다. 모든 리더에게는 팀이 필요하고, 함께 모이는 장소가 필요하다. 다니엘에게는 함께할 수 있는 동료들과, 모일 수 있는 장소가 있었다. 어렵고 힘들 때마다 그들의 기숙사에서 기도하고 위로하며 서로 도왔다.

세계 최고의 글로벌 리더들이 승승장구할 수 있었던 이유도, 개인보다 팀이 더 위대함을 알았기 때문이다. 작든지 크든지 성공을 이룬 리더는 반드시 지지자들이 있다. 그들은 서로 간의 절대적인 지지를 주고받는다. 언제 등에 칼이 꽂힐지 알 수 없는 바벨론 제국의 정치 현장에서 다니엘 혼자의 힘으로는 버티기 어렵다. 어려운 환경을 뚫어 내기 위해 마음이 통하고 비전을 공유할 수 있는 사람들과 팀을 이루어 공동체를 형성해야 한다.

다니엘과 세 친구는 강한 결속력을 가진 팀이었다. 서로 돌아볼 수 있고 격려할 수 있으며, 위기가 올 때 함께 돌파하는 팀이었다. 목숨이 왔다 갔다 하는 열악한 환경이 그들을 운명공동체로 묶어주었고, 리더 다니엘을 중심으로 똘똘 뭉치게 했다.

뛰어난 리더라도 혼자서는 성공할 수 없으며, 평범한 리더라도 팀에 기초하면 뛰어난 리더가 될 수 있다. 다니엘이 뛰어나기만 했다면 친구들의 지지를 받지 못했을 것이다. 뛰어난 리더이면서도 겸손하고 상호 존중하는 리더였기 때문에 강력한 팀워크를 이룰 수 있었다. 아무리 '군계일학'의 리더라도, 자신의 뛰어남을 과시하고 뽐내기만 하면 다른 사람들이 싫어하기 마련이다.

리더는 자신의 뛰어남은 감추고, 오히려 부족함을 드러내어 상호보완적인 관계를 구성해야 한다. 혼자 다할 수 있는 독불장군은 절대 오래가지 못한다. 동료와의 상호보완적인 관계 구축으로 팀워크의 구조를 키워라. 구조가 커지고 단단해지면, 그 구조 속의 사람은 자연히 커지고 단단해지기 마련이다.

♟ 자기 자리에서 최고가 되어라

인간의 역사는 끊임없이 요동친다. 강력한 군사력과 경제력을 자랑하던 제국도 시간이 가면 몰락하기 마련이고, 나라도 바뀌고 정권도 바뀌며, 권력자도 바뀐다. 바벨론 제국도 예외일 수는 없었다. 바벨론의 전성기를 가져왔던 느브갓네살 왕이 죽자 바벨론의 국운은 급속도로 기울었고, 신흥 강대국들의 도전은 점점 더 거세졌다. 정복 전쟁을 해야 할 상황에 방어 전쟁이 계속되더니, 바벨론이 페르시아와의 전투에서 대패하자, 메데-페르시아 군대가 난공불락이라는 바벨론 성을 포위해 버렸다.

바벨론 성은 유프라테스강을 옆에 두고 있는 이중 성벽이었기 때문에 난공불락의 성으로 불렸다. 거대한 사각형의 도시인 바벨론 도성은 100여 개의 청동문과 이중 성벽을 가지고 있었으며, 높은 탑으로 형성된 방어진지를 구축하고 있었다. 가장 강력한 방어 시스템인 유프라테스강의 물이 성 전체를 둘러싸고 있었기 때문에 전차나 말이 들어올 수 없었고, 성 안의 식량은 10년 이상 먹을 수 있을 만큼 풍족했다.

그동안 한 번도 점령당한 적 없는 난공불락의 요새와 성내의 풍족한 식량을 믿고 있던 바벨론의 마지막 왕 벨사살은 1,000명이 넘는 고위층 관리들과 왕족들을 불러 잔치를 베풀고 있었다. 그들은 바벨론 도성은 절대 무너지지 않는다는 헛된 믿음을 가지고 있었다.

바벨론 도성을 포위한 페르시아의 고레스 왕은 몇 년 동안 바벨론 성을 함락할 수 없게 되자 묘책을 생각해냈다.

"도성 주위로 흐르고 있는 강의 물줄기를 다른 곳으로 돌리면 물의 양이 줄어들 것이다."

그는 즉시 실행에 옮겼고, 물의 양이 줄기 시작했다. 이내 페르시아 군대는 강을 건너 선착장에 있는 문을 통해 바벨론을 기습했다. 바벨론의 왕과 귀족들은 성이 함락되는 순간에도 향락에 빠져 흥청망청거리다가 죽임을 당했다.

바벨론을 정복한 페르시아의 고레스 왕은 페르시아의 왕과 메데의 공주가 정략결혼을 통해 낳은 아들이었다. 고레스 왕은 페르시아를 강력한 나라로 일으켜 세워 메데-페르시아 제국을 이룩했는데, 메데-페르시아 제국은 고레스가 강력한 페르시아를 세우기 위해 과도기적으로 세운 제국이었다.

고레스는 메데-페르시아의 임시 수도를 바벨론으로 정하고, 메데의 왕인 다리우스를 지도자로 임명했다. 자신은 정복 전쟁을 해야 했기 때문이었다. 이로써 바벨론의 시대가 막을 내리고 페르시아의 시대가 시작됐는데, 이때 다니엘의 나이는 80세 초반이었다.

메데-페르시아의 왕 다리우스는 행정에 뛰어난 왕이었다. 밖에서 고레스가 정복 전쟁을 수행하는 동안 다리우스 왕은 제국 내부의 행정을 정비하기 시작했다. 그는 지방장관 120명을 세워서 나라를 다스리게 했고, 그 위에 3명의 총리를 세웠다. 지방장관들은 3명의 총리에게 업무를 보고하도록 했는데, 가장 뛰어난 총리를 나라의 통치자로 삼았다. 이 중요한 요직에 발탁된 사람은 놀랍게도 다니엘이었다.

한 나라가 망하면 그 나라의 왕족과 주요 인물들도 같이 처형되는 것이 관례였다. 그런데 망한 제국 바벨론의 최고 관직에 있었던 다니엘이 새로운 제국의 최고 관직에 다시 전격 등용되었다. 관직에서 물러나 있던 80세 노인 다니엘의 명성은 새로운 제국 페르시아에서도 빛을 발했다. 다른 2명의 총리들은 다리우스 왕의 인사에 불만을 가졌다. 표면적인 이유는 망한 제국 사람을 상관으로 모셔야 했기 때문이지만, 다니엘처럼 곧은 사람이 상관이 되면 그들의 부정부패가 고스란히 드러나기 때문이었다. 그들은 다니엘의 약점을 찾기 위해 눈에 불을 켜고 달려들었다. 다니엘을 끌어내리기 위해서 모든 자료를 이 잡듯이 뒤져 트집 잡을 만한 내용을 찾으려 했다. 그러나 도무지 다니엘을 공격할 빌미를 찾아내지 못했고, 오히려 다니엘이 얼마나 뛰어나고 깨끗한가를 증명하는 꼴이 되고 말았다.

깨끗한 리더

2명의 총리는 다니엘이 어떻게 평생을 그렇게 살았는지 궁금했다. 면밀히 조사해본 결과 다니엘은 바벨론에 끌려온 날부터 '하나님의 율법'을 지키기 위해 목숨을 걸었다는 것을 알아냈다. 그들은 그 법을 문제 삼지 않고는 다니엘을 고발한 근거를 찾을 수 없다고 판단했다. 그들은 묘책을 꾸며 왕에게 나가서 제안했다.

"다리우스 왕이여. 만수무강하시기를 빕니다. 이 나라의 대신들과 고문들과 총독들이 의논한 바가 있습니다. 왕께서 이것을 금령으로 내려주시기를 요청합니다. 아직도 바벨론의 신들을 버리지 않은 자들이 많습니다. 앞으로 30일 동안 임금님 말고 다른 신이나 사람에게 무엇을 간절히 구하는 사람은, 누구든지 사자굴에 집어넣기로 하는 법령입니다. 이 법령을 통해 왕께서는 반역자들을 찾아내실 수 있을 것입니다."

다리우스 왕은 좋은 방법이라 여겨 자신의 도장을 찍어 금령을 선포했다. 다니엘은 왕이 금령 문서에 도장을 찍은 것을 알고도, 자기의 집으로 돌아가 다락방으로 올라가 기도했다. 그때 다니엘을 모함하는 사람들이 들이닥쳐, 기도하는 장면을 목격했고, 왕에게 다니엘을 고발했다. 메데와 페르시아의 법은 왕의 금령은 반드시 지켜야 했고, 금령을 내린 왕이라도 그것을 변경할 수 없었다. 끌려온 다니엘을 본 왕은 당황했다. 왕의 수석 고문인 다니엘을 사자굴에 던져야 했기 때문이다.

왕은 괴로워하면서 다니엘을 구하고자 신하들을 전부 불러 모았다. 법전과 금령서를 전부 펼쳐서 왕의 법령을 시행하지 못하게 하는 새로운 법을 찾아내야 했다. 그래야만 다니엘을 살릴 수 있었다. 그들이 온종일 연구하며 방법을 찾았지만, 법령을 무효화시킬 수 있는 길이 없었다. 왕은 자신에게 화가 났다. 총리들이 왕의 존엄성을 높이거나 영광을 돌리기 위함이 아니라, 왕을 부추겨 다니엘을 죽이려고 농간을 부렸음을 뒤늦게 깨달았기 때문이다.

왕은 어쩔 수 없이 집행명령을 내렸다. 해가 질 때, 다니엘은 사자굴에 던져졌고, 밤이 새도록 왕은 잠을 이룰 수 없었다. 밤새도록 자신을 이용한 총리들의 간계에 분노하면서, 한편으로는 사자의 발톱에 찢겨 죽임을 당할 다니엘 때문에 괴로웠다. 멀리 여명이 밝아 오더니 곧 아침이 왔다.

수척해진 왕은 곧바로 사자굴로 달리기 시작했다. 혹여나 다니엘이 살아 있을지도 모를 일이었다. 사자굴에 도착한 왕이 급히 외쳤다.

"하나님의 종 다니엘아. 네가 늘 섬기는 하나님이 너를 사자들로부터 구해주었느냐?"

잠시 후 믿을 수 없는 대답이 들려왔다.

"왕이시여. 만수무강을 빕니다. 나의 하나님이 천사를 보내셔서 사자들의 입을 봉하셨습니다. 사자들이 저를 해치지 못했습니다. 이것은 제가 하나님 앞에서 죄가 없다는 것과, 왕께도 죄가 없다는 증거입니다."

놀란 왕은 뛸 듯이 기뻐하며 다니엘을 끌어올렸다. 다니엘의 몸에 상처 하나 없다는 것이 놀라웠다. 왕은 곧바로 다니엘을 음해하여 함정을 판 총리들을, 그들의 자식들과 아내들까지 함께 사자굴에 던져 넣으라고 명령했다. 다니엘 제거에 성공한 정적들은 축배를 들며 기뻐하고 있다가, 잔의 포도주를 비우기도 전에 사자굴에 던져졌다. 사자들은 그들이 굴 바닥에 떨어지기도 전에 뼈까지 움켜 찢어 놓았다.

이후 다니엘은 다리우스 왕은 물론, 고레스 왕이 다스리는 동안에도 왕의 총애를 받았다. 4명의 왕을 섬긴 탁월한 총리 다니엘은, 직무 능력은 물론, 도덕성, 영성, 책임감, 성실함 등 모든 면에서 인정받은 뛰어난 사람이었다.

탁월한 리더

메데-페르시아 제국은 이집트, 팔레스타인, 터키, 그리스, 중앙아시아를 거쳐 인도의 인더스강까지 이르는 광활한 영토를 차지한 제국이었다. 광활한 제국을 다스리기 위해 초대 왕인 다리우스는 영토를 120개로 나누어 총리 3명이 나눠서 다스리게 했다. 그중의 수석 총리로 세워진 사람이 다니엘이었다. 다니엘은 망한 유대의 포로 출신이었고, 망한 바벨론의 총리였는데 어떻게 그를 세울 수 있었을까?

왕이 보기에 다니엘만큼 경험이 풍부하고 충실한 사람은 없었다. 정적들이 눈에 불을 켜고 흠을 찾으려 해도, 도저히 찾을 수 없을 만큼 충실했다. 도덕과 윤리의 표준이었고, 성실함의 표준이었다. 게다가 느브갓네살왕에게 전격 등용되어 수십 년 간 제국의 총리로 일한 경험은, 새로운 제국의 기반을 놓는 데 꼭 필요한 경력이었다.

왕은 다니엘을 신뢰했고, 그의 탁월한 능력에 의지했다. 그래서 정적들이 다니엘을 함정에 빠뜨렸을 때도 다니엘을 살리기 위해 최선을 다했다. 왕이 다니엘을 얼마나 신임했는지는, 사자굴 사건 이후에 2명의 총리와 고관들을 사자굴에 던져 버린 것을 보면 알 수 있다. 총리 3명 중 2명이 하루아침에 죽으면 정치적 공백은 물론 군사적인 공백이 생기게 된다. 다리우스 왕은 바보가 아니었다. 그는 다니엘을 나머지 총리 2명은 물론 그들에게 속한 고관들을 합친 것보다 귀중하게 여겼다. 다니엘만 있으면 그 공백들은 얼마든지 메울 수 있다고 생각했기 때문이었다.

특정 분야에서 최고가 된 사람들은 '재능을 타고났을 것'이라 생각하지만, 그들이 탁월해지는 과정에 대해서는 정작 아무도 궁금해 하지 않는다. 뛰어난 사람들은 눈부신 기량을 발휘하기 위해 매일 꾸준하게 훈련을 한다. 그들의 반복적인 훈련을 눈으로 확인한다면, 섣불리 '타고난 재능'이라 단정 지을 수 없을 것이다.

어떤 놀라운 능력에 대해 그것이 갑자기 튀어나온 것처럼 결론만 부각하는 것은 어리석은 일이다. 최고의 실력자들도 사실은 가장 낮은 수준부터 시작했다. 태어날 때부터 특정 분야에 최고인 사람은 존재하지 않는다. 충실하게 쌓아 올린 매일의 합이 탁월함으로 나타나는 것이다. 어떤 것이든 규칙적인 반복은 습관이 되고, 습관이 반복되면 탁월함이 된다.

다니엘의 탁월함은 매일 반복되는 세 번의 기도에 기초했다. 그는 하루 세 번 시간을 정해놓고 다락방에 올라가 기도했다. 그 다락방의 창문은 자신의 조국인 예루살렘 성전을 향하고 있었다. 그 시간을 통해 다니엘은 사소한 일에 예민하게 반응하지 않고, 객관적으로 상황을 바라보며, 항공 촬영하듯 전체를 조망할 수 있었다. 다니엘의 정직, 성실, 순결의 기초가 거기에 있었다.

에이브러햄 링컨은 "나무를 베는 데 6시간을 준다면, 4시간은 도끼날을 가는 데 쓸 것이다"라고 했다. 무뎌진 영혼으로는 아무리 도끼질을 해도 나무를 베어 내지 못하고, 힘만 빠질 뿐이다. 링컨은 백악관을 기도의 집으로 삼아 도끼날을 갈았고, 다니엘도 매일 세 번의 시간을 정해놓고 도끼날을 갈았다.

8

전략의 리더

느헤미야

[   ]

느헤미야

느헤미야는 페르시아의 왕궁에서 왕이 마시는 술을 취급하고 관리하는 고위 관직에 등용됐던 유대인이다. 정치가였고 외교관이었으며, 건축자로서 탁월한 조직 구성 능력을 갖춘 지도자였다. 그의 지위는 대단한 영향력과 명예를 가진 자리였다. 술을 취급하는 관원은 왕이 술을 마시기 전에 자신의 손바닥에 약간의 술을 부어 마셔 봄으로써 술에 독이 들어 있는지 확인하는 자리였다. 고고학적 자료에 의하면 당시의 술 관원들은 왼손에는 술잔을 들고 오른손에는 종려나무(대추야자) 잎으로 만든 부채를 들고 있으며, 왼쪽 어깨에는 왕의 입술을 닦아주기 위한 긴 수건을 걸친 모습을 하고 있다.

페르시아

페르시아는 현재의 이란 지역에 발흥했던 옛 왕조들을 가리키는 명칭이다. 옴스테드가 쓴 《페르시아 제국사(History of the Persian Empire)》에 의하면, 한 비문에서 페르시아의 다리우스 대왕은 '페르시아 사람이자 페르시아 사람의 아들이며 아리아인의 후예인 아리아인'이라고 자신을 묘사했다. 그리스의 알렉산더가 페르시아를 공격하여 페르시아군을 여러 번 격퇴하고 페니키아에서부터 이집트를 빠른 속도로 점령했으며, 다우가메라 전투(BC 331)에서 제국군대에게 결정타를 가했다. 기원전 332년 다리우스 3세가 자신의 부하에게 암살당하며 아카메네스 왕조의 페르시아 제국은 막을 내렸다.

총독

총독은 군사력과 사법권을 가지고 있었으며, 자신이 다스리는 담당 지역에서 왕에게 세금을 잘 바쳐야 할 책임이 있었다. 총독 대부분은 자신의 배를 불리기 위해서 백성의 고혈을 짜냈다. 성서 시대의 강대국들은 자국에 이익이 되도록 점령 지역에 총독을 배치하였다.

고대 근동은 페르시아의 시대로 접어들었다. 다리우스를 페르시아 초대 왕으로 세웠던 고레스 왕은 정복 전쟁을 끝내자 자신이 왕의 자리에 올랐다. 왕좌에 앉은 고레스는 자신의 식민지 중에서 하나님을 섬기는 사람들은 모두 유다의 예루살렘으로 가서 성전을 짓도록 명령했다. 귀국하는 사람 중 도움이 필요한 사람이 있으면, 이웃에 사는 사람들이 은과 금과 세간과 가축을 주고 예루살렘에 세울 성전에 바칠 자원 예물도 들려서 보내도록 조치했다. 또한 바벨론의 느브갓네살 왕이 예루살렘에서 약탈해 온 성전의 그릇과 보물들을 돌려보내도록 명령했으며, 자신의 국고에서 비용을 들여 예루살렘 성전 재건에 동참했다.

고레스 왕이 이러한 칙령을 발표한 계기는 그가 발견한 두루마리 문서 때문이다. 고레스가 바벨론을 정복했을 때 이스라엘 민족의 경전을 발견하게 되는데, 자신의 이름과 해야 할 일까지 미리 예언된 성경을 발견했기 때문이다. 고레스 왕은 170년 전에 기록된 경전에서 자신의 이름을 발견하고 큰 충격에 빠졌다. 거기에는 자신이 잡은 유대인들을 놓아줄 것과 성전이 파괴될 것, 그 성전이 재건될 것이 자세하게 기록되어 있었다. 경전에 의하면 포로 생활의 기한은 70년이었는데, 고레스가 왕이 되었을 때는 유대인이 포로가 된 지 70년이 끝나가고 있을 무렵이었다. 고레스 왕은 자신이 해야 할 일이 무엇인지를 명확하게 알게 되었다.

유대인들은 예루살렘에 돌아오자마자 가장 먼저 성전을 재건했다. 예루살렘 성전은 유대인의 모든 것이었으며 정체성이었기 때문이다. 그들은 성전에서 예배하고, 성전에서 기도하고, 성전에서 속죄의 제물을 드려야 죄를 용서받을 수 있었다. 그들은 화가 머리끝까지 올라와도 성전이 눈에 보이면 절대 화를 내지 않았다. 급하게 용변 볼 일이 생겨도 절대 성전 방향으로는 하지 않았다. 그들이 기도하는 방향은 언제나 성전이었다. 따라서 무너진 성전을 재건축하는 것은 유대인들의 오랜 바람이었고, 민족 회복의 신호탄이며, 예루살렘 영광의 회복이기도 했다.

성전 재건과 함께 유대인들이 꼭 재건해야 하는 것이 '성벽'이었는데, 성전을 재건하고도 지역 전체를 방어하는 성벽이 재건되지 못하면 외세의 침입에 고스란히 노출되기 때문이다. 고레스 왕이 처음 유대 포로들을 돌려보낸 시기에는 성벽을 제외한 성전만 재건할 수 있었다. 주변 민족들이 성벽을 재건할 수 없도록 계속해서 방해했기 때문이다. 주변 민족들은 성벽까지 재건되어 이스라엘이 예전의 모습을 회복하는 것을 가만히 지켜보고 있을 수 없었다. 그들의 방해로 인해 예수살렘 성은 성벽이 무너진 채로 방치되어 있었다.

성벽이 무너져 있던 예루살렘 성은 오래가지 않아 이민족들에 의해 파괴되고, 결국에는 성문까지 불타버렸다. 예루살렘에 정착했던 사람들은 약탈과 무질서에 노출된 채 방치됐다. 사람들은 사로잡혔고, 남아있는 사람들은 업신여김을 받았으며, 정신적으로, 육체적으로 피폐한 삶을 살고 있었다. 이들의 고통을 구원해줄 새로운 리더는 예루살렘 성에서 1,000km 이상 떨어진 페르시아의 '수산 왕궁'에서 등장했는데, 그의 이름은 느헤미야이다.

♟ 목표가 뚜렷하면 방법이 날카로워진다

느헤미야 당시 페르시아의 왕은 아닥사스다 1세였는데, 느헤미야는 왕의 술 맡은 관원이었다. 그가 술 맡은 관원이었다는 것은 왕의 총애를 한몸에 받고 있다는 뜻이었다. 어떤 세력과도 결탁하지 않고, 좌우로 치우침 없이 왕을 보좌할 수 있는 정직하고 뛰어난 인물이 왕의 술 맡은 관원으로 발탁될 수 있었다. 술을 따르는 자가 다른 마음을 먹으면 그날로 왕이 죽을 수 있기 때문에, 왕이 자기의 목숨을 믿고 맡길 수 있는 사람, 친밀하게 국사를 논할 수 있는 사람만이 오를 수 있는 자리였다.

느헤미야가 고위관직의 임무를 수행하던 어느 날, 느헤미야의 동생과 어떤 유다 사람이 고통 받고 있는 유대 동족의 참담한 소식을 전해왔다. 자기 동족들이 성벽이 무너진 채로 약탈과 방화, 납치를 당하고 있다는 소식을 들은 느헤미야는 큰 충격을 받았다. 얼마나 큰 고통을 받고 있을지, 얼마나 많은 사람이 모욕과 능욕을 당하고 있을지 생각하자 눈물이 흘렀다.

그는 금식과 통곡으로 예루살렘 성벽과 성문을 재건할 수 있는 길이 열리기를 간절하게 기도했다. 마음 같아서는 당장이라도 예루살렘으로 뛰어가고 싶었다. 그러나 신하가 왕의 허락 없이 함부로 거처를 옮길 수는 없었다. 게다가 예루살렘은 '왕에게 대항하여 반역을 일삼는 성읍'이라는 오명을 뒤집어쓰고 있었기에, 섣불리 움직이다가는 반역의 주범이라는 누명을 쓸 위험도 적지 않았다.

예루살렘 성벽 재건이 실패했던 가장 큰 이유는, 예루살렘 성벽 재건을 금지하라는 왕의 명령이 내려져 있었기 때문이다. 예루살렘 주변의 민족들은 이스라엘이 재건되는 것을 막기 위해 여러 가지 사건들을 이용해서 페르시아 왕에게 각종 요청과 로비를 해왔고, 사실을 잘 모르는 페르시아 왕은 그들의 탄원을 받아들여 그런 명령이 내려져 있는 상태였다. 자칫하다가는 왕의 명령을 번복하려는 반란 세력이 될 수 있었다. 눈 딱 감고 민족의 고통을 무시하고 왕의 측근으로 호의호식하며 살 수 있었던 느헤미야였다.

그러나 그는 가만히 있을 수 없었다. 그가 왕의 술 관원이 된 이유가 바로 이 일을 위함이라는 생각이 들자, 목숨을 걸고 왕의 마음을 움직여야 한다는 사명감이 들었다. 그 후 몇 달이 지났다. 느헤미야가 왕에게 술을 따를 때였다. 느헤미야의 안색을 살피던 왕은 그의 얼굴이 평소와 다른 것을 발견하고는 이유를 물었다.

"안색이 좋지 않구나. 아픈 것 같지는 않은데, 무슨 걱정 되는 일이라도 있는 것이냐?"

느헤미야가 당황하며 대답했다.

"폐하께서 만수무강하시기를 빕니다. 소인의 조상이 묻힌 성읍이 폐허가 되고 성문들은 모두 불에 탔다는 소식을 듣고서, 감히 울적한 마음을 가누지 못했습니다."

느헤미야는 자기 조상들의 묘실이 황폐해졌음을 말하면서 도움을 청했다. 페르시아 사람들도 조상들의 묘실을 귀중하게 여겼기 때문이다. 조상들의 묘실 얘기가 나오자 왕은 이 충직한 신하에게 도움을 주고 싶었다. 한 번도 이런 얼굴을 본 적이 없었던 왕은 관대함과 애정을 가진 말투로 물었다.

"내가 도와줄 일이 있겠느냐?"

느헤미야는 기회가 왔음을 직감했다. 그는 왕에게 자신의 계획에 따라 도움을 요청하기 시작했다.

"왕께서 소신을 좋게 여기시고 허락해주신다면, 소인 조상의 묘실이 있는 유다 성읍의 총독으로 저를 보내주셔서, 그 성읍을 다시 세우게 해주시기를 바랍니다. 소인이 유다까지 무사히 갈 수 있도록 유프라테스 서쪽 지방의 총독들에게 보내는 친서를 몇 통 내려주시기 바라고, 왕실 숲을 맡아보는 아삽에게 나무를 공급하라고 친서를 내려주셔서, 그 나무로 성전 옆에 있는 성채 문짝도 짜고, 성벽도 쌓고, 소인이 살 집도 짓게 해주시기 바랍니다."

왕은 기꺼이 느헤미야를 유대 총독으로 임명했다. 이 충직한 신하를 자신의 곁에 두는 것이 좋았지만, 그의 근심을 덜어주고 싶은 마음이 더 컸다. 왕은 느헤미야의 모든 부탁을 들어주었을 뿐만 아니라, 장교들과 기병대가 함께 호위하도록 배려했다. 혹시라도 사고를 당하거나 목숨을 잃는다면 제국의 귀한 인재를 잃어버리는 꼴이 되기 때문이었다. 그만큼 느헤미야는 왕의 절대적인 신임을 받고 있었다.

그러나 이 일을 싫어하는 무리는 예루살렘 성벽이 재건되는 것을 탐탁지 않게 여기고 있었다. 호론 사람인 산발랏과 그의 종 암몬 사람인 도비야는 느헤미야가 왕의 명을 받아 유대로 가고 있다는 소식을 듣자, 어떻게 하면 느헤미야의 계획을 방해할 것인가를 고민하기 시작했다. 산발랏은 사마리아의 총독이었는데, 자신의 정치적 입지와 유대 지역에서의 영향력이 약화될 것을 두려워했기 때문이었다. 느헤미야가 예루살렘으로 다가올수록 산발랏의 근심은 커졌고, 이 일을 제지하기 위한 계략도 커져 갔다.

예루살렘에 도착한 느헤미야는 사흘 동안 쉼을 가졌다. 아직 아무에게도 성벽 재건을 위해 왔다는 말을 하지 않은 상태였다. 그는 밤에 수행원 몇 명만을 데리고 순찰을 하기 시작했다. 말을 탄 채 '골짜기의 문'으로 나가서 이곳저곳을 살펴보니 예루살렘 성벽은 다 허물어지고, 문들도 모두 불에 탄 채 버려져 있었다. 더 갈 수 없는 길에 이르기까지 순찰을 지속하던 느헤미야는 계곡을 따라 올라가면서 성벽 전체를 둘러보고는, 다시 나갔던 문으로 되돌아왔다. 예루살렘 성의 유다 사람들은 새로 부임한 총독이 밤에 순찰을 다녀온 것을 알지 못했다. 다음 날 아침, 새로 부임한 총독 느헤미야가 관리들과 백성들을 모두 불러 놓고는 자신의 계획을 말하기 시작했다.

"여러분이 아는 바와 같이, 우리는 지금 어려움에 빠져 있습니다. 예루살렘은 폐허가 되었고, 성문은 불탔습니다. 이제 예루살렘 성벽을 다시 쌓읍시다. 남에게 이런 수모를 받는 일이 다시는 없어야 할 것 아니겠습니까? 하나님이 나의 기도를 들어주셨고, 아닥사스다 왕도 나를 위해 힘껏 돕고 있습니다."

무기력과 비탄에 빠져 있던 사람들은 힘을 얻어 공사를 시작했고, 모두가 기꺼이 참여했으나, 호론 사람 산발랏과 그의 종 암몬 사람 도비야가 찾아와서 '성벽을 쌓는 일은 페르시아의 왕에게 반역하는 일'이라며 협박하기 시작했다. 아닥사스다 왕이 과거에 성을 재건할 때 왕에 대한 반역이라며 중지시킨 일이 있었기 때문이다.

그러나 느헤미야는 굴하지 않았다. 이미 왕의 허락을 받았으니, 반역이 될 수 없었다. 대제사장과 동료 제사장들, 그 외 많은 사람이 문을 만들어 바치고, 문짝을 제자리에 달았다. 사람마다 구역을 맡아서 문틀과 문짝, 빗장을 달고 무너진 곳을 보수해 가며 성벽을 쌓기 시작했고, 모든 사람이 한마음 한뜻으로 건축을 진행했다. 성벽은 당초 예상보다 빠른 속도록 복원되기 시작했다.

목표를 위한 구체적 방법

목표가 명확하다면 '구체적인 방법'이 제시되어야 한다. 구체적인 계획과 방법이 없는 목표는 휴지조각이나 마찬가지다. 구체적인 방법은 이루고자 하는 목표와 현실 사이에 존재한다. 그 차이를 명확히 알수록, 목표를 향한 방법이 날카로워진다. 느헤미야에게는 명확한 목표가 있었다. 무너진 예루살렘 성벽을 재건하고 성문을 다시 복원시키는 것이었다. 그 목표를 이루기 위해 몇 달을 기다리며 준비했다.

빠르게 변하는 시대가 되면서 우리는 '빨리빨리'라는 말을 입에 달고 산다. 지하철의 에스컬레이터에서도 걷거나 뛰어다니는 시대이다. 사람들은 점점 기다릴 줄 아는 지혜를 잃어가고 있다. 리더는 기다릴 줄 아는 지혜를 가진 사람이다. 모든 일에는 때가 있기 마련이다. 그렇다고 해서 무턱대고 기다린다고 때가 오는 것은 아니다. 자신이 할 수 있는 일을 하면서 기다리는 것이 지혜로운 리더이다.

느헤미야는 기다리면서 계획하기 시작한 지 4개월 만에 왕으로부터 기회를 포착했다. 기회가 오자 그는 번개처럼 기회를 붙잡았다. 왕이 무엇을 도와줄까를 물었을 때, 느헤미야는 준비해 놓은 치밀한 계획들을 막힘없이 쏟아 놓았다. 이루고자 하는 일과 현실 사이에서, 필요한 것이 무엇인지를 구체적으로 생각해 놓은 것이다. 4개월 동안 느헤미야의 생각은 완전히 무르익었고, 구체적인 목록들을 왕에게 즉각 요구할 수 있었다.

느헤미야가 왕의 허락을 받아 예루살렘에 도착한 후, 아무도 모르게 순찰을 나간 이유도 구체적인 상황과 필요 물품을 정확하게 준비하기 위함이었다. 이루고자 하는 목표와 현재 상황 사이의 갭을 파악한 느헤미야는 관리들과 백성들에게 비전을 제시했다. 구체적으로 준비해온 목재들과 자원도 제공했다. 모두가 희망이 없다고 말할 때 느헤미야는 희망을 말했고, 모두가 할 수 없다고 말할 때에 느헤미야는 실행할 수 있는 방법을 제시했다.

리더는 사람들이 불가능을 보고 좌절해 있을 때, 가능성을 보고 희망을 이야기할 수 있어야 한다. 그러려면 현실과 목표 사이의 갭을 메울 방법을 준비해 놓아야 한다. 현실성 없는 목표는 아무것도 이룰 수 없다. 비전을 제시하려면 현실을 정확하게 직시해야 한다.

목표와 현실 사이

2010년 8월 5일 칠레 북부 코피아포시 인근 산호세 광산이 무너져, 지하 700m 갱도에서 작업 중이던 33명의 광부가 매몰되는 사건이 발생했다. 매몰된 광부들은 숨진 것으로 짐작됐으나 17일 만에 구조대가 뚫은 구멍을 통해 33명 모두 갱도 내의 피신처에 살아 있다는 메시지가 보내졌다. 매몰 당시 점심을 먹기 위해 한자리에 모여 있었고, 그 장소는 거실 크기만한 자리였다. 매몰된 광부 중 작업반장인 우르수아가 탁월한 리더십을 발휘해 69일 간의 지하 생활을 이끌었다.

그는 부족한 식량으로 33명 전원이 버틸 수 있도록 음식을 배분했다. 48시간마다 한 번씩 참치 통조림 몇 숟가락과 과자 몇 조각, 우유 몇 모금을 배분했고, 불안한 상황에서도 동료들을 안심시켰다. 물을 얻기 위해 불도저를 사용했으며, 지하갱도 지도를 만들어서 작업실, 침실, 화장실로 나누어 위생적으로 사용했다. 광부들을 세 조로 나누어 조별로 리더를 정하고 따르게 했다. 그리고 하루 일과표를 만든 후, 일과표대로 생활했다.

식사는 하루 3번, 아침 8시 30분, 오후 1시, 밤 9시로 정하고, 정오에는 기도 시간, 오후 6시에는 기도 및 회의 시간으로 정해 놓고 규칙적으로 생활했다. 도미노와 카드게임을 하기도 했다. 리더인 우르수아는 "우리는 강해져야만 했고, 역할을 나눠 각자의 몫을 했다"라고 증언했다. 바리오스라는 광부는 어머니의 당뇨병을 돌보기 위해 배운 의학기술을 활용해 의사 역할을 했다. 다니엘 에레라는 간호사 역할을, 전기기술자인 마리오 세푸베다는 대변인 역할을 했다. 코미디언 흉내를 잘 내는 광부에게 오락 담당을, 최고 연장자였던 마리오 고메스는 '정신적 버팀목' 역할을 했다. 이 모두를 지지하고 힘을 준 역할을 한 것은 리더인 우르수아였다.

그는 항상 밝은 표정으로 농담을 건네며 동료들이 희망을 잃지 않도록 했다. 69일 간의 긴 기다림 끝에 구조가 시작되었고, 40분마다 한 사람씩 구조하는 작전이 22시간 동안 진행되었다. 리더인 우르수아는 33명 모두가 구조될 때까지 기다렸다가 가장 마지막에 구조되는 영광을 누렸다. 갱도가 무너질 수도 있는 상황에서 마지막까지 갱도에 남아 구출 과정을 지켜봤다. 69일의 시간을 기적처럼 견뎌낸 비결은 '모두 살아서 나간다'는 목표를 이루기 위해 현실에서 할 수 있는 모든 방법을 동원한 우르수아의 리더십이었다.

아무도 희망이 없다고 말만 할 때, 희망의 끈을 놓지 않고 현실적인 비전과 목표를 제시하는 사람이 리더이다. 모두가 포기할 때도 유일하게 포기하지 않는 사람이 리더이다. 리더는 목표를 명확히 파악함과 동시에, 현실의 벽도 예리하게 파악해야 한다. 목표를 이루기 위한 날카로운 방법은 목표와 현실, 그 사이에서 도출되기 때문이다.

♟ 감정을 숨기지 마라

공동체 내의 문화는 조직문화이기 때문에 아무리 잘 관리해도 여러 가지 스트레스가 뒤따른다. 리더가 끊임없는 문제들로 인해 스트레스에 무한정 노출되면 감정이 바짝 메마르게 되어 '감정마비'에 걸리게 된다. 감정마비에 걸리면 슬퍼도 슬픈 줄 모르고, 기뻐도 기쁜 줄 모르게 된다. 아무것도 아닌 일에 격렬하게 분노하거나, 혼자 있을 때 극심한 불안감과 우울함에 빠지기도 한다. 결국, 대인관계를 피하고 감정이 황폐해져서 무감각, 무감정의 상태까지 빠지게 된다.

의사들은 이러한 감정마비를 방치하면, 육체적인 질병이 올 확률이 높아진다고 경고한다. 그래서 리더는 '외적으로 구성원들에게 어떻게 보일까?'를 생각하기보다, '지금 나의 감정이 어떤가?'를 살피는 것을 더 중요하게 여겨야 한다. 육체적인 건강은 물론 감정적, 정서적, 영적인 건강을 잘 관리할 줄 알아야 건강한 리더십을 발휘할 수 있기 때문이다. 리더가 공동체에 줄 수 있는 가장 좋은 선물은 '먼저 리더 자신이 건강해지는 것'이다. 특별히 자신의 감정을 잘 돌보는 것은 리더의 필수 요건이다. 리더는 감정에 요동쳐서는 안 되지만, 감정에 무감각해져서도 안 된다.

과거에는 카리스마를 기반으로 한 강한 리더가 성과를 냈다면, 현대에는 감성과 실력을 겸비한 리더가 탁월한 성과를 낸다. 카리스마적 리더들은 실력은 탁월했지만, 감정을 살피고 공감하는 일에는 탁월하지 못했다. 유교의 영향을 강하게 받은 탓에 감정을 드러내는 것을 수치스럽게 여겼기에, 슬퍼도 기뻐도 감정을 마음대로 드러내지 못한 것이다. 오히려 감정을 투명하게 드러내는 사람은 리더의 자질이 부족한 것으로 여겨졌다.

그러나 시대의 변화에 따라 사람들의 가치관도 변했다. 통제보다는 자율성을, 지시보다는 자발적인 참여를 유도할 때 구성원들은 탁월한 성과를 낸다. 탈권위주의가 강해지고, 풍요로운 삶을 지향하며, 감성과 감동, 공감과 소통의 리더십이 환영받는 시대가 되었다. 이러한 시대에 무엇보다 중요해진 것이 '감정'이다.

성과 개선 컨설팅 기업의 CEO인 토니 슈워츠는 그의 책《무엇이 우리의 성과를 방해하는가》에서 '감정의 중요성'을 언급했다. 지금까지의 공동체는 성과를 올리는 데 급급해서, 구성원들은 탈진하게 했다는 것이다. 구성원들이 탈진하는 시스템은 '부정적인 에너지'로 일한다는 의미이다. 반면에 '긍정적인 에너지'로 일하는 공동체는 활기차고 열정적이며 적극적으로 일한다.

그때의 성과는 부정적인 에너지로 일할 때와는 확연하게 달라진다는 것이다. 부정적인 에너지와 긍정적인 에너지를 한마디로 표현하면 '감정'이다. 따라서 공동체 구성원들의 정신 건강, 스트레스, 긍정적인 에너지, 정서적인 안정을 관리하는 리더가 탁월한 지도자가 될 수 있다. 그러기 위해서는 리더가 자신의 감정을 잘 관리할 줄 알아야 한다.

느헤미야는 왕을 바로 옆에서 모시는 최측근이었다. 그런 자리에 있는 사람들은 자신의 마음을 엄격하게 다스리고, 철저하게 숨기는 포커페이스가 훈련되어야 한다. 제국의 왕 앞에서 사사로운 감정을 내보이다가는 죽임을 당할 수 있다. 왕에게 부정적인 영향을 주면 국가의 중대사 결정에도 영향을 주기 때문에, 측근들은 최대한 왕에게 영향을 주는 일을 자제했다.

느헤미야도 큰 실수만 없으면 권세와 부를 누리는 삶을 영위하며 살 수 있었다. 그러나 남부러울 것 없는 지위와 부유함도 느헤미야의 조국 사랑을 좌절시키지는 못했다. 고국을 방문하고 돌아온 사람들에게 예루살렘 성벽의 파괴 소식을 들은 느헤미야는 감정의 소용돌이가 일어났다.

그는 주체할 수 없는 슬픔과 애통함을 애써 누르려고 하지 않고, 그 자리에 주저앉아서 울었다. 느헤미야는 자신의 애통한 감정을 누르지 않고 눈물을 흘리기도 하고 금식하기도 했으며, 통곡하기도 했다. 마음의 어려움, 힘듦과 속상함을 모두 들춰냈다. 리더의 자리는 감정을 쏟아 내기 쉽지 않은 자리이다. 함부로 감정을 표현했다가는 자칫 공동체의 사기에 영향을 줄 수 있기 때문이다. 그렇다고 감정의 소용돌이를 방치했다가는 예민해지고 성격이 뒤틀릴 수 있다.

이런 경우 리더는 홀로 있는 시간을 가져야 한다. 아무런 방해도 받지 않는 시간과 공간으로 들어가 자신의 감정을 건강하게 표출해야 한다. 홀로 있는 시간을 내기 어려운 상황이라면 다른 방법이 필요한데, 그때 필요한 것이 '멘토'이다. 자신의 어려움과 속상함을 토로할 수 있는 멘토가 있어야, 건강한 정신을 유지할 수 있다. 아무리 뛰어난 리더라도 절망할 수 있고 낙담할 수 있다. 그럴 때 솔직하게 자신의 감정을 나눌 수 있는 멘토가 있다면, 흔들릴 수는 있어도 무너지지는 않는다. 감정이 흔들리고 제어되지 않을 때에는 의지할 수 있고 솔직하게 감정을 표현할 수 있는 멘토를 꼭 찾기 바란다.

감정 표현

리더는 자신의 감정을 올바르게 표현해야 한다. 유교의 영향을 강하게 받은 우리나라의 리더들은 긍정적으로 감정을 표현하기보다는 부정적으로 감정을 표현하게 된다. 큰 소리를 내서 불안감을 조성하거나, 인상을 쓰고 온종일 아무런 말도 하지 않음으로써 자신의 불만을 표시하는 것이다.

이러한 부정적인 감정들은 공동체에 위화감만 주게 되고 공동체를 이끌어 가는 데 아무런 도움이 되지 않는다. 리더 자신도 부정적으로 감정을 표현할수록 자신의 감정에 휩쓸려서 합리적인 판단력이 마비되어 버린다. 차라리 불편한 상황을 드러내놓고 정면으로 부딪치는 것이 지혜로운 방법이다.

갈등을 끄집어내는 일은 괴로운 일이다. 그러나 오늘 덮어둔 갈등은 내일 눈덩이처럼 커질 수 있다. 문제와 갈등을 최대한 빨리 해결하려면 정면 승부를 해야 한다. 공동체 구성원을 칭찬할 때는 공개적인 장소에서 칭찬하는 것이 좋다. 그러나 잘못한 것을 지적할 때는 은밀한 장소에서 개인적으로 하는 것이 좋다. 중요한 것은 두 경우 모두 진심을 가지고 해야 한다는 것이다. 명확한 기준을 가지고 객관적으로 칭찬하고 지적해야 감정이 상하지 않고 자존심을 잃지 않는다. 리더가 구성원들을 무시하지 않고 자신이 중요한 사람이라고 느껴지도록 존중하는 태도를 가지고 있어야, 구성원들도 리더를 존중한다.

♟ 감동시켜라

느헤미야는 유대 총독이 되어 예루살렘에 도착했다. 그는 예루살렘에 도착한 지 사흘이 지나도록 자신이 온 목적과 계획에 대해서 아무에게도 말하지 않았다. 유대의 총독이면 오자마자 융숭한 대접을 받을 수 있었다. 무너진 성벽의 상황을 자세하게 기술한 보고서를 만들어 오라고 명령할 수 있었고, 현지 사정을 잘 알고 있는 관리나 귀족에게 자세한 설명을 요구할 수도 있었다.

하지만 느헤미야는 그렇게 하지 않았다. 오히려 아무도 모르게 밤을 이용해 현지 상황을 자세히 조사하기 시작했다. 처참하게 무너진 폐허의 현장을 조사하며, 자기가 알고 있는 정보의 사실 여부를 확인했다. 여기저기 흩어져 있는 돌무더기들, 불에 타서 반만 남아 있는 성문, 죽어서 썩은 짐승의 사체들이 여기저기 널려 있었다. 느헤미야는 아픔을 느끼며 황폐한 현장을 세세하게 두 눈에 담았다. 어떻게 보수해야 할지, 어디부터 손을 대야 할지, 머릿속에 공사 계획들을 세우면서 황폐한 예루살렘 성벽을 모두 확인하고 있었다.

새로운 총독이 부임하자 유다의 백성들은 불안해하기 시작했다. 지역 총독들이 부임하기만 하면 백성들의 고혈을 짜내서 자기들의 이익을 챙겼던 시간들이 떠올랐다. 그들은 나라에서 녹을 받지 않고, 자기가 부임한 지역에서 녹을 받게 되어 있었기 때문에, 페르시아에 세금을 보내고 남은 재물은 모두 총독의 차지가 되었다. 세금을 많이 거둘수록 총독의 부는 늘어났으니, 부임하는 총독마다 과중한 세금과 공물을 징수했다.

더 큰 문제는 총독 산하의 관리들이었다. 톱 리더인 총독이 부정부패를 저지를수록, 휘하의 관리들도 부정부패를 일삼았다. 결국, 백성들은 노동력을 착취당하고, 땅을 저당 잡히고, 아들딸이 노예로 팔려가기도 했다. 그래서 그들은 새로운 총독에 대한 일말의 기대감도 없었다. 오히려 이 상황에서 더 악화되지 않기만을 간절히 바랄 뿐이었다.

먼저 헌신하는 리더

느헤미야는 총독 산하 관리들을 불러 모았다. 그들이 과거에 어떤 사람들이었는지는 중요하지 않았다. 중요한 것은 이들이 앞으로 총독인 자신과 함께 걸어가야 할 사람들이라는 것이었다. 느헤미야는 관리들을 제일 처음 만나고, 제사장들과 귀족들을 만난 후, 마지막으로 백성들을 만났다. 예루살렘 성벽을 왜 쌓아야 하는지, 어떻게 그 일을 할 수 있는지 차근차근 설명했다. 자신이 가져온 목재들과 자원들을 기꺼이 공급할 것이며, 가지고 있는 힘과 역량을 총동원해 이 일을 지원하겠다는 뜻을 밝혔다. 페르시아의 왕도 이 일을 적극적으로 지원하고 있다는 말도 잊지 않았다. 자신이 받을 총독의 녹도 받지 않을 것이며, 세금과 공물로 백성들을 힘들게 하지 않겠다는 뜻도 밝혔다.

"언제까지 나라 없는 백성으로 살 것인가?"

"언제까지 설움을 당하면서 노예로 살 것인가?"

느헤미야는 유대 민족의 정신을 일깨웠다. 그리고 자신이 먼저 권리를 포기했다. 그러자 백성과 관리들도 움직이기 시작했다. 제일 먼저 대제사장과 동료 제사장들이 함께 나서서 문을 만들어 바쳤다. 그들이 만든 문의 이름은 '양문'이었는데, 제사로 드릴 양이 들어오는 문이었다. 그들은 일정한 길이의 성벽을 할당받아서 성벽을 재건했다. 그 다음은 여리고 사람들이 이어서 성벽을 쌓았고, 그 다음을 이어서 삭굴이라는 사람이 성벽을 쌓았다. 물고기문, 옛문, 골짜기문, 거름문, 샘문, 말문 등 모든 문이 차례로 보수되고, 계단과 성벽이 본래의 모습을 되찾아 갔다.

느헤미야는 성벽 재건과 성문 재건에 헌신한 사람들의 이름을 자세하게 기록했지만, 정작 자신의 이름은 기록하지 않았다. 사실 이 모든 일을 시작한 것은 느헤미야였고, 완성된 성벽도 느헤미야의 작품이었지만, 자신 혼자의 힘으로 한 것이 아니라, 백성들과 관리들, 제사장들이 있었기에 가능했다며 모든 공을 그들에게 돌렸다. 수고한 모든 사람의 이름을 하나 하나 기록하며 그들의 공로를 치하했지만, 자신에게는 아무런 공로나 영광도 돌리지 않았다. 리더의 이러한 자세가 사람들을 자발적으로 헌신하게 만드는 원동력이 되었고, 갈수록 더 많은 사람들이 헌신하기 시작했다.

감동해야 헌신한다

공동체의 헌신을 이끌어 내려면 리더가 항상 먼저 헌신해야 한다. 그렇지 않으면 구성원들은 절대 움직이지 않는다. 만약 공동체에 헌신이 필요한 일이 발생했다면, 리더가 할 일은 명확하다. 언제나 리더가 먼저 헌신하는 것이다. 이스라엘 백성들과 관리들은 감히 성벽을 쌓을 엄두를 내지 못하고 있었다.

느헤미야는 그들에게 성벽을 쌓을 용기를 주어야만 했다. 어떻게 용기를 줄 수 있었을까? 답은 간단하다. 리더가 먼저 용기 있는 행동을 보여주면 구성원들도 용기를 가진다. 느헤미야가 자신이 받을 녹을 포기한 것은 '백성들의 어려움이 무엇인가?'를 꿰뚫어 봤기 때문이다. 당장 먹고 살 것도 걱정인 사람들에게 총독의 녹은 무거운 부담이었다. 리더로서 느헤미야는 자신의 권리를 포기함으로써 성벽 재건에 대한 강력한 의지를 보여주었다. 어리석은 리더는 자기는 가만있으면서 사람들이 헌신하지 않는다고 불평한다.

"요즘 사람들은 헌신하는 모습을 찾기가 어려워."

"우리 때는 밤을 새우고 가정까지 희생해가면서도 불평 한마디 없었는데, 요즘은 그런 사람들을 찾을 수가 없어."

미안하지만, 구성원들의 생각은 다르다. 그들은 '우리에게 헌신을 요구하기 전에 리더가 먼저 헌신해야 한다'고 생각한다. 물론 가장 이상적인 공동체의 모습은 모두가 주인의식을 가지고 헌신적으로 움직이는 것이다. 그러나 처음부터 모두가 헌신하는 공동체는 존재하지 않는다. 공동체의 헌신을 끌어낼 수 있는 유일한 방법은 '리더가 먼저 헌신하는 것'이다. 누군가 먼저 헌신해야 하고, 그 헌신에 감동한 사람들이 늘어나면서 공동체에 생명력이 나타난다. 헌신이라는 물줄기는 리더로부터 솟아나서 공동체 전체로 흘러간다.

사실 느헤미야는 예루살렘을 한 번도 본 적이 없었다. 페르시아에서 태어나 페르시아 왕의 비서가 되어 부와 권력을 거머쥐고 있었다. 상식적으로 1,600km 떨어진 예루살렘 성벽이 무너지건 말건 신경 쓰지 않아도 괜찮았다. 그러나 느헤미야는 자신의 정체성이 유대인임을 항상 기억했고, 자신의 지위가 그냥 주어지지 않았다고 생각했다. 거리가 아무리 멀다 해도, 자신의 처지와 예루살렘이 상관없어 보여도, 조국의 아픔을 자신의 아픔으로 여기며 고통을 끌어안았다. 울며 통곡했고, 세밀하게 준비했다.

그리고 기회가 오자 즉시 실행에 옮겼다. 자신의 재물, 시간, 몸, 마음을 헌신하여 백성들을 일깨웠다. 그 과정에서도 백성들을 질책하거나 비난하지 않았고, 그들의 정체성과 본질을 되새겨주고자 노력했다. 무력하게 주저앉아 있던 백성들은, 헌신된 리더 한 사람으로 인해서 움직이기 시작했다.

어느 시대 어느 장소에서건 헌신을 유발하는 가장 빠른 방법은 리더가 솔선수범하는 것이다. 리더가 하지 않는 일은 구성원들도 하지 않는다. 당신이 리더라면 지금 당장 헌신의 길을 걸어야 한다. 공동체는 리더의 헌신을 기다리고 있다. 머뭇거리지 마라. 머뭇거릴수록 공동체의 헌신은 계속 더뎌질 뿐이다.

♟ 불평등을 해소하라

느헤미야와 백성들의 성벽 쌓는 일은 빠른 속도로 진행되고 있었다. 한마음 한뜻으로 열심히 쌓았기 때문에 성벽의 높이는 빠르게 올라갔다. 일이 순조롭게 진행된다는 소문을 들은 주변 민족들이 군대를 소집해 한꺼번에 올라와 성을 치기로 모의하자, 소식을 접한 느헤미야는 경비를 세워 밤낮으로 성을 지키게 했다. 다 쌓지 못한 성이 무너지기라도 한다면 백성들의 사기는 땅으로 떨어질 것이 뻔했다. 느헤미야의 마음과는 달리 성을 쌓는 백성들 사이에는 불길한 노래가 퍼지고 있었다.

"흙더미는 아직도 산더미 같은데, 짊어지고 나르다 힘이 다 빠졌으니, 우리 힘으로는 이 성벽 다 쌓지 못하리."

백성들은 지쳐가고 있었다. 게다가 주변 민족들은 시시때때로 방해를 해오더니 급기야 쥐도 새도 모르게 쳐들어올 계획을 세우고 있었다. 그 계획을 알게 된 백성들이 다급하게 알려오자 느헤미야는 경비를 강화했다. 성벽이 채 세워지지 못한 뒤쪽 공터에 칼과 창과 활로 무장시킨 경비병을 배치했다. 그러나 백성들 사이에서는 이미 두려움이 퍼지고 있었다. 언제 적군이 들이닥칠지 모른다는 두려움이 적보다 더 무서운 존재였다. 느헤미야는 두려워하는 백성들을 모아놓고 격려했다.

"두려워하지 마라. 너희 형제자매와 자식과 아내와 가정을 지키려면 맞서 싸워야 한다. 언제까지 질질 끌려 다니며 노예 생활을 할 것이냐? 너희 스스로 자신과 가정을 지켜야 한다. 조금만 더 힘을 내라."

계획이 탄로 난 주변 민족들은 공격해 오지 않았다. 느헤미야는 예정된 공격이 이루어지지 않은 것을 확인하고, 젊은 병사들을 반으로 나눴다. 절반은 무장시켜 경비를 계속 보게 하고, 나머지는 성벽 쌓는 일을 계속하게 했다. 관리들은 성벽을 쌓는 백성들 뒤에 진을 쳐서 백성들을 보호했고, 짐을 나르는 사람들은 한 손으로는 짐을 나르고 다른 한 손으로는 무기를 잡았다. 성벽을 쌓는 이들도 각자 허리에 칼을 찬 채로 일을 했다. 느헤미야도 자신의 곁에 나팔수를 두어 언제라도 전쟁 명령을 내릴 수 있도록 했다. 잠을 잘 때도 갑옷과 무기를 벗지 않았고, 밥을 먹거나 물을 가지러 갈 때도 무장을 풀지 않았다.

문제는 내부에서 발생했다. 가난한 백성들 사이에 원망하는 목소리가 들리기 시작했다. 지독한 흉년 때문에 경제적으로 가난한 사람들의 어려움이 극에 달했다. 페르시아는 세금을 무겁게 징수했고, 부패한 관리들은 여전히 백성들의 고혈을 짜내고 있었다. 특히 여인들이 원망과 통곡을 쏟아놓기 시작했다.

"우리 아들딸들, 거기에다 우리 부부까지 이렇게 식구가 많은데, 입에 풀칠이라도 하고 살아가려면 곡식이 필요합니다. 그런데 돈이 없습니다. 배가 고파서 곡식을 얻느라고 귀족들과 관리들에게 밭도, 포도원도, 집도 다 저당 잡혔습니다."

그들의 원망은 귀족들과 관리들을 향했다.

"우리는 세금 낼 돈이 없어서 귀족과 관리들에게 밭을 잡혀 돈을 꾸었고, 그것도 모자라 아들딸들을 종으로 팔아야 했는데, 귀족들과 관리들은 너무하는 것 아닙니까?"

느헤미야는 가난한 백성들의 울분과 탄식을 들으며 치밀어 오르는 분노를 참을 수 없었다. 총독인 그는 백성들의 탄원을 신중하게 살펴 듣고 귀족들과 관리들을 불러 모았다.

"당신들은 어쩌자고 같은 민족에게 돈놀이합니까? 이방 사람들에게 팔려서 종이 된 동포들을 애써 몸값을 치르고 데려왔는데, 지금 당신들이 동포들을 또 팔아먹고 있습니다. 우리 보고 그들을 다시 사 오라는 것입니까?"

총독의 말에 귀족들과 관리들은 변명하지 못했다. 느헤미야는 말을 이어갔다.

"당신들이 한 일 때문에 대적들이 얼마나 비웃겠습니까? 웃음거리가 되지 않으려면 하나님을 두려워하면서 살아야 합니다. 나도, 나의 친족도, 내 아랫사람들도, 백성에게 돈과 곡식을 꾸어주고 있습니다. 제발, 이제부터라도 백성에게 이자 받는 것은 그만둡시다. 당신들도 밭과 포도원과 집, 다 돌려주십시오. 돈과 곡식과 새 포도주와 올리브기름을 꾸어주고서 받는 비싼 이자도 다 돌려주십시오."

그러자 그들이 쭈뼛거리며 대답했다.

"다 돌려주겠습니다. 그들에게서 아무것도 받지 않겠습니다. 말씀하신 대로 다 하겠습니다. 우리가 생각이 짧았습니다. 죄송합니다."

느헤미야는 제사장들을 불러 모으고, 그들과 함께한 자리에서 귀족과 관리들에게 자기들이 약속한 것을 서약하게 했다. 귀족과 관리들은 다행히 서약한 것을 모두 지켜, 백성들에게 포도원과 밭과 집을 모두 돌려주기 시작했다. 이 일로 인해 유대 민족은 서서히 회복되고 있었고, 관리들과 백성들은 한마음이 되고 있었다.

사람을 잃지 않는 리더

리더로 세워진 사람들은 어렵고 힘든 시기일수록 희생을 감당해야 한다. 유대 땅의 귀족과 관리들은 위기를 기회 삼아 자신들의 재산을 축적하는 데 급급했다. 백성들은 분노하고 있었고 서민들과 귀족, 관리들 사이에는 빈부격차가 생겼다. 느헤미야는 이 모든 상황을 보면서 분노했다. 부정부패를 일삼는 무리를 모두 처형하고, 새로운 관리들을 등용하면 될 일이었지만, 느헤미야는 급진적인 방법을 쓰지 않았다. 대신에 자기가 먼저 헌신하는 모습을 보이며, 모두가 자신이 할 수 있는 몫을 희생해야 한다고 호소했다. 문제만 제거하는 일은 생각보다 쉬울 수 있다. 그러나 문제의 중심에는 언제나 사람이 있기 마련이고, 사람을 제거하는 일은 함부로 해서는 안 되는 일이다.

리더는 문제를 제거하는 것을 목적으로 할 것이 아니라, 문제의 중심에 선 사람을 바꾸는 것을 목적으로 해야 한다. 모든 공동체의 중심에는 '사람'이 있기 때문이며, 모든 리더십의 중심에도 '사람'이 있기 때문이다. 뛰어난 리더는 절대 사람을 잃지 않는다. 리더는 옥석을 가려서 나에게 필요한 사람만 남기려 해서는 안 된다.

사람은 각자 자신이 잘하는 분야가 있다. 그들이 자신의 자리를 찾을 때까지 기다려주고, 기회를 주는 사람은 절대 사람을 잃지 않는다. 일부러 실수하거나 계획적으로 잘못을 저지른 것이 아닌 이상, 함께 원인을 찾고 보완해야 한다. 다시 일어설 수 있도록 격려해주고, 실수를 너그러이 용서해주는 사람은 마음을 얻는다. 용사는 자기를 알아주는 주군을 위해 목숨을 바치는 법이다. 사람을 잃지 않는 너그러운 리더라야 공동체의 전폭적인 헌신과 지지를 받게 되는 법이다.

불평등을 해소하는 리더

불평등은 공동체에 치명적인 독소를 유발한다. 역사에 등장하는 혁명과 쿠데타는 모두 불평등 때문에 일어났다. 불평등은 적대감으로 발전하고, 적대감이 쌓이면 폭력이 등장한다. 이것은 공동체를 무너뜨리는 가장 치명적인 원인이 된다.

리더는 불평등의 원인을 자세하게 파악하여 해소해야 한다. 불평등의 원인이 사람일 경우 그 사람을 마녀 사냥하듯이 단죄해서는 안 된다. 그 사람 또한 공동체의 일원이기 때문이다. 리더는 대립하는 양쪽 모두를 하나로 묶어 공동체성을 확립하도록 해야 한다. 공동체의 구성원들은 발휘할 수 있는 역량이 각자 다르기 때문에 상호보완적으로 이루어져 있다. 불필요하게 느껴지는 한 사람이라도 빠지면 공백이 생기게 되고, 공동체 전체가 약해지는 결과를 가져온다.

느헤미야는 자신의 재산을 털어 가난한 사람들을 도와주고, 귀족과 관리들에게는 백성들과 함께 가자고 독려했다. 자신이 당연히 누려도 될 것을 포기하고, 자신의 재산도 포기하면서 양쪽 모두에게 함께 가자고 손을 내밀었다. 아무리 부자라도 돈이 아깝지 않은 사람은 없다. 느헤미야는 돈보다 더 큰 가치를 위해 권리를 포기함으로써 불평등을 해소했다. 사람들이 이런 리더에게 감동하지 않는다면 누구에게 감동하겠는가? 이런 리더를 존경하지 않는다면 어떤 리더를 존경하겠는가? 결국, 불평등의 원인이 되던 귀족과 관리들은 느헤미야의 희생을 본받아 자기들도 이익을 포기했다. 리더의 희생을 통해 유대 민족은 점차 하나가 되어가며, 성벽 재건 공사를 이어갈 수 있었다.

♟ 오래 기억되는 리더로 남아라

예루살렘으로 부임한 총독 느헤미야의 일차 목표는 '성벽 재건'이었다. 느헤미야는 이 목표를 52일 만에 달성했다. 성벽이 세워지자 느헤미야는 사람을 세우기 시작했다. 먼저 성전 문지기와 노래하는 사람들과 제사장 가문인 '레위 지파 사람'들을 세웠다. 느헤미야의 동생인 하나니와 성채 지휘관인 하나냐에게 예루살렘 경비를 맡기면서 느헤미야는 당부했다.

"해가 떠서 환해지기 전에는 예루살렘 성문들을 열지 말고, 해가 아직 높이 있을 때 성문들을 닫고 빗장을 지르도록 하시오. 예루살렘 성 사람들로 경비를 세우되, 일부는 지정된 초소에서, 일부는 자기들의 집 가까이에서 경비를 서게 하십시오."

예루살렘 성읍의 크기에 비해서 백성의 수는 적었고, 인원수조차 파악이 되지 않은 상태였다. 느헤미야는 정확한 인원 파악을 위해서 귀족들과 관리들, 일반 백성들까지 모두 가족별로 등록시키는 문서를 만들었다. 어둠을 틈타 적들이 들이닥치지 않도록 예루살렘 성문 관리와 경비 서는 것도 소홀히 하지 않았다. 그러고는 수문water gate 앞 광장에서 모든 백성이 함께 모여서 '모세의 율법 책'을 낭독하는 행사를 했다.

'모세의 율법 책'은 아브라함을 시작으로 한 민족을 이루게 된 이스라엘이라는 나라, 즉 예루살렘 백성들이 살아내야 하는 법과 규범들이 적혀 있는 책이다. 느헤미야는 그들의 조상들이 이 율법을 등한시 여겼기 때문에 나라를 잃었다는 사실을 잘 알고 있었다. 그는 율법을 통해 백성들이 한마음 되기를 원했다. 아무리 성벽을 높고 견고하게 세운다 해도 정신이 무너지면 소용이 없다는 것을 잘 알고 있었다. 무엇이 무너졌는지, 무엇을 회복해야 하는지, 그들에게 분명하게 가르쳐야 했다. 느헤미야는 보이는 성벽보다 더 중요한 보이지 않는 성벽, 즉 영원히 무너지지 않는 성벽 세우기를 간절히 원했다.

제사장 에스라가 율법 책을 가지고 백성들 앞에 나왔다. 남자, 여자, 노인, 아이 할 것 없이 말을 알아듣는 모든 사람이 수문 앞 광장에 모여 있었다. 제사장 에스라는 새벽부터 정오까지 큰 소리로 율법을 낭독했고, 모든 백성이 율법 책 읽는 소리에 귀를 기울였다. 백성들은 율법을 들으면서 모두 눈물을 흘렸다. 그들의 조상이 율법을 등한시 여겼기 때문에 자신들이 나라 잃은 백성으로 고통당한다는 것을 뒤늦게 깨달았다. 얼마나 오랜 시간 동안 수모를 당하고 고통을 당했던지, 그들의 울음은 끊이지 않았다. 율법 낭독이 끝나자 느헤미야는 울고 있는 백성들에게 말했다.

"이제 돌아들 가십시오. 살진 짐승들을 잡아 푸짐하게 차려서, 먹고 마시도록 하십시오. 아무것도 차리지 못한 사람들에게는 먹을 것을 서로 보내주십시오. 오늘은 거룩한 날입니다. 주님 앞에서 기뻐하면 힘이 생기는 법이니, 슬퍼하지들 마십시오."

모든 백성은 돌아가서 먹고 마시며, 먹을 것이 없는 사람들에게 음식을 나누어주면서 크게 기뻐했다. 그리고 며칠 후에 자신들의 죄를 뉘우치는 시간을 가졌다. 그들은 관습대로 온종일 금식하며 굵은 베옷을 입고 먼지를 뒤집어썼다. 조상들의 죄를 자백하며, 율법을 읽었다. 자신들의 죄를 자백하며 하나님을 예배했다. 그들은 또한 모세의 율법 책에 쓰여 있는 대로 주변 민족들과는 결혼하지 않을 것과 안식을 지킬 것, 성전세를 바칠 것과 십일조를 바칠 것 등을 서약하고 서명했다. 성벽이 완전히 완성되고 백성들이 율법으로 회복되자, 느헤미야는 제도적인 개혁을 단행하기 시작했다.

먼저 율법에 적힌 대로 성전을 정비했다. 성전에서 일해야 할 레위 지파 사람들이 월급을 받지 못해서 성전을 떠나 밭일을 한다는 것을 알고, 그들을 다시 성전으로 불러 모았다. 그리고 유다 사람들이 낸 헌금으로 그들에게 월급을 주었고, 레위 지파 사람들은 다시 성전에서 봉사하는 직무를 회복하게 되었다. 무너진 성벽이 회복되고 성전이 회복되자, 백성들의 삶도 회복되었다. 이 모든 회복의 중심에는 탁월한 리더 느헤미야가 있었다.

가치를 남기는 리더

많은 리더가 화려한 조명을 받으며 등장했다가 한순간 떨어져 쓸쓸하게 사라진다. 그들이 쓸쓸하게 역사의 뒤안길로 사라진 이유는 '눈에 보이는 성과'만을 구했기 때문이다. 사람들의 기억에 오래 남는 리더는 성과보다 가치를 남기는 리더이다. 느헤미야는 눈에 보이는 성벽을 재건하는 것 못지않게, '눈에 보이지 않는 가치'를 중요하게 여겼다. 그는 유대인들의 정신 기반인 율법을 회복시키고, 그 가치들을 이어갈 리더십을 세웠다.

리더의 이름은 기억에서 사라질지라도, 그가 추구한 '가치'와 '사람'은 계속해서 계승된다. 성벽은 다시 무너질 수 있지만, 정신은 사람에 의해 대대로 계승되기 때문이다. 느헤미야는 더 높은 가치를 위해 자신의 역량을 쏟아 부었다. 조국과 백성의 회복을 위해 자신이 받아야 할 연봉, 자신이 가진 재산까지 아낌없이 투자했다. 자신의 전 재산을 투자해서 얻을 수만 있다면 아깝지 않을 '가치'였기 때문이다.

그가 마지막에 한 일은 뛰어난 인재를 선발해서 리더십을 정비하는 일이었다. 가치를 계승시키는 가장 좋은 방법은 '사람을 세우는 것'이다. 성벽은 사라져도 사람은 사라지지 않는다. 사람을 세우는 리더는 '인재를 알아보는 안목'이 있어야 한다. '인재를 알아보는 안목'이란 부족함 속에서

'뛰어남'을 찾는 능력이다. 뛰어난 사람도 부족한 부분이 있고, 부족한 사람도 뛰어난 부분이 있기 때문이다. 모자람과 부족함에 집중하면 눈이 가려져서 인재를 찾을 수 없게 된다. 따뜻한 마음으로 상대의 장점을 찾으려는 자세를 가져야 인재가 눈에 보이는 법이다.

또한 자신의 성향과 반대되는 사람일수록 더 주의하여 살펴야 한다. 사람은 자신과 비슷한 사람이 편하기 때문에 비슷한 성향의 사람을 리더로 세우려는 경향이 있다. 그러나 나와 반대 기질을 가지고 있는 사람은 내가 보지 못하는 것을 보는 사람이다. 지금 나에게 유익한 사람이라고 해서 영원히 유익한 것이 아니고, 지금 나와 반대편에 있는 사람도 언제 동료가 될지 알 수 없다. 멀리 볼 줄 알아야 하고, 넓은 마음으로 사람을 품을 줄도 알아야 한다. "높은 산이 되려면 작은 흙 한 줌도 버리지 말아야 하고, 바다가 되려면 작은 시냇물 한 줄기라도 버려서는 안 된다"라는 말은 사람을 세우는 리더가 반드시 기억해야 할 말이다.

감사의 글

이 책을 내기까지 많은 분들의 헌신적인 노력과 돌봄이 필요했다. 먼저, 나를 사랑하시고 지금까지 신실하게 인도하고 계신 하나님께 감사와 영광을 돌린다. 그분은 언제나 나의 진정한 아버지이시다. 내 삶에서 긍정적인 부분이 티끌만큼이라도 있다면, 그것은 전적으로 그분 때문이다.

"나는 그분을 사랑한다."

나의 인생에서 가장 가깝고 소중한 아내의 아낌없는 충고와 의견에 감사한다.

성경 속 리더들의 지혜와 영감을 올바르게 집필할 수 있도록 조언과 지지를 아끼지 않은 장인어른, 장모님, 형님과 처형 내외, 조카들에게 고마움을 전한다. 특별히 이 책이 출간되는 의미 깊은 이 시점에 하늘에 계신 나의 부모님께 사랑과 감사를 드린다. 그분들이 나를 낳아 키우시고 교육하셨기 때문에 목사가 되고, 글도 쓸 수 있었다. 두 분이 자랑스러워 하셨을 모습이 눈에 선하다. 원고를 읽고 냉정하게 평가해 준 형에게도 감사의 마음을 전한다.

이와 더불어 태인문화사 대표님께 깊은 감사의 말씀을 전한다. 그분이 아니었으면 이 책은 출간되지 못했을 것이다. 뚜렷한 철학과 목표를 가지고 전문적인 지식과 태도로 야무지게 업무를 진행하시는 대표님께 깊은 감동을 받았다는 말을 전하고 싶다.

그리고 이 책을 읽으시는 모든 독자들에게 깊은 감사를 전하며, 자신을 바꾸고 세상을 바꾸는 위대한 리더들이 우리 시대에 많이 등장하기를 기대한다.

"여러분은 모두 대단한 일을 해내고 있다."

최동욱

위대한 리더들

초판 1쇄 인쇄 2022년 1월 20일
초판 1쇄 발행 2022년 1월 25일

지은이 최동욱
펴낸이 인창수
펴낸곳 태인문화사
디자인 플러스
신고번호 제2021-000142호
주소 경기도 파주시 탄현면 참매미길 234-14, 1403호
전화 031-943-5736
팩스 031-944-5736
이메일 taeinbooks@naver.com

ⓒ최동욱, 2022

ISBN 978-89-85817-98-1 03230